2016-2017年中国工业和信息化发展系列蓝皮书



The Blue Book on the Development of Strategic Emerging Industries in China (2016-2017)

# 2016-2017年
# 中国战略性新兴产业发展
# 蓝皮书

中国电子信息产业发展研究院　编著

主　编／卢　山

副主编／乔　标

人　民　出　版　社

责任编辑：邵永忠　刘志江
封面设计：黄桂月
责任校对：吕　飞

**图书在版编目（CIP）数据**

2016－2017年中国战略性新兴产业发展蓝皮书／卢山 主编；
中国电子信息产业发展研究院 编著.—北京：人民出版社，2017.8
ISBN 978－7－01－018016－8

Ⅰ.①2…　Ⅱ.①卢…　②中…　Ⅲ.①新兴产业—产业发展—研究报告—中国—2016－2017　Ⅳ.①F279.244.4

中国版本图书馆CIP数据核字（2017）第190549号

**2016－2017年中国战略性新兴产业发展蓝皮书**

2016－2017 NIAN ZHONGGUO ZHANLÜEXING XINXING CHANYE FAZHAN LANPISHU

中国电子信息产业发展研究院 编著
卢　山 主编

人民出版社出版发行
（100706　北京市东城区隆福寺街99号）

三河市钰丰印装有限公司印刷　新华书店经销

2017年8月第1版　2017年8月北京第1次印刷
开本：710毫米×1000毫米 1/16　印张：18
字数：290千字

ISBN 978－7－01－018016－8　定价：90.00元

邮购地址　100706　北京市东城区隆福寺街99号
人民东方图书销售中心　电话（010）65250042　65289539

# 前　言

“十二五”期间，在经济下行压力持续加大的情况下，我国战略性新兴产业逆势增长，成为稳增长、调结构、促改革的重要力量。截至“十二五”末，节能环保、新一代信息技术、生物、高端装备制造、新能源、新材料、新能源汽车等七大战略性新兴产业增加值占我国GDP比重约8%，完成“十二五”发展目标。2016年上半年，27个战略性新兴产业重点监测行业规模以上企业利润增速达15.9%，比同期工业高9.5个百分点。在各国政策的大力推动下，自动驾驶、混合现实等新技术，出现了分享经济、生物服务等新业态以及定制化、柔性化生产等新模式快速发展，成为践行创新发展理念的主阵地。

“十三五”时期，国家把战略性新兴产业发展摆在了更加突出的位置。2016年年底，国务院印发《“十三五”国家战略性新兴产业发展规划》，提出加快发展壮大网络经济、高端制造、生物经济、绿色低碳和数字创意等五大领域，超前布局空天海洋、信息网络、生物技术和核技术领域一批战略性产业，打造一批战略性新兴产业发展策源地、集聚区和特色产业集群，并将启动实施宽带乡村示范、“互联网+”、大数据发展等21项重大工程。各地也相继出台扶持战略性新兴产业发展的政策措施，比如四川省、甘肃省、山西省、安徽省、陕西省等均印发了“十三五”战略性新兴产业发展规划，积极抢占新兴产业的发展高地。

为系统梳理我国战略性新兴产业发展的最新成效，分析未来发展前景和方向，赛迪智库规划研究所编撰了《2016—2017年中国战略性新兴产业发展蓝皮书》，全书共分4部分20章。其中：

综合篇，总结了全球新兴产业的发展特征和趋势动向，分析了我国新兴产业发展面临的形势和问题。

产业篇，围绕节能环保产业、新一代信息技术产业、生物产业、高端装备制造产业、新能源产业、新材料产业、新能源汽车产业等七大产业，系统介绍国内外发展最新动态、年度热点事件以及重点领域和重点企业的有关进展情况。

热点篇，对新兴产业创新模式、新业态监管方式等备受关注的议题进行讨论，聚焦石墨烯、碳纤维、增材制造等热点领域进行深入分析。

展望篇，预测了2017年战略性新兴产业发展的总体形势，并对节能环保产业、新一代信息技术产业、生物产业、高端装备制造产业、新能源产业、新材料产业、新能源汽车产业的发展方向进行研判。

希望本书的出版能够为工业和信息化主管部门提供较好的参考。鉴于战略性新兴产业涉及领域广、热点问题多，本书的研究和撰写难免有欠妥和疏忽之处，欢迎广大读者批评指正。

# 目　　录

## 热点篇

## 展 望 篇

# 综 合 篇

# 第一章　2016年全球新兴产业发展概况

2016年全球新兴产业竞争激烈，美、德、日等发达国家以及印度等新兴经济体都积极推动新兴产业发展，整体来看呈现五大新特征：一是各国注重新兴产业的规划引导和前瞻研究，制定重点产业扶持战略。二是各国积极制定标准来争夺行业话语权，国家、企业层面纷纷发力。三是新材料、机器人等领域竞争日趋激烈，各国围绕前沿新技术不断发力。四是国家、行业、企业间的合作呈现多元化，跨行业合作更加密切。五是新一轮产业革命加速全球制造业布局调整，国际贸易摩擦加剧。主要国家而言，美国在新一代信息技术、机器人、新能源、新材料、人工智能领域不断取得新突破，通过组建国家级创新机构，强化信息安全，加大资金支持来推动新兴产业；德国在增材制造、新能源汽车、智能网联汽车、物联网等领域不断取得突破，鼓励研发创新，加强国际合作，完善“工业4.0”保障机制；日本在新一代信息技术、机器人、新能源汽车等领域发力，通过战略规划和加强政产学研用发展新兴产业；印度主攻新能源、新一代信息技术等重点领域，通过加强国际合作，完善通信设施来助力新兴产业发展；韩国则大力发展新一代信息技术、人工智能、海洋工程船舶和高技术船舶，通过制定国家战略规划，引导重点产业发展。

## 第一节　全球新兴产业发展新特征

### 一、各国注重新兴产业的规划引导和前瞻研究

2016年，世界各主要国家通过制定产业规划和开展相关研究，从政府产业政策、企业技术创新方向、市场应用领域等方面对新兴产业进行保障和引

导。一是制定重点产业扶持战略。各国选择各自优势产业，重点扶持，抢占先机。2016年8月，日本发布《信息通信白皮书》，明确提出要重点投资物联网（IoT）和人工智能（AI）、大数据等信息通信技术（ICT）相关产业。2016年10月，美国发布《2016版美国机器人路线图》，在机器人的重点应用领域，包括无人驾驶、智能制造以及其公共服务等领域，提出了相关建议。二是制定新兴产业配套保障措施。2016年4—5月，日本先后发布了《日本再兴战略》《能源环境技术创新战略2050》《科学技术创新综合战略2016》等战略规划，旨在为新兴产业转型升级提供人才培养、创新环境、能源等方面的配套保障措施。三是强化信息基础建设。2016年9月14日，欧盟发布《欧盟5G行动计划》（5G for Europe：An Action Plan），到2025年各个成员国在城区和主要公路、铁路沿线提供5G服务，该计划通过不断完善信息网络为欧盟各国制造业发展提供信息基础。四是注重新兴产业研究。发达国家围绕新兴产业，加大市场应用研究，为政策提供支撑。2016年9月，欧盟发布《欧洲3D打印产业当前和未来的应用领域、现有的产业价值链和失去的能力》，该报告对工业领域的3D打印市场进行研究，确定了10个未来五年时间可以产业化的领域。2016年10月，美国发布《国家人工智能研究与发展策略规划》为美国政府资助的AI研究和发展划定策略。

## 二、各国积极制定标准来争夺行业话语权

标准先行是发达国家争夺新兴产业话语权的突出特征，2016年，各国纷纷通过标准引领行业发展。一是国际层面的标准领域合作。2016年9月，美、日、德三国协议共同制定物联网（IoT）领域的国际标准，在标准和技术上，日本“物联网推进联盟”与美国“工业互联网联盟”（IIC）签署备忘录，同时，日、德两国政府也确认加强在该领域的合作，由此，美、日、德三国在物联网领域的国际联盟形成。2016年10月，欧盟委员会发布《数字化单一市场版权指令》草案，进一步规范数字产品版权，对版权制度、版权许可、版权市场等进行了制度完善，对于强化数字产品的版权制度具有积极意义。二是国家层面推进行业标准建设。2016年4月，德国成立“工业4.0标准化理事会”推进德国工业标准建设，并提出完善工业4.0数字化产品的相关标准，

德国通过推进标准化进程来推进工业 4.0，以达到引领全球工业发展的目标。2016 年 9 月，英国标准协会发布了《机器人和机器系统的伦理设计和应用指南》，对机器人的道德风险评估进行指导，设定了关于机器人道德的标准，该指南主要从机器人供给端入手，针对机器人设计者和制造厂商。三是企业层面积极参与标准制定和认证。2016 年 8 月，西门子推出的自动化和驱动产品，获得七家德国网站的 TUVSUD① 认证，成为第一家获得认证的企业，西门子作为德国制造业的典型代表和推进工业 4.0 的主要成员，已经在标准建设上先行。2016 年 11 月，韩国电信运营商 KT 公司公布了 5G－SIG 标准框架，该标准框架由诺基亚、英特尔、高通、三星等国际企业共同制定，同时吸纳了全球中小型企业和研究机构加入，该标准将促进 5G 中继器、组件以及设备的研发。

## 三、新材料、机器人等领域竞争日趋激烈

在新材料、机器人、物联网、3D 打印等领域，围绕技术研发、配套基础设施的竞争日益激烈。一是新材料。2016 年 6 月，第五届国际新材料大会在重庆召开，聚焦石墨及石墨烯、生物材料纳米材料、多功能复合材料、光电磁性材料展开讨论和交流，有利于促进新材料在技术研发、产业应用等领域的国际合作。2016 年 7 月，美国增材制造创新机构重点聚焦材料设计、价值、基因组，并在金属铸造、多用途嵌线的 BAAM、仿生喷射材料等领域设立新的研发项目，专注高性能材料的开发。二是 3D 打印。2016 年 9 月，德国赢创集团（Evonik）启动尼龙 12 新工厂，生产可用于 3D 打印的特种聚合物粉末，该工厂可为 3D 打印的规模化应用提供基础性材料，也将极大地推动 3D 打印的产业化进程。印度将 3D 打印技术应用于舌癌手术，韩国研发出可降解的 3D 打印骨科植入物材料，极大地拓展了 3D 打印技术在医疗领域的应用。三是机器人。世界范围内，有 48 个国家参与了机器人的发展，除瑞典 ABB、德国库卡、日本发那科和安川机电四大家族外，还有很多专注于单个领域的机器企业，如医用机器人的 Intuitive Surgical、家庭服务机器人的 iRobot、生产个

① TUVSUD 认证基于 IEC62443－4－1 标准，包括安全性相关要求，如功能和专业知识、过程和质量保证、安全架构和设计等。

人机器人的 Aldebaran SAS 等。2016 年 9 月，韩国研发出纳米级缝隙传感器，将缝隙间距缩小到纳米，保证了信息传输的高灵敏度，极大地推动行业发展。四是物联网。2016 年 9 月，法国宣布在全国 18 个城市地区约 1300 个城镇建设物联网专用 LoRa 网络，该项目由法国电信运营商负责，在设备应用上使用低能耗产品，Orange 基于该网络提供 LoRa 连接服务，该项目的推进实施将加强法国物联网基础设施，提升信息化水平，有利于法国产业发展。2016 年 9 月，软银与 Actility、鸿海精密公司以及 LoRa 芯片制造商 Semtech 达成了合作，计划在日本推出一张基于 LoRaWAN 的物联网网络。

## 四、国家、行业、企业间的合作呈多样化

新兴产业在研发上的外部性，需要政府、企业、科研机构在技术研发、市场培育等领域加强协作。目前，在框架标准、安全性、协同研发、基础设施等领域的合作更加复杂，国家之间、行业之间、行业内部的企业之间的合作呈现多样化。一是国家间合作制定行业规则。2016 年 3 月，德国“工业 4.0”推进机构与美国“工业互联网”联盟协商，对两国工业架构的协同一致性进行了探讨，即工业 4.0 参考架构模型（RAMI4.0）和工业网络参考架构（IIRA）的一致性，美德通过协商以图建立清晰的共性规则以确保两者的相互操作性。二是跨行业的投资和研发合作加强。跨行业的合作，特别是在互联网背景下，行业之间的合作将更加多元化。2016 年 9 月，软银以 310 亿美元收购 ARM Holdings 公司，形成了软银在芯片制造领域的战略布局。2016 年 12 月，松下向特斯拉投资 2.56 亿美元，主要集中在新能源等领域，而特斯拉采购松下电子元器件，以加深合作。德国企业管理软件公司 SAP 与 3D 打印巨头 Stratasys 公司合作，力图将 3D 打印技术与已建立的业务流程相连接，开展分布式制造服务。三是行业内部的企业合作得到强化。在行业内部，新兴产业的行业联盟逐步形成。2016 年 9 月，Facebook、亚马逊、谷歌、IBM、微软联合成立“AI（人工智能）伙伴关系”（Partnershipon AI），该联盟旨在研究和形成 AI 领域最好的技术实践，联盟联合了五大国际互联网巨头，形成了人工智能领域的强大控制能力。

## 五、新一轮产业革命加速全球制造业布局调整

新一轮产业革命背景下，世界各国围绕制造业展开激烈竞争，纷纷制定“再工业化”相关战略，振兴制造业，争夺产业话语权，引发全球范围内制造业格局调整。一是部分高端制造业开始向美国回流。在奥巴马执政时期，将重振制造业列为美国国家战略，通过一系列财税优惠政策，鼓励跨国企业到美国建厂，同时鼓励美国企业把工厂迁回美国本土。在政策作用下，众多高端制造业企业赴美设厂，2016 年日本软银宣布在美国投资 10 亿美元的计划，福耀集团宣布投资 6 亿美元在美设厂，富士康也计划赴美设厂，美国在吸引制造业回归的政策效果开始显现。二是发展中国家积极承接产业转移。以越南、泰国、印度为代表的东南亚、南亚国家凭借劳动力成本优势，积极承接国际产业转移，加快推进工业化进程，已经构成对我国劳动密集型制造业的竞争威胁。2016 年 3 月，天合光能在泰国建厂，形成巨大的产业带动效应。2016 年，阿特斯计划在印度开展 30MW 的新能源项目。跨国企业的迁移必然引发相关配套产业链的转移，由此产生的连锁反应需引起我国制造业的警惕。三是国际贸易冲突更加激烈。伴随着制造业在全球范围内竞争加剧，贸易保护主义开始抬头，部分国家实施更加严格的贸易政策来限制进口，以达到保护本国制造业的目的。我国商务部发言人表示，2016 年我国共遭遇 119 起贸易救济调查案件，同比上升 36.8%，创新高，这些调研案件来自 27 个不同的国家和地区，范围也不断扩大。2016 年 9 月，美国对印度、中国台湾地区的聚对苯二甲酸乙二醇酯薄膜进行反倾销调查，同时对来自马来西亚、阿曼、中国、韩国、越南的钢钉，俄罗斯的固体尿素，中国的钢制螺杆、圆形焊接碳钢管、黄原胶等产品进行反倾销立案调查。随着制造业竞争的加剧，自由贸易将会受到来自多方面的挑战，加剧制造业国际贸易的不确定性。

# 第二节　主要国家新兴产业发展新动向

## 一、美国

### （一）优势领域的最新动向

新一代信息技术。美国政府、企业、研发机构等加快联合，推进新一代信息技术研发，2016 年 9 月，美国第四大电信运营商 T－Mobile 美国公司加速展开 5G 相关实验，一个月内先后与爱立信、三星、诺基亚等国际大型设备商达成合作，以加快相关技术研发。资本市场的新动态预示着行业调整，到 2016 年 11 月，美国物联网行业融资总额已达 12.7 亿美元，而获得融资公司的数量由 500 家下降到 174 家，这意味着，物联网行业在美国进入了一个调整期，具备核心竞争力的公司将快速壮大，缺乏竞争力的公司将被淘汰。信息技术的应用领域不断扩展，美国的国家防务机构利用信息模拟技术进行士兵训练，将物联网技术应用到伤员护理和后勤保障上，提升部队的灵活机动能力，加强供应链保障。美国疾病预防控制中心研究利用现有技术来监视地下矿区环境，保障矿工安全。美国国家宇航局将卫星红外技术和图像数据应用到火灾救助中，提高防灾救灾以及防控能力。

机器人。美国机器人行业快速增长，机器人行业协会（RIA）2016 年底发布的数据显示，2016 年，北美地区销售智能机器人 2.4 万台，同比增长 7%；总价值 13 亿美元，同比增长 3%。其中，进入食品、消费品行业的机器人同比增长 40%。此外，美国通过规划推动行业发展。如 2016 年 10 月，美国发布的《2016 版美国机器人路线图》将对智能制造行业起到重要的推动作用，该路线图对智能制造、公共服务、无人驾驶等产业化应用进行了规范。

新能源。2016 年，美国能源结构不断优化，新能源比重不断提高，美国光伏产业加快布局，增速迅猛，据 GTM Research 统计数据显示，2016 年全年，美国光伏装机总量达到 14GW，增幅 88% 左右，其中大型地面电站占比 70%。仅在第三季度美国光伏装机就达到了 4.143GW，增幅 191%，创造美国历史上单季度光伏装机容量新纪录，相当于每 32 分钟就有 1 兆瓦装机竣工。2016 年，美国新能源装机比重持续加大，一到三季度，光伏装机占全美新增电力装机总量的 39%，仅次于天然气装机增量。

新材料。美国在新材料领域通过国家项目，推进关键技术研发。2016 年 7 月，美国国家增材制造创新机构设立了 7 个新项目，其内容涵盖金属铸造（AM4MC）、多功能大幅面增材制造（BAAM）、多用途嵌线的 BAAM、源/给料/米级尺度的金属增材制造机床、仿生的多喷射材料、电子器件和结构的多材料 3D 打印等多个方面，这些项目注重新材料的设计、价值链、基因组等，将对产业发展起到重要的推动作用。此外，还在兼顾人才培育、实习项目、工业基因组等需求，来提升美国增材制造水平。

人工智能。美国通过国家政策，对行业发展进行规划引导，抢先布局人工智能。2016 年 9 月，白宫科技政策办公室（OSTP）发布了公众就人工智能的未来管理及政策提交的意见及建议，对 AI 的法律和管理问题、公益使用、安全和控制问题、社会和经济影响、跨学科研究等十个主要问题的 161 项回复。在战略层面，美国积极行动，抢先布局。2016 年 10 月，发布《国家人工智能研究与发展策略规划》，提出美国 AI 发展的 7 个战略方向，包括对人工智能研发进行长期投资、开发人机协作的有效方法、理解和应对人工智能带来的伦理、法律和社会影响、确保人工智能系统的安全性、开发人工智能共享公共数据集和测试环境平台、建立标准和基准评估人工智能技术、更好地把握国家人工智能研发人才需求。

**（二）政府采取的主要举措**

组建国家级创新机构。美国通过国家级创新机构推动行业发展，2016 年美国国防部发布关于机器人制造创新机构（RIME – MII）意向书，计划组织构建专业的机器人制造创新机构，该项计划旨在提升机器人在美国制造业领域的应用。该机构也将关注人工智能、人机融合等技术领域。通过应用智能化的机器人才制造业中，将平衡那些拥有低劳动力成本经济体的制造业竞争力，降低产业的劳动力需求，在保证效率的同时，大幅提高质量，更能应对客户的个性化需求，开展个性化定制生产。

强化信息技术安全。美国高度重视信息安全问题，并采取一系列措施强化信息技术安全。美国国土安全部（DHS）发布“保障物联网安全的战略原则”，其中，定义了四项物联网安全事项，主要包括协调行业利益相关者合作、构建与物联网有关的风险意识、保障物联网设备和网络安全以及为物联网国际标准发展进程做贡献。同时，该战略要求物联网制造商必须在产品设计阶段构建相关安全设计，通过该战略原则以加强信息技术安全。

提供持续的资金支持。美国国家国防制造加工中心（NCDMM）预计将投入约550万美元到相应的增材制造项目中，除此之外，“美国制造”将通过多渠道融资，预计融资规模将达到1亿美元，将极大保障美国对增材制造的资金支持，进而有助于提升美国增材制造水平。美国国家增材制造创新机构计划与空军研究实验室（AFRL）开展五年的合作，共同出资7500万美元用于技术研发等领域的合作。

## 二、德国

### （一）优势领域的最新动向

增材制造。德国企业积极行动，参与到增材制造的技术研发、市场应用等领域。2016年11月，西门子与Stratasys合作，力图将Stratasys公司的3D打印系统解决方案与自身的数字工厂系统解决方案进行整合，使3D打印技术融合到传统制造工艺中，促进3D打印在汽车、船舶、航空航天、重型机械、能源等公司相关行业应用。德国研发出了直接金属沉积增材制造技术，该项技术能依靠硬合金实现对传感器元件的安全防护，使用该技术可延长油气管道中传感器元件的使用年限，提升保障能力。

新能源汽车。新能源汽车是德国汽车重点发展方向之一，德国通过政府补贴等措施激励企业在技术、应用上发力。2016年5月，德国提升了对电动汽车的补贴力度，向购买电动汽车的消费者提供高达12亿欧元的财政补贴，以鼓励德国消费电动汽车，进而推动德国电动汽车产业的发展。2016年，德国政府对NPE（国家电动汽车平台）进行经费支持，先后启动82个研究项目，包括汽车电池、驱动装置、车载通信、充电桩技术、整车集成等众多电动汽车的关键核心技术领域，并在德国规划了八个电动汽车示范区，基本上实现了德国主要城市地区的全覆盖。

智能网联汽车。汽车与通信的融合成为汽车发展的新趋势，智能网联汽车也成了德国发展汽车产业的新方向，德国汽车企业都在积极深化与通信企业的合作。2016 年 9 月，德国推出的 5G 相关发展战略中，自动驾驶汽车项目融资总额超过 8000 万欧元。在企业合作方面，德国汽车行业龙头如奥迪、宝马、奔驰等，与英特尔、高通、华为、爱立信等企业加深合作，成立“5G 汽车联盟”，该联盟势必强化 5G 移动通信技术研发，并将该技术应用于汽车领域，加快制定行业标准等。

物联网。发展物联网是德国强化信息基础设施的重要方面，德国通过大企业合作推进物联网发展。2016 年 9 月，德国思爱普和博世集团计划共享数据存储中心和软件解决方案，在物联网领域加强合作，充分发挥物联网潜力。2016 年，德国电信已经在德国激活全球首个完全标准化的 NB - IoT（窄带物联网）网络，在国际上，英国沃达丰等多家全球运营商已积极发展 NB - IoT 技术。

### （二）政府采取的主要措施

注重技术研发和应用。德国联邦政府及相应机构积极参与各行业内新兴产业产学研合作，推动新兴技术在更多领域的落地应用。如德国电信和德国 5G 实验室（5G Lab Germany）加强合作，主要包括网络编码、低延迟通信、5G 移动边缘云等。在新技术应用方面，德国电信和 5G 实验室通过在 A9 高速公路上进行延迟的数字现场测试，以研究更安全的驾驶技术。

加强国际交流与合作。德国在推进“工业 4.0”上加强与美国、中国的合作，共同推进制造业发展。2016 年 3 月，德国“工业 4.0”推进机构与美国“工业互联网”高层对接，加强合作。通过高层互访，德国“工业 4.0”加强与《中国制造 2025》的对接，加强中德合作。德国制造业在法律框架和基础设施（能源和通讯网络）、标准化、完全性等问题上，注重同世界的协同推进。

完善工业 4.0 制度保障。德国推进“工业 4.0”注重组织实施和制度建设。2016 年 4 月，德国正式设立设立“工业 4.0 标准化理事会”，形成“工业 4.0 平台”、“工业 4.0 实验室网络”和“工业 4.0 标准化理事会”三大平台共同推进工业 4.0 的局面。德国“工业 4.0”采取了一系列措施以加强制度保障，如设立工业4.0平台、工业4.0实验室网络、工业4.0标准化理事会等，相关问题有专职的工作组，制定和实施行动和处理各类问题。

## 三、日本

### （一）优势领域的最新动向

新一代信息技术。信息技术产业是日本的优势领域，历来受日本重视，2016年，日本在该领域动作不断，抓紧布局。2016年8月，日本发布的《信息通信白皮书》中显示，日本将在物联网（IoT）、人工智能（AI）、大数据等信息通信技术（ICT）领域持续投资，推进相关产业的发展。2016年9月，软银集团采取一系列动作抢占新一代信息技术行业，不仅完成了对英国芯片制造商ARM Holdings公司的收购，还启动下一代高速通信标准（5G）项目“5GProject”，与Actility、鸿海精密公司、Semtech就LoRaWAN的物联网网络达成合作。2016年，日本加大政府投入，日本经济产业省对包括超级计算机在内的项目支出195亿日元（1.73亿美元），以支持科技研发，该超级计算机每秒运算13亿亿次，可在人工智能、智能网联汽车、医疗领域实现应用。

机器人。机器人也是日本的优势领域，日本机器人行业通过行业协会联合企业，积极开展研发和应用。2016年10月，日本“机器人革命倡议协议会(Robot Revolution Initiative)”举行会议，形成了包括筹划案例库、发展系统集成商、促进物联网企业顾问的应用、工具信息集成、创建量化模型的成本效益计算系统、开发IoT工具在内的11项对策。此外，协会开展了应用软件和传感器模块的工具征集，并于2016年公布了遴选的106件相关工具和方案。NEC（日本电气）建立名为NeoFace图像数据挖掘的人工智能系统，实现人脸快速识别。2016年8月，丰田、日本理化学研究所等20家企业和机构以产官学合作的形式，研制了用于医疗和制造一线的人工智能。

新能源及新能源汽车。汽车产业是日本高度重视的产业，新能源汽车是汽车行业发展的重点方向，2016年日本通过规划政策引导汽车产业发展。如日本发布了《能源革新战略》，该报告显示，日本将通过对能源供给结构进行系统化的改革，引导能源投资结构，优化用能效率，对能源结构进行整体优化，有助于日本产业发展。2016年，日本经济产业省（METI）发布《EV·

PHV 路线图》，根据该计划，预计到 2020 年，日本纯电动汽车和混合动力电动车的总量将达到 100 万辆，而通过大范围的应用电动汽车和其他新能源汽车将大大优化日本的用能结构，降低温室气体排放。

生物医疗。日本在生物医疗领域取得多项技术突破和领先，企业之间的联系更加密切。如日本国立物质与材料研究机构（NIMS）联同 NEC、住友精化、大阪大学和瑞士精密仪器公司开发的诊疗感应器具有很高的疾病监测准确度，提升疾病检测的流程与效率。2016 年，日本通过联合多家研究机构，将 3D 打印技术应用到血管组织等医疗领域，已有很多机构取得了阶段性成果。佐贺大学将 iPS 细胞培育出的细胞群打印成管状结构，京都大学则利用打印出包裹着神经的筒状组织，通过试验，在老鼠身上实现了神经再生，这都将推动日本 3D 打印技术在医疗技术领域的应用，拓展产业化应用领域。

### （二）政府采取的主要措施

注重战略规划引导。日本注重对重点行业的产业规划和引导。2016 年 11 月，日本经济产业省提出第四次产业革命战略，主要面向物联网、大数据和人工智能等核心技术。此前很多公司已经开始推进物联网、大数据和人工智能方面的技术变革，具备了一定的产业和研究基础。2016 年 4 月以来，由日本经济再生本部、日本政府综合科技创新会议和日本内阁会议先后出台了新一期的《日本再兴战略》《能源环境技术创新战略 2050》《科学技术创新综合战略 2016》等政策文件。这些政策主要侧重于创造新的成长型市场，大力提高生产效率来缓解人口减少，为新产业转型升级培养创新型人才。

强化政产学研用。推进政产学研共同对话机制，将大学、企业合作常态化，提升企业创新能力，加强大企业与中小企业合作，使企业成为技术研发的主力。在人工智能领域，日本总务省、文部省、经产省合作，共同推进人工智能技术研究开发战略，加速人工智能技术成果转化应用。

## 四、印度

### （一）优势领域的最新动向

新一代信息技术。印度积极谋划新一代信息技术产业，在基础设施、技术研发等领域取得积极进展。2016 年，印度 Flag 电信公司建设 Brexit－1 系统，该系统连接新加坡和孟买的海底光缆系统，该系统能够实现与法国、美国海底光缆系统连接，该系统建成后将成为亚洲重要通信枢纽。2016 年 6—10 月期间，印度电信服务提供商在全国各地安装了超过 13 万个基站收发器（BTS），以解决呼叫中断问题，并计划再安装超过 15 万个 BTS，来强化基础设施建设。2016 年 12 月，印度在德里、孟买等重点城市和地区陆续推出了综合语音应答系统（IVRS），并且计划将该系统扩展到全国。在 5G 方面，2016 年，由政府任命的研究团队致力于 5G 技术，已经申请了 100 项相关专利，研究团队正在开发先进的模拟器及技术原型，包括政府、企业参与其中。

3D 打印。引导积极发展 3D 打印，意图抢占新兴产业发展高点。如 2016 年，印度企业 Divide By Zero 推出了熔融塑料 3D 建模技术（APFM），该技术能够准确地控制材料温度和流量，这对印度 3D 打印技术的进步具有积极意义。在医疗应用领域，2016 年，印度班加罗尔全球医疗保健癌症中心（Health Care Global Cancer Centre）首次使用3D 打印模型来准备舌癌手术，为医疗实践进行了积极尝试。

新能源。新能源是印度重点发展的新兴产业，2016 年，印度新兴产业取得了多项成绩。如 2016 年 11 月，印度太阳能组织 SECI（Solar Energy Corporation of India）进行 500MW 的屋顶型太阳能标案，加速推动屋顶型太阳能。到 2016 年 7 月底，印度联网太阳能装机容量已经超过 8GW，在营的联网太阳能电力项目中太阳能装机容量超过 300 兆瓦，成为印度能源的重要组成部分。2016 年，印度太阳能装机快速发展，7 月份，印度联网太阳能装机容量比去年同期增长近 100%。在国际企业合作商方面，2016 年 9 月，飞利浦投资印度印度高效节能灯项目，向国营企业节能服务有限公司（EESL）提供 5000 万只 9 瓦 LED 灯泡。

### （二）政府采取的主要措施

加强国际合作。印度积极联合国际力量发展重点产业，如 2016 年，联合国工业发展组织（UNIDO）与印度新能源部（New and Renewable Energy ministry）合作开展 100MW 聚光热利用项目，推进 CST（Concentrated Solar Thermal）技术在非常规能源领域的发展。2016 年 6 月，世界银行提供 10 亿美元的贷款，其主要内容是帮助印度发展新能源基础设施，包括园区太阳能、屋顶太阳能等硬件设施的布设，以及电力传输、电力应用等技术的研发。

完善通信基础设施。2016 年印度确定土地通行权（RoW）准则，该准则要求印度企业、政府、地方机构在国有土地上搭建铁塔以及地下光纤网络，促进全印度电信基础设施发展。主要是为缓解印度大部分电信企业因缺少搭建电信塔空间，导致全国电信服务质量较差而被投诉的状况。

强化政策规划落实。2016 年，印度积极落实《全国海上风电政策》，在国际范围内进行项目招标，吸引 DNVGL 等国际公司参与。印度成立一个全新的发电部门推动该政策，该部门包括了 FOWIND 计划，2016 年，FOWIND 进行首次海上风力资源测量，开始与印度展开合作，搭建海上风力发电架构，这将有利于印度海上风电政策的推动和落实。

## 五、韩国

### （一）优势领域的最新动向

新一代信息技术。韩国在标准制定、新技术、新设备研发上取得积极成果，推动韩国新一代信息技术产业的发展。2016 年 11 月，韩国电信运营商 KT 公司公布了 5G－SIG 标准，该标准由 Nokia、Intel、高通、三星联合制定，KT 积极联合全球供应商、中小企业、研究机构加入 KT 的 5G 标准框架，促进 5G 中继器、组件以及设备的研发。2016 年 9 月，韩国研发成功仿生纳米缝隙传感器，极大的推动声音、震动、人体生理特征的监测。

人工智能。韩国通过国家战略推动人工智能发展，以图抢占先机。2016 年 8 月，韩国召开第二次科技战略会议，确定了 9 大国家战略项目，人工智能相关项目备受重视。该战略计划：到 2019 年，开发出无人驾驶汽车的核心零部件及其相关新技术；到 2020 年，掌握表情、动作识别、传感器零部件等虚拟现实（VR）和增强现实（AR）产业相关的原创技术；到 2026 年，韩国政府计划拥有 1000 家人工智能企业，3600 名人工智能专业人才。

海洋工程装备及高技术船舶。韩国通过国家产业规划，对传统优势领域产业重点发展。2016 年 10 月，韩国公布“提升造船产业竞争力方案”，预计韩国政府将订购 250 艘以上的船舶，规模达 11 万亿韩元（约合人民币 652 亿元），以应对造船企业订单锐减问题。韩国加快造船业产业转型升级，计划将现代重工、三星重工、大宇造船等三大造船公司的船坞数量从目前的31个缩减至24个，将员工从6.2万名裁减至4.2万名。韩国计划在未来5年联合民间资本在船舶技术研发领域共同投资7500亿韩元（约合人民币44亿元），培养6600名专业人才。

### （二）政府采取的主要措施

制定国家科技战略。韩国通过国家项目，引导资金投向新兴产业，加大研发力度，促进新兴产业发展。2016年8月10日，韩国召开第二次科技战略会议，确定旨在发掘新增长动力和提升人民生活质量的9大国家战略项目。韩国未来创造科学部计划投资2.2亿韩元，推进这9大项目，该投资计划在未来10年分期投放，这将对韩国制造业的整体创新能力注入新的推动力，从国家层面给予持续保障。

扶持重点制造产业。韩国积极制定国家战略规划，发展新兴产业。2016年10月31日，韩国政府提出的“提升造船产业竞争力方案”，从市场、劳动力等多角度加大对造船业的扶持和引导。2016年，韩国三大造船公司之一现代重工新船订单同比下降44%，为此，韩国加快造船业结构调整与转型升级，在政府政策中，既有短期“帮扶”，也有中期“减负”措施，且更为注重长期“增质”，通过组合拳，对韩国船舶制造行业进行扶持。

# 第二章　我国战略性新兴产业发展形势

2016年我国持续出台一系列与战略性新兴产业发展相关的政策与规划，特别是创新创业的持续倡导与发力，为战新产业发展营造了良好的发展氛围。而在技术方面，大飞机C919等一批重大技术装备取得重大突破，新一代信息技术持续蓬勃发展，受上述综合影响，全国范围内各个层面的协同创新体系正在加速形成，战略性新兴产业对我国经济增长的拉动作用越来越强，有力地支撑了供给侧结构性结构。为更好地适应经济发展新常态，地方政府在发展新兴产业方面的热情非常高涨，目前在全国范围内已经成了诸多新兴产业集聚集群发展区，如北京的北斗产业区、深圳的石墨烯产业区、南昌的虚拟现实发展区等等。但也必须看出，我国经济发展驱动力的转换还需要一个过程，战略性新兴产业发展过程中还存在体制机制束缚、标准缺失、新产品推广应用难等诸多问题，未来需要逐一解决，加快完善顶层设计，进一步推进双创工作，继续优化创新创业资源的有效配给。

## 第一节　我国战略性新兴产业发展概况

### 一、战略性新兴产业日益成为拉动经济增长的新引擎，对国内经济的支撑作用更加凸显

根据国家统计局数据，2016年，战略性新兴产业增加值比上年增长10.5%，高于全部规模以上工业4.5个百分点。从重点行业看，2016年，电子、汽车行业现价增加值占工业增加值的比例已分别达到7.5%与6.9%，这两个产业对我国工业增长的贡献率为27.9%。智能手机、智能电视、集成电

路、光电子器件、新能源汽车等产业发展速度较快。从重点企业看[①]，2016年1—5月，规模以上企业（战略性新兴产业27个重点监测行业）的营业收入增速达11.5%，比同期工业增速高8.6个百分点，比去年同期增速高0.1个百分点。规模以上企业利润增速达15.9%，比上年同期高1.47个百分点，比同期工业高9.5个百分点。从主要区域看，新兴产业对区域经济增长的支撑作用日益突出。2016年1—3季度，贵州省的计算机、通信和其他电子设备制造业的增加值增长了63.5%；重庆市的战略性新兴制造业增加值同比增长22.6%，拉动重庆增长2.8个百分点，贡献率为26.5%。2016年1—3季度，天津市生产的节能和新能源汽车达3.61万辆，增长44.5倍。江苏省的工业机器人产量增速达50%以上。

## 二、若干重点领域实现群体性突破，部分产业已具备较强的国际竞争力

我国在新一代信息技术、核电、航空航天、核电高端装备等领域均实现了突破，在部分领域具有较强的国际竞争力。在新一代信息技术领域，国内自主研发的第一个超大规模分布式系统“飞天”获得第三届世界互联网大会创新成果奖（最有代表性的15项科技创新成果之一），“飞天”作为阿里电子商务交易平台的技术支撑，已成功支撑2016年“双十一”每秒17.5万笔交易创建，每秒12万笔的支付峰值，这表明阿里巴巴公司的云计算能力已居于全球前列。在核电装备领域，2016年9月，英国政府正式批准欣克利角C核电项目，中国广核集团将参与项目投资建设，这是我国第一次向发达国家出口拥有自主知识产权的三代核电技术。在轨道交通装备领域，2016年5月，我国自主研发的时速160公里CRH6F型城际动车组，获得型号合格证和制造许可证。7月，我国拥有自主知识产权的标准动车组顺利完成420 km/h交汇试验，标志着我国动车组相关技术达到世界前列。在航空装备领域，我国自主设计的大飞机C919已完成大部分地面试验，ARJ21－700新型涡扇支线客机已经正式投入商业运营，我国大型客机发动机的验证机已进入详细设计阶

① “战略性新兴产业对经济社会发展贡献日益突出”，国家发改委政策研究室子站，2016年7月15日。

段。在电力装备领域，2016 年 1 月，国电泰州二期 2 × 100 万千瓦超超临界二次再热燃煤发电工程 4 号机组已经成功通过了满负荷试运行，目前已移交生产。在海工装备领域，2016 年 8 月，我国具有自主知识产权的“海斗”号无人潜水器的最大下潜深度达 10767 米，这标志着我国已成为世界第三个能够研制万米级无人潜水器的国家。

## 三、新型创新方式密集涌现，以企业为主体、产学研用联合的协同创新体系正在加速形成

以企业为主体的技术中心、公共技术平台、产业联盟等创新网络平台正在加速形成。从创新平台建设看，北京市以推进制造业创新中心建设为主要抓手，已经形成动力电池、3D 打印、高档数控机床等 11 个技术创新中心（国家级或市级）的建设运营方案，并制定产业技术创新路线图。当前，石墨烯材料应用研究已进入世界前列，北京可信开放高端计算系统已经到了实质产业化阶段，28 纳米芯片制程工艺已经进入量产阶段。从行业创新联盟建设看，南京市通过对未来网络产业创新中心、北斗产业研究院、中科院先进激光技术研究院等 20 余家新兴产业重大平台给予重点支持，区域协同创新能力得到明显提升。深圳市实施“产业链 + 创新链”融合专项，以华大基因、华为、腾讯、光启、超多维、深圳先进院、创新投等作为主要发起单位，联合行业内的产、学、研、资、介等相关单位，分别组建了基因、云计算、移动互联网、超材料、新材料、3D 显示和大数据等产学研资联盟。

## 四、新兴产业发展日益呈现出地方特色，区域间分工协作态势逐步显现

从产业布局来看，我国京津冀、长三角和珠三角地区的创新资源较为富集，这些地区已经成为我国新兴产业发展的主导区域。长三角的上海、杭州、宁波、无锡等地区在物联网、石墨烯、云计算、生物医药制造等领域具有优势。环渤海地区在新一代信息技术、航空航天、海工装备、节能环保等领域具有一定实力。珠三角地区在移动互联、新能源汽车、节能环保等领域发展较快。中西部地区在光电子、硅基新材料等新兴领域形成了特色优势，如湖

北省在光电子信息、生物新能源、环保材料等方面发展速度较快，贵州在大数据领域发展迅猛，西南地区成为我国硅材料和核电装备制造基地，西北地区聚集了我国主要的新能源（风能、光伏）发电项目。

从区域协调性看，新兴产业的区域间协作分工逐步显现。在新一代信息技术领域，珠江三角洲地区主要承担制造职能，形成了多级零部件供应企业。长江三角洲兼具制造和研发职能。在中西部地区，四川省软件与信息服务业、集成电路、北斗导航等领域实力全国领先，成为我国重要的网络游戏研发运营中心、软件产业基地和计算机生产基地。在新能源汽车领域，整车生产企业已分布于环渤海、长三角、珠三角、中西部等地区，天津市依托力神、贝特瑞、比克等龙头企业成为动力电池生产的重要基地，上海依托上汽集团等企业不断加强在锂离子电池、燃料电池等领域的投入，珠三角地区依托比亚迪、比克等企业成为锂离子电池生产和组装基地。

## 五、一系列利好政策密集出台，新兴产业发展环境得到持续改善

在国家政策方面，已经出台了一系列利好于新兴产业发展的政策措施。2016 年 3 月，工业和信息化部、中国人民银行、中国银行业监督管理委员会联合发布了《加强信息共享促进产融合作行动方案》，要求工业和信息化主管部门建立重点企业和重点项目融资信息对接清单、建立产融信息对接服务平台，要求银行业金融机构加大精准支持力度、创新金融支持方式及完善产业链金融服务①。3 月，国家发展和改革委员会、国家开发投资公司、国投所属中国投融资担保股份有限公司签署《战略性新兴产业融资担保风险补偿金合作协议》，三方将共同在战略性新兴产业领域开展项目融资风险补偿试点工作，京津冀等 8 个试验区将首批开展试点②。12 月，国务院印发《“十三五”国家战略性新兴产业发展规划》，部署了包括集成电路发展工程、人工智能创新工程、生物技术惠民工程、新能源高比例发展工程、数字文化创意技术装备创新提升工程等 21 项重大工程。

① “三部委关于印发《加强信息共享促进产融合作行动方案》的通知”，工信部联财〔2016〕83 号，工信部财务司。

② “国投与发改委、中投保签署融资担保风险补偿金合作协议”，国家开发投资公司。

在地方政策方面[①]，多省市积极谋划布局新兴产业未来5至10年的发展蓝图。如江苏省、湖北省、安徽省、贵州省等编制战略性新兴“十三五”规划，将战略性新兴产业作为优先重点发展的产业，摆在构建现代产业体系的突出位置。目前，大部分省市已制定了落实“中国制造2025”的行动方案或实施意见。一些地区已出台新兴产业细分领域的规划布局。如河北省出台了先进装备制造、电子信息、信息服务、新能源汽车等产业专项规划。四川省编制了七大战略性新兴产业和五大高端成长型产业发展规划，出台了产业指导目录和产品年度培育计划，制定了燃气轮机、增材制造、高端医疗设备、大数据等重点产业发展路线图。一些地区通过规划引导资金、技术、人才、土地、项目等各类要素资源集聚，配套各项政策措施，促进新兴产业快速发展。如安徽省设立战略性新兴产业创投基金，广东省设立了战略性新兴产业创业投资引导基金，重庆市组建了战略性新兴产业股权投资基金。另外，一些地区通过建设新兴产业示范基地的方式，促进高端产业和新兴产业集聚发展。

## 第二节　我国战略性新兴产业发展中存在的问题

### 一、体制机制束缚与标准缺失制约行业发展

一方面，我国战略性新兴产业仍面临一系列体制机制障碍。自改革开放以来，随着国际经济形势的不断变化，我国制度改革和体制机制调整做出了一系列努力，随着改革不断进入深水区，改革红利逐渐减少，而部分新兴产业起步较晚，尚未形成具有规模效应的竞争市场，缺乏自我创新能力与维持发展的内生增长机制。例如，受外资技术外溢、中美经贸合作关系不确定性增强等因素，导致以软件及信息服务为主的新一代信息技术产业增速下滑，由传统钢铁、化工、建筑材料等传统行业延伸出的新材料行业呈现经济疲软，

① 陆平、黎文娟、孙虎、张洪国：“我国新兴产业发展态势、问题及政策研究”，《工业和信息化研究》2016年第5期。

整体增幅放缓。另一方面，国际标准竞争更加激烈，我国行业标准缺失问题亟须解决。我国在提出《中国制造2025》战略规划基础上，在新兴产业领域也在积极推进行业标准制定工作。如国务院发布《促进大数据发展行动纲要》，在大数据行业标准与体系框架方面取得了积极进展；在石墨烯行业也率先在全球启动了国家标准制定工作。但我国新兴产业标准化制定存在具有自主知识产权标准少、企业参与意识不强等问题，行业标准缺失带来的技术、接口、产品品质参差不齐，山寨产品不断增加等问题。以LED显示屏为例，2016年，我国LED显示屏行业发展稳步提升，但行业标准缺失导致市场上虚假产品增多，LED显示屏行业间价格竞争愈演愈烈，虽出口额逐年上涨，但也引发了一系列贸易壁垒、成本上涨等问题。我国亟须制定有利于新兴产业发展的技术标准体系。

## 二、部分新兴领域“走出去”面临贸易保护主义困境

新兴产业因其“朝阳性”，吸引了众多风险和投机资本进入，加上“十二五”时期以来，各地热捧新兴产业，使得新兴产业规模扩张很快。大量社会资本的进入，对产业发展提供了重大机遇，但不加引导的盲目投资产生了一些负面作用，部分领域已经引起了发达国家的阻挠和防范。随着国内企业的迅速崛起，不少国家“中国威胁论”日渐抬头，中国企业尤其是中国企业并购外国企业，已经面临着更多的刁难和更为严格的审查。如美国因为顾忌华为是思科强有力的竞争对手，因此对华为进入美国市场进行打压；金沙江欲并购飞利浦在美芯片和车灯公司，由于无法解决美国外国投资委员会“有关国家安全的顾虑”，并购宣布失败；华润集团子公司收购仙童半导体公司也因担心无法通过美审查而被拒绝。近几年来，美国正在不断收紧对任何有可能会提升中国高精尖技术或者是军事力量的限制，使得中国企业进入美国市场存在多重障碍。未来在大力提升自主创新能力的同时，可以加大与欧洲老牌工业强国的合作，在进行跨国并购时要充分了解国内和标的国家的政策，必要时聘请国际中介机构，引进国际化人才，对于一些重要和敏感领域，要注意保密、低调，重视舆论引导的作用。

## 三、新产品新技术市场培育和推广力度亟待加强

创新产品的供需对接不到位，导致部分企业创新活力低迷。目前我国已有相当部分企业的创新产品性能已达到国内、国际领先水平，但国内用户不愿意承担使用国内产品的风险，在招标中设置了较高的门槛。一些民营企业反映，在申请专项建设基金过程中，如果没有国资背景或者政府担保，项目难以通过银行审批。同时，市场制度建设滞后，市场环境跟不上新兴产业领域发展形势。由于新兴领域发展变化快，新兴产业往往面临制度规范滞后等问题，如贵州省大数据行业缺乏高效、权威、可行的大数据交易制度，行业存在很多不规范的行为，导致客户信息存在泄露风险，影响大数据产业健康发展。国内专利侵权违法成本低，知识产权保护力度不够，如新的工业设计存在被模仿的风险。一些新兴行业的相关标准偏低，鼓励“低价中标”导致质次低价的产品充斥市场，优质的创新产品得不到很好的应用。

## 四、跨领域高层次综合型人才缺失

战略性新兴产业是典型的技术密集型产业，处于高技术的顶端或前沿，而人才是发展战略性新兴产业的根本。人才问题突出表现在两个方面：一是高端人才的需求总量缺口较大，人才供需结构性矛盾突出。战略性新兴产业的快速迅猛发展，对人才的需求量暴增，而传统产业特别是供给侧改革中产能过剩行业低技能工人供给过剩，目前多领域、跨学科具有领头作用的高素质人才严重缺乏，结构性供需矛盾难以在短期内缓解。部分高技术新兴产业行业表现得尤为突出，如我国生物医药与软件研发等新兴产业人才需求旺盛，目前的人才培养难以满足产业发展的人才需求。二是地域差距带来的人才资源分布不均衡，导致战略性新兴产业的人才需求也存在地域差异。京津冀、长三角、珠三角地区人才较集中，为该地区战略性新兴产业发展提供了相对足够的人才支持，而东北、西部等区域新兴产业发展的急需人才很难得到满足。

## 第三节　我国战略性新兴产业发展的若干建议

### 一、完善顶层设计，加强前瞻部署

为了使产业政策发挥有效作用，需要设计一系列协调配套的政策体系与之相呼应，单一的政策很难发挥其应有的作用。当前，要从战略性新兴产业发展的实际需求出发，结合产业发展的阶段性特点，重视顶层设计，进一步完善战略性新兴产业政策体系，从国家层面完善战略性新兴产业科学规划，明确战略目标、制定发展重点、时间表和路线图，形成指导产业发展的纲领性文件。在产业起步阶段，要加强前瞻性部署，对前沿性、关键性、基础性和共性技术通过国家科技重大专项给予支持，充分发挥科技创新的主导作用，努力突破现阶段遇到的技术瓶颈；推动企业、高校、政府共同组建技术联盟，加强产业共性技术研发，提升行业整体竞争力。在产业推广阶段，规范行业准入标准，建立行业监管机制，完善产品标准体系和质量控制体系，形成良好的市场秩序。在市场应用阶段，完善软硬件配套设施，建立战略性新兴产业的一条龙服务体系，探索首台（套）产品的倾斜扶持，适时调整进出口目录，促进新产品推广应用；有效整合并完善各种相关政策，增强扶持政策对新兴产业企业发展的支持作用，充分发挥高新产业的辐射带动作用。

### 二、优化空间布局，推进区域协作发展

经过几年的规模扩张，我国战略性新兴产业在各省、区、市形成了百花齐放、激烈竞争的分布格局。在新一轮产业发展过程中，应更加注重从全局角度引导新兴产业发展，结合动态变化和产业聚集特征，科学规划、合理推进战略性新兴产业的空间布局。从宏观层面看，考虑到消费习惯、成长周期等因素对未来一定时期内战略性新兴产业市场容量的限制，政府必须要做好全局规划，加强监督，杜绝盲目投资行为和低水平重复建设，制订出科学合理的新兴产业布局规划，以避免重复建设、产能过剩。从区域层面看，要体

现各地区的区位优势、资源优势、产业优势和科技优势，选择在本地区最有基础、最具优势条件、最能够取得率先突破的细分产业优先发展。此外，要鼓励开展区域合作，以产业链、价值链为纽带，通过上下游配套合作，共建区域性产业集聚区，打造产业特色。

## 三、完善协同创新体系，突破一批关键共性技术

战略性新兴产业离不开核心技术的支撑，核心技术是战略性新兴产业的灵魂。近年来，我国战略性新兴产业已经在部分领域取得了显著成绩，形成了一批具有世界影响力的核心技术成果。下一步，要瞄准国际科技前沿，加大研发力度，加快建立以企业为主体、市场为导向的创新体系建设，建立自己的创新研发团队，完善创新支撑体系建设，争取在关键技术、高端共性技术的研发上取得重要突破。一方面，要加强科技研发与市场需求的紧密结合，选择附加值高、带动性强、在未来能够形成庞大产业规模和应用市场的技术和产品来开发；另一方面，要加快发展一批拥有核心技术和自主知识产权的新兴产业链条，延伸和拓展产业链的广度和深度，推动产业向高端、高效、高辐射方向发展。

## 四、鼓励模式创新，提升产业整体竞争力

商业模式创新有利于促进新产品新服务的不断涌现，逐步扩大应用领域边沿，进而带动产生新的业态，推进新兴产业迅速成长和扩张。商业模式创新的主体是企业，而创新氛围的培养则在于政府的积极引导和全社会的努力。例如在节能环保领域，可以利用合同能源管理、现代废旧商品的回收利用等新型模式发展商业性的增值服务新业态；新能源发电需要储能等相关设施的配套；物联网产业发展需要组织实施智能交通、智慧城市等示范工程，为新兴产业的产业化、商业化搭建平台。因此，在发展战略性新兴产业过程中，要鼓励企业创造符合产业发展规律的商业模式、盈利模式和组织运营模式，以新的方式满足客户需求以及需求结构的变化，积极撬动国内外市场。

## 五、构建新兴产业融资体系，促进产融结合发展

战略性新兴产业的发展离不开金融的支持，要建立多层次相结合的融资体系，打造“政府、金融机构、社会”三位一体的金融支持体系。政府层面，通过贴息贷款、设立战略性新兴产业投资基金、完善金融机构考核体制等方式，引导多渠道资金支持战略性新兴产业发展，鼓励商业银行对战略性新兴产业加大支持，在控制风险的基础上，发展适合创新型企业特点的信贷产品，将一定比例的信贷资金用于支持新兴产业发展。金融机构层面，要设计合理的项目评级授信体系，结合企业和项目的成长性将信贷重点向战略性新兴产业领域倾斜。社会中介层面，大力发展知识产权质押融资担保模式，完善融资担保体系，鼓励各类担保机构对战略性新兴产业企业提供融资担保，并通过再担保、联合担保以及担保与保险相结合等方式多渠道分散风险。此外，要积极推进统一监管下的场外交易市场建设，满足处于不同创业发展阶段的企业需求，完善不同层次市场之间的转板机制，逐步形成各层次市场之间的有机联系。

## 六、完善人才培养体系，加快培育新兴产业所需人才

人才是创新的源泉，是新兴产业发展的重要战略资源。实现战略性新兴产业的快速发展，需要大量的专业高端人才，建立合理的吸引人才和培育人才机制是实现自主创新的关键。要鼓励引进高端人才，建立人才引进专项资金和高端人才项目资金，重点引进创新创业人才和团队，吸引海外优秀人才来华创新创业。要改良人才培养模式，坚持“因事制宜”的培养原则，在产品开发、生产和服务的实践过程中培养人才。要创新人才培养制度，加快在实践中培养出战略性新兴产业所需的人才队伍。一方面以重点学科、重大项目、重点产业的实施和管理为载体，依托高校、科研院校和骨干企业进行联合人才培养，并建立激励机制，鼓励高校和科研院所的技术人才进入培育发展战略性新兴产业的第一线。另一方面，推动企业和大学科研机构共同设立实训基地，逐渐改革高校教育体系，培养创新实践型人才。三是完善人才评价和考核机制。通过探索建立技术、专利入股、期权等政策，将人才引进、培养与科技创业、科研项目有机结合起来，充分调动科研机构和人才创新创业的积极性。

# 产 业 篇

# 第三章　节能环保产业

节能环保产业作为战略性新兴产业的重点领域，在国家一系列政策支持下，逐渐发展壮大。2016 年，国家及地方政府陆续出台了多项促进节能环保领域发展的重要政策，如《中华人民共和国环境保护税法》、《“十三五”环境影响评价改革实施方案》、“气十条”、“水十条”、“土十条”等，政策红利的释放加速了节能环保产业的繁荣。从最新发展动态看，我国节能环保产业规模快速扩大，节能环保企业并购重组活跃、投资热情高涨，PPP 模式成为项目融资的重要方式，节能环保技术如电除尘、噪声与振动控制领域部分技术、城市污水处理工艺、火电脱硫、脱硝和生活垃圾处理技术以及节能环保装备技术水平持续提升，节能环保产业发展已步入快车道，未来将逐步发展成为绿色经济的支柱产业。环保装备制造、大气污染治理以及水污染治理等节能环保产业重点领域取得了积极进展，未来我国节能环保产业还需着重在自主创新能力、标准建设能力以及大企业引领能力方面进行提升。

## 第一节　国内外节能环保产业发展动态

### 一、国内外产业整体概况

#### （一）产业规模不断扩大，逐步成为经济发展新动能

从全球范围看，绿色发展热潮涌动，世界各国加速布局节能环保产业，中国、美国、欧盟、日本、瑞典等国节能环保市场逐渐趋于成熟，尤其是我国节能环保产业规模持续扩大，成为战略性新兴产业的重点发展领域，为经济发展释放新动能。“十二五”期间，我国节能环保产业取得显著成效，年均

增速高达26.9%，高出工业产出平均水平19.1个百分点，产业增速保持较快水平。根据《“十三五”节能环保产业发展规划》，2015年我国节能环保产业产值约4.5万亿元，并涌现出年营业收入超过10亿元的节能环保龙头企业70多家，节能环保产业规模不断扩大，产业集中度显著提高，预计到2020年，节能环保产业增加值占国内生产总值比重将达到3%左右，培育骨干企业100家以上，形成20个产业配套能力强、辐射带动作用大、服务保障水平高的节能环保产业集聚区①。2016年，在国家一系列政策支持和全社会共同推动下，我国节能环保产业发展步伐加快，各省、市、区纷纷以节能环保产业作为发展新兴产业的切入点，节能环保市场相继出现了一批涵盖节能环保技术研发设计、节能环保生产装备、节能环保服务等全产业链条的企业，部分关键性技术已实现产业化，节能环保装备制造能力显著提升，环保服务专业化水平迈上新台阶。节能环保产业目前已成为世界各国高度重视发展的朝阳产业，伴随着国际主流发展的战略机遇，节能环保服务、管理模式不断创新应用，一批生产制造型企业正加速向生产服务型企业转型升级，节能环保产业未来将逐步发展成为绿色经济的支柱产业，为我国经济发展提供新动能。根据中国环保产业协会发布的数据，“十三五”期间，环保领域的总投资预计达到10万亿元，平均每年投资两万亿元。此外，加上“气十条”、“水十条”、“土十条”、海绵城市等政策红利的释放，将有力撬动万亿级产业风口，为节能环保产业带来巨大的市场发展空间。

### （二）行业并购投资高涨，PPP模式创新项目融资方式

2016年，节能环保企业并购重组活跃、投资热情高涨，一批企业借助本轮并购投资热潮脱颖而出，做大做强，极大地提升了综合竞争实力，加速了节能环保产业格局变化。Wind数据库统计显示，2016年我国环保行业实现并购共计57起，交易金额约300亿元，例如云南水务2.9亿人民币收购哈尔滨国环、首创股份2762.50万元收购开创环保19.03%股权、超腾碳20万全资收购润泽环保、安徽盛运环保1.34亿收购东宁盛运环保电力、启迪桑德收购郑州绿源49%股权、国电电力12亿收购北京国电龙源脱硫设施资产等均是较

① 国家发展改革委：《“十三五”节能环保产业发展规划》，2016年12月22日，见http://hzs.ndrc.gov.cn/newzwxx/201612/t20161226_832641.html。

为典型的并购案例。节能环保行业并购兴起，主要是由于目前国内节能环保产业总体规模较大，企业规模相对较小，且多为中小企业，通过同行业间的横向并购或纵向并购可以进一步壮大企业规模，提升综合竞争力。国有企业注重产业链条的延伸与扩张，民营企业相对于国有企业而言更加重视技术研发与创新，往往选择并购国内外高科技企业直接获得先进技术，并购重组已经成为我国节能环保企业做强做大、谋求长远发展的重要路径选择。与“并购潮”同样高涨的还有环保行业 PPP 项目的“井喷”，伴随政府对环保领域 PPP 模式发展高度重视下的一系列支持政策，重点鼓励和支持 PPP 公私合营模式推进环保项目落地，PPP 模式取得了阶段性的进展。截至 2016 年 11 月 30 日，财政部发布 PPP 项目库中，环保及公用事业类项目（含水利建设）占全部项目的 34.4%，项目投资额占全部投资额的 17.05%，仅次于交通运输领域①。根据国家发改委发布数据，在第三批 PPP 示范项目中，节能环保领域的 PPP 项目占到了全部项目的 10%，仅次于交通运输领域（52%）和市政工程（22%），此外城镇综合开发项目占比约 10%，养老、旅游及水利建设各占比约 2% 左右。节能环保领域 PPP 模式已经成为创新项目融资方式的重要途径。

### （三）节能环保技术水平持续提升，取得良好综合效益

2016 年，世界各国加快对新节能环保技术的研发，使节能环保产业细分领域的技术水平取得实质进展，例如美国研制了能够在制冷或制热同时为燃料电池充电的 BeCool 新型设备，燃料电池产生的能量能够被输送入建筑物的供电系统中，为电灯、电脑等耗电的设备提供能源；欧盟成功研制出有效监测和评估土壤污染成本的紧凑型探测器和传感器，直接降低了检测成本，提高了有效检测率；新加坡研究建设利用垃圾焚烧灰渣提取金属颗粒的基础设施，将实现炉渣中直径在 2 毫米以上有色金属与 4 毫米以上含铁金属的有效回收。我国节能环保产业整体技术水平有所提升，逐步缩小了与国际同行业技术水平的差距。例如电除尘处于国际领先水平，实现了向 30 多个国家地区出口；噪声与振动控制领域部分技术现已达到国际先进水平；城市污水处理的多种典型工艺已在我国实现广泛应用；火电脱硫、脱硝和生活垃圾处理技

① 中冶有色技术网：2016 年岁末之际环保产业迎来了重磅支持政策，2016 年 12 月 28 日，见 http：//www.china-mcc.com/qikanzazhi/yousehuanbao/2016/1228/78032.html。

术及装备基本实现国产化；国产环境监测仪器正逐步实现自动化、智能化和产业化。此外，我国节能环保装备技术水平大幅提升，高效燃煤锅炉、高效电机、膜生物反应器、高压压滤机等装备技术水平国际领先，燃煤机组超低排放、煤炭清洁高效加工及利用、再制造等技术取得重大突破，拥有世界一流的除尘脱硫、生活污水处理、余热余压利用、绿色照明等装备供给能力。节能环保各个细分领域技术的广泛应用，已经初步形成了良好的经济效益、社会效益、环境效益等综合效益。为推进环境保护技术应用推广，中国环境保护产业协会评审并公布了2016年国家重点环境保护实用技术（表3－1所示），共计35项，这些技术涉及城镇污水处理厂提标升级改造，黑臭水体治理，煤化工、印染、焦化、电镀等重点行业废水处理及资源化，工业污泥处理处置，火电、钢铁、工业锅炉（窑炉）除尘、脱硫、脱硝设施升级改造，挥发性有机物治理，重金属、有机污染土壤修复等当前环境保护重点需求的领域，将为我国节能环保领域技术水平的进一步提升起到重要的引领示范作用。

**表3－1　2016年国家重点环境保护实用技术公示名录**

| 序号 | 技术名称 | 申报单位 |
|---|---|---|
| 1 | 内碳源利用型多方案AAO生化处理工艺 | 浦华环保股份有限公司 |
| 2 | 地埋式一体化生活污水处理技术 | 四川立蓝环保技术开发有限公司<br>四川中天蓝瑞环保科技有限公司<br>四川骏昊建设工程有限公司 |
| 3 | 四合一污水处理设备 | 绿地环保科技股份有限公司 |
| 4 | Power Do高效溶解氧同层扩散法水源地修复技术 | 上海库克来生态科技有限公司 |
| 5 | $A^3O$工业废水处理技术 | 广东新大禹环境科技股份有限公司 |
| 6 | 难降解有机废水深度处理技术 | 中持水务股份有限公司 |
| 7 | QIC有机废水处理技术 | 蚌埠市清泉环保有限责任公司 |
| 8 | MBR＋纳滤组合污水深度处理回用技术 | 山东水发环境科技有限公司 |
| 9 | 煤化工废水处理及综合利用技术 | 浙江汉蓝环境科技有限公司 |
| 10 | 电镀废水深度治理技术 | 广东方氏环保技术服务有限公司<br>广东省开平市百合镇绿泉净水剂加工厂 |
| 11 | 电解高级氧化水处理技术 | 武汉威蒙环保科技有限公司 |
| 12 | 废水中铊的高效处理技术 | 湖南永清环保研究院有限责任公司 |

续表

| 序号 | 技术名称 | 申报单位 |
| --- | --- | --- |
| 13 | 制革行业糅革含铬（Ⅲ）废水深度净化及资源化回用技术 | 湖南永清环保研究院有限责任公司 |
| 14 | 污泥理化调质深度脱水技术 | 湖南永清环保研究院有限责任公司 |
| 15 | 污泥厌氧消化技术 | 青岛南方国能清洁能源有限公司 |
| 16 | 电镀污泥无转移无害化及资源化循环利用技术 | 北京天地同源生物科技有限公司 |
| 17 | JDLG 燃煤锅炉专用电改袋技术 | 洁华控股股份有限公司 |
| 18 | 可调频高声强声波吹灰器 | 南京常荣声学股份有限公司 |
| 19 | 组合式滤筒除尘技术 | 江苏南方涂装环保股份有限公司 |
| 20 | 高性能聚苯硫醚水刺毡滤料（龙泰斯） | 厦门三维丝环保股份有限公司 |
| 21 | 燃煤电站烟气 LGH 型气气换热技术 | 福建龙净环保股份有限公司 |
| 22 | 燃煤锅炉除尘脉冲电源技术 | 浙江大维高新技术股份有限公司 |
| 23 | 除尘用脉冲高压电源技术 | 福建龙净环保股份有限公司 |
| 24 | 高浓度 NOx 烟气脱硝技术及设备 | 长沙奥邦环保实业有限公司 |
| 25 | 基于沸石转轮的中低浓度涂装 VOCs 净化技术与装备 | 青岛华世洁环保科技有限公司 |
| 26 | 污水处理厂恶臭异味 VOC 废气的悬吊膜密闭收集和生物净化处理技术 | 青岛金海晟环保设备有限公司 |
| 27 | 植物液洗涤塔除臭技术 | 上海野马环保设备工程有限公司 |
| 28 | 挥发性有机废气吸附净化 – 回收利用技术 | 常州市金能环保工程有限公司 |
| 29 | 陶瓷蓄热式燃烧技术 | 江苏三中奇铭环保设备有限公司 |
| 30 | 工业有机废气吸附浓缩 – 蓄热式催化燃烧技术 | 广东颢禾环保有限公司 |
| 31 | 重金属污染农田钝化修复技术 | 爱土工程环境科技有限公司 |
| 32 | 油田石油开采和石油化工污染土壤（场地）电动—微生物修复技术 | 中国科学院沈阳应用生态研究所 |
| 33 | 土壤易挥发性污染物化学热升温热解吸修复技术 | 上海康恒环境股份有限公司<br>环境保护部南京环境科学研究所 |
| 34 | 污染源自动监测动态管控系统 | 江苏三希科技股份有限公司<br>山东省环境保护信息中心 |
| 35 | 污染源排放过程（工况）监控系统 | 深圳市中兴环境仪器有限公司 |

资料来源：中国环境保护产业协会，2016 年 12 月。

## 二、我国产业存在的问题

### （一）自主创新能力不强阻碍产业高端化升级步伐

整体看，目前我国节能环保产业自主创新能力不强，部分关键设备和核心零部件受制于发达国家，技术对外依存度处于高位，缺乏基础性、开拓性、颠覆性技术创新，特别是在核心关键共性技术研发方面的能力有待进一步提升，直接导致我国当前节能环保产品呈现低附加值、低端化。具体来看，垃圾渗滤液处理、高盐工业废水处理、能量系统优化等仍是我国目前节能环保产业有待突破的技术难点，在系统节能、水气土环境污染治理、尾矿资源化及工业废渣利用等影响可持续发展的技术领域方面还需要加大研发力度；高端技术装备供给能力不强，亟须有针对性地加强关键节能环保技术装备产品的研发攻关，提升节能环保产业对解决重大资源环境问题的支撑能力；以市场为导向、企业为主体、产学研相结合的节能环保技术创新体系尚未完全建立起来，难以集中全社会科研力量、创新资源开展关键共性技术突破；目前节能环保产业以大量中小企业为主，在很大程度上依赖于技术引进，自主创新能力不强且动力不足，导致产品长期处于价值链低端。但是，从目前全球节能环保发展现状看，全球节能环保产业总体上处于发展初期阶段，世界各国之间的差距尚未拉大。我国亟须加快节能环保产业技术攻关，掌握关键核心技术，增强自主创新能力，从而促进节能环保产业向产业高端化升级。

### （二）我国节能环保标准建设能力相对滞后

与美国、日本、欧盟等先进经济体相比，我国在节能环保制度以及相应标准体系的建设能力处于相对滞后的阶段，有利于节能环保产业发展的标准体系建设仍任重而道远。目前我国节能环保领域缺乏合理的市场准入机制、节能效果评估制度、节能减排标准、产品标准以及服务技术标准，与此同时，资源型产品价格改革尚未到位、节能减排税收和金融支持政策有待加快健全，适合于节能环保产业发展的政策制度环境亟须进一步优化完善。以水污染治理领域为例，根据住建部统计数据，截至2016年6月底，全国设市城市、县累计建成污水处理厂3802座，日处理污水能力1.61亿立方米[①]，其中完成提标改造比例约30%，即70%的污水处理厂、约1.13亿立方米/日达不到一级A排放标准，需要进一步提升标准。节能环保领域政策、制度及标准体系需要有针对性的根据该产业初创期高研发投入、高风险、高产业化投入、高推广应用成本等特点展开建设，通过建立健全科学合理的制度保障和标准体系，发挥好公共财政的引导和支持作用，改善节能环保产业的发展质量水平。

### （三）大企业引领市场发展的主导作用亟待增强

目前我国节能环保市场以规模较小的中小企业居多，品牌实力较强、规模较大的大型企业相对较少。尽管借助2016年新一轮并购热潮，部分中小企业通过横向或纵向并购进一步实现了规模的扩张，但是大企业在节能环保市场的引导作用尚未充分发挥出来。市场主导性不强，产业集中度较低，缺乏具有领导力的龙头企业，这主要是受到政策指引、地方垄断以及企业自身发展定位等多重因素的影响。节能环保市场企业品牌弱小、资金壁垒、扶持不足已成为制约行业发展的瓶颈。根据《“十三五”节能环保产业发展规划》，“十三五”期间将培育多家千亿级的大型公用环保企业，这将促使节能环保市场主体的加速培育，形成大企业大品牌竞争优势，从而参与到国际竞争中去。

## 三、我国产业政策动态

2016年以来，国家及地方政府陆续出台了多项促进节能环保领域发展的政策，节能环保产业的政策红利持续释放。《中华人民共和国环境保护税法》经过多轮意见征求已于2016年12月25日通过，自2018年1月1日起施行，该法是我国第一部直接体现“绿色税制”的单行税法，意味着排污企业将环境污染生态破坏等外部成本内生化，直接受到经济约束，并将有力推动生态文明建设进程。在产业规划领域，国家发改委、科技部、工信部、环保部联合印发了《“十三五”节能环保产业发展规划》，提出到2018年我国节能环保产业的产值预计将达到7.5万亿元，节能环保产业将成为国民经济重要的支

① 新华网：《我国大多数污水处理厂亟待升级》，2016年3月21日，见http://news.xinhuanet.com/politics/2016-03/21/c_128817050.htm。

柱产业之一，在此之前，国家发展改革委、国管局发布了《公共机构节约能源资源“十三五”规划》，提出实施燃煤锅炉节能环保综合提升工程、实施可再生能源应用工程、实施节地节水工程、节能计量统计基础工程、节约型公共机构示范工程、管理能力提升工程，工信部印发了《工业绿色发展规划（2016—2020年）》；在节能减排和减少污染方面，国务院先后印发了《排污许可证管理暂行规定》《控制污染物排放许可制实施方案》《“十三五”节能减排综合工作方案》，各部委先后发布了《关于印发〈全面实施燃煤电厂超低排放和节能改造工作方案〉的通知》《高效节能环保工业锅炉产业化实施方案》《“十三五”全民节能行动计划》；在标准建设和评价体系方面，《中华人民共和国环境影响评价法》进一步修改完善，国家发改委、国家标准委研究起草了《节能标准体系建设方案（征求意见稿）》，中共中央办公厅、国务院办公厅印发了《生态文明建设目标评价考核办法》，工业和信息化部印发了《环保装备制造行业（大气治理）规范条件》；在体制机制方面积极实施环保执法垂直管理，2016年9月中共中央办公厅、国务院办公厅印发了《关于省以下环保机构监测监察执法垂直管理制度改革试点工作的指导意见》，本项改革力争在“十三五”末全国省以下环保部门按照新制度运行。地方各部门也积极为推动节能环保产业发展加快部署，例如北京市发改委出台《北京市能效领跑者试点实施方案（2016—2020年）》，树立能效标杆，促进重点用能行业提升能效水平；安徽省经信委出台《“五个一百”专项行动暨合同能源管理降低企业用能成本实施方案》；四川省经信委印发《关于进一步做好工业清洁生产工作的通知》，重点统筹推进省内工业清洁生产工作。

此外，值得注意的是，2016年国家及地方政府密集出台了一系列涉及土壤污染防治领域的政策，将为我国土壤污染治理释放出巨大的政策红利。《土壤污染防治行动计划》（“土十条”）自2016年5月底发布实施以来已有半年多，为大力推进“土十条”政策落地，各部委、各地政府纷纷制定相应政策、计划，如环保部制定出台了《污染地块土壤环境管理办法》，完成了《农用地土壤环境质量标准》《建设用地土壤污染风险筛选指导值》《土壤环境质量评价技术规范》等国家环境保护标准；农业部发布《农业资源与生态环境保护工程规划》；北京、天津、厦门、江苏、山东、广东等省、市因地制宜出台各省（市）土壤污染防治工作方案。与此同时，由全国人大环境与资源保护委员会牵头起草的《土壤污染防治法》草案目前已经委内部审议通过，并公开向全社会征求意见建议，拟在2017年提请人大常委会审议。《关于全国土地整治规划（2016—2020）》也于2016年底经国务院通过，明确提出大力推进废弃、退化、污染、损毁土地的治理、改良和修复，促进土地资源永续利用。

**表3－2　2016年中国节能环保领域相关文件**

| 序号 | 文件名 | 发布时间 | 发布单位 |
|---|---|---|---|
| 1 | 中华人民共和国环境保护税法 | 2016.12.25 | 国务院 |
| 2 | “十三五”全民节能行动计划 | 2016.12.23 | 国家发改委、科技部、工信部等 |
| 3 | 排污许可证管理暂行规定 | 2016.12.23 | 环保部 |
| 4 | “十三五”节能环保产业发展规划 | 2016.12.22 | 国家发改委、科技部、工信部、环保部 |
| 5 | “十三五”节能减排综合工作方案 | 2016.12.20 | 国务院 |
| 6 | 控制污染物排放许可制实施方案 | 2016.11.21 | 国务院办公厅 |
| 7 | 节能标准体系建设方案（征求意见稿） | 2016.11.16 | 国家发改委、国家标准委 |
| 8 | 生态文明建设目标评价考核办法 | 2016.9.22 | 中共中央办公厅、国务院办公厅 |
| 9 | 关于省以下环保机构监测监察执法垂直管理制度改革试点工作的指导意见 | 2016.9. 22 | 中共中央办公厅、国务院办公厅 |
| 10 | 高效节能环保工业锅炉产业化实施方案 | 2016.7.19 | 工信部 |
| 11 | 关于推行合同节水管理促进节水服务产业发展的意见 | 2016.7.27 | 国家发改委、水利部、税务总局 |
| 12 | 公共机构节约能源资源“十三五”规划 | 2016.6.28 | 国管局、国家发改委 |
| 13 | 国家危险废物名录 | 2016.6.23 | 环保部 |
| 14 | 工业节能管理办法 | 2016.5.13 | 工信部 |
| 15 | 土壤污染防治行动计划 | 2016.5.31 | 国务院 |

资料来源：赛迪智库整理，2017年1月。

# 第二节　中国节能环保产业重点领域分析

## 一、环保装备制造领域

### （一）发展概况

一是我国环保装备制造业产业规模不断壮大。随着节能环保产业的高涨和行业标准不断从严，我国环保装备制造业呈现较快增长态势。根据工信部节能司发布数据显示，截至2016年11月底，环保专用装备产量818648台套，同比增长25.8%，增速位列129个机械制造细分行业中第5位；主营业务收入2951.7亿元，同比增长7.9%；行业利润总额达到202.1亿元，同比增长9.1%，利润率较2015年略有降低，约为6.5%；环保装备进出口总额217亿元人民币，顺差9.5亿元人民币。其中大气治理装备制造业经过几十年的发展已初具规模，截至2015年，我国大气治理装备产值居环保装备制造业首位，占全行业产值40%以上。规模以上大气治理装备制造企业共237家，年产量35.4万台（套）①。我国环保装备制造业目前已进入全面发展的战略机遇期。

二是以环境监测专用仪器仪表制造行业为代表的环保装备制造业稳步增长。全球环境监测市场未来将保持稳步增长。近日，Markets and Markets发布了全球环境监测市场最新发展报告。报告预计，到2021年，全球环境监测市场将达到195.6亿美元，复合年增长率保持7.7%。报告认为，全球环境监测市场保持增长的原因在于，一方面政府积极扩大控制环境污染监测的整体水平、提高用于环境监测和污染防治的财政资金，另一方面包括全球各环境监测平台不断提升的积极性等。我国环境监测专用仪器仪表制造行业相关企业营业收入呈现持续增长态势，2014年，相关企业的营业收入达196亿元，同比增长21.9%，实现

① 工信部：关于《环保装备制造行业（大气治理）规范条件》的解读，2016年12月15日，见http：//www.miit.gov.cn/n1146285/n1146352/n3054355/n3057542/n3057545/c5423019/content.html。

利润总额 15.4 亿元，同比增长 6.5% ，未来随着国家各项环保政策规划的加快落实，预计环境监测行业市场规模复合增速将超过 10% 。

三是环保装备制造领域规范标准建设不断加强。例如，为加快推进大气治理装备制造业领域供给侧结构性改革，工信部发布《环保装备制造行业（大气治理）规范条件》，并公布了第一批符合《环保装备制造行业（大气治理）规范条件》企业名单，如表 3 –3 所示。

**表 3 –3　符合《环保装备制造行业（大气治理）规范条件》（第一批）公示企业名单**

| 序号 | 省市 | 企业名称 | 主营业务领域 |
|---|---|---|---|
| 1 | 福建省 | 福建龙净环保股份有限公司 | 脱硫、脱硝、除尘装备制造 |
| 2 | 上海市 | 上海市凌桥环保设备厂有限公司 | 高温滤料制造 |
| 3 | 江苏省 | 科林环保技术有限责任公司 | 除尘装备制造 |
| 4 | 江苏省 | 无锡红旗除尘设备有限公司 | 除尘装备制造 |
| 5 | 江苏省 | 无锡雪浪环境科技股份有限公司 | 除尘装备制造 |
| 6 | 江苏省 | 大唐南京环保科技有限责任公司 | 脱硝催化剂制造 |
| 7 | 山东省 | 山东国舜建设集团有限公司 | 脱硫、除尘装备制造 |

资料来源：工信部网站，2016 年 12 月。

### （二）技术进展

近年来，我国环保装备制造企业不断加强自主技术攻关，企业自主研发创新水平有所提升。例如华电重工股份有限公司自主研制了燃气电厂立式余热锅炉低频噪声源头控制技术，通过源头控制关键技术实现了减少低频噪声污染的目的，目前该科技成果已成功应用；神雾环保公司自主研发了“蓄热式电石生产新工艺”，采用热解技术将中低阶煤炭进行分级分质利用，与电石冶炼技术耦合，通过干法细粉成型、蓄热式热解炉、高温固体热装热送与电石炉冶炼等技术集成，形成蓄热式电石生产新工艺成套技术与装备，设备作业率、电炉产量得到明显提高，平均生产电耗、综合生产成本及综合能耗进一步降低。可见，我国一些环保装备制造企业的技术研发成果已达到较高水平，未来需要进一步加强科技成果在工业各领域的推广应用。

## 二、大气污染治理领域

### （一）发展概况

一是大气污染排放标准建设能力不断加强。根据《全面实施燃煤电厂超低排放和节能改造工作方案》，预计到2020年，全国全部具备改造条件的燃煤电厂要力争实现超低排放，有条件的新建燃煤发电机组达到超低排放水平，并将中东、中部地区达标时间分别提前到2017年、2018年。同时，环保部此前发布《石油炼制工业污染物排放标准》（GB31570－2015）、《石油化学工业污染物排放标准》（GB31571－2015）、《再生铜、铝、铅、锌工业污染物排放标准（GB31574－2015）》等一系列非电行业的大气污染物排放标准，提高了其生产过程中加热炉、催化裂化炉等工艺环节NOx、$SO_2$及烟尘排放要求。

二是挥发性有机物（VOCs）治理工作取得一定进展。我国目前VOCs排污收费试点工作已全面铺开，目前已开展VOCs排污收费试点的省市达到15个，40个城市先后发布了排污收费的实施治理及整治方案，其中，北京、上海、天津的收费标准较高，例如北京收费标准差别化最高达40元/千克。2016年，工信部、财政部联合印发《重点行业挥发性有机物削减行动计划》，计划提出通过实施原料替代工程、工艺技术改造工程、回收及综合治理工程，预计到2018年，实现工业行业VOCs排放量比2015年削减330万吨以上，减少苯、甲苯、二甲苯、二甲基甲酰胺（DMF）等溶剂、助剂使用量20%以上，低（无）VOCs的绿色农药制剂、涂料、油墨、胶粘剂和轮胎产品比例分别达到70%、60%、70%、85%和40%以上①。

三是区域联合防控机制不断完善。目前，全社会已达成大气污染治理问题必须加强区域联动与协作的基本共识，各地区通过强化区域政策衔接、执法联动、技术协同，成为大气污染治理的加速器，例如，2016年，环保部出台《京津冀大气污染防治强化措施（2016—2017年）》，根据国家要求与区域特点，从顶层设计的高度加大大气污染治理力度。

① 工信部：两部委关于印发重点行业挥发性有机物削减行动计划的通知，2016年7月13日，见http：//www.miit.gov.cn/n1146290/n4388791/c5137974/content.html。

### （二）技术进展

针对我国连续出现的重污染天气治理问题，环保部分析认为民用煤燃烧排放是造成重污染天气的重要原因之一，并于2016年发布了《民用煤燃烧污染综合治理技术指南（试行）》《民用煤大气污染物排放清单编制技术指南（试行）》两项技术文件，主要技术措施涉及：选择电采暖、燃气采暖、太阳能采暖、沼气采暖、生物质成型燃料采暖以及组合采暖方式（如太阳能+电、太阳能+燃气、太阳能+沼气等）等组合采暖技术替代原有燃煤取暖方式、对劣质民用散煤实施优质煤替换、积极推广符合国家或地方标准的节能环保型燃煤采暖炉具、鼓励在城乡接合部、城中村和居住较为集中的村镇发展集中供热、大力推动农村建筑节能改造及节能新民居建设。民用煤燃烧污染治理技术路线的发布实施，将有效推动治理工作的科学性与合理性，对于控制中东部地区的雾霾问题起着重要指导作用。

## 三、水污染治理领域

### （一）发展概况

一是PPP模式成为水污染治理的重要方式。2016年，财政部印发《关于在公共服务领域深入推进政府和社会资本合作工作的通知》，提出加快推进公共服务领域PPP模式的推广应用力度，进一步增强财政扶持力度，并明确提出垃圾处理及污水处理等领域的新建项目必须强制引入社会资本，推广PPP模式。

二是污水处理基础设施建设进一步加强。2016年，国家发改委发布《“十三五”全国城镇污水处理及再生利用设施建设规划（征求意见稿）》，提出预计到2020年，全国所有设市城市、县城和建制镇具备污水收集能力，所有设市城市、县城及部分建制镇具备污水集中处理能力，实现城镇污水处理设施全覆盖，城市污水处理率达到95%[①]，这进一步推进了城镇污水处理基

① 国家发改委：关于征求对《“十三五”全国城镇污水处理及再生利用设施建设规划（征求意见稿）》意见的函，2016年11月4日，见 http://www.ndrc.gov.cn/zcfb/zcfbtz/201611/t20161117_826942.html。

础设施的建设。

三是行业企业示范性效应不断显现。2016年，国家多部委联合实施《水效领跑者引领行动实施方案》。以工业企业水效领跑者为例，通过将企业的取水量、节水潜力、技术发展趋势、用水统计、计量、标准等指标情况纳入考核范围，在钢铁、火电、纺织印染、造纸、石化、化工等行业里面挑选技术水平相对先进、用水效率较为领先的企业，工业企业水效领跑者行动，旨在树立标杆，发挥示范效应，预计该行动可以使重点用水行业用水量降低8个百分点以上，实现年节约用水10亿立方米以上，并大幅度减少工业废水排放。

### （二）技术进展

在国家政策支持以及行业协会、高校科研院所、企业等多主体的协作下，水污染治理行业技术不断进步。一是国家对重点水污染及节水工艺技术的支持力度不断加大。2016年，工信部、环保部印发《水污染防治重点行业清洁生产技术推行方案》，鼓励通过企业采用清洁生产技术实施改造，预计到2020年，可减少废水排放量6亿吨，减少化学需氧量（COD）产生量250万吨，减少氨氮产生量15万吨，减少含铬污泥（含水量80%—90%）约3万吨；工信部、水利部、全国节水办联合发布了第二批《国家鼓励的工业节水工艺、技术和装备目录（征求意见稿）》，针对共性通用技术以及石化行业、钢铁行业等细分行业领域共计72项工艺技术进行了汇编，推广先进适用节水工艺技术装备，提升工业领域用水效率。二是加强行业内技术交流，提升节水治污技术。充分发挥行业协会、科研院所、信息咨询服务机构等协同作用，促进技术服务和信息咨询，2016年，中国工业节能与清洁生产协会举办了工业节水治污技术交流研讨会，围绕工业节水治污、浓盐水综合利用、高难度工业废水处理新技术新装备和工业废水“零排放”应用技术等展开交流探讨。三是通过产学研相结合，推动技术联合攻关。例如由中国环境科学研究院、清华大学、北京环卫集团、力合科技（湖南）、北京建工环境等联合研发的填埋场地下水污染系统防控与强化修复关键技术及应用，荣获2016年度环境保护科学技术奖，是水污染治理技术产学研结合的重要成果。

## 第三节 中国节能环保产业年度热点事件

### 一、《中华人民共和国环境保护税法》正式落地

2016 年 12 月 25 日，第十二届全国人民代表大会常务委员会第二十五次会议审议通过《中华人民共和国环境保护税法》（以下简称《环保税法》），自 2018 年 1 月 1 日施行。《环境保护税法》由财政部、税务总局、环境保护部三部门共同起草，历时六年立法之路，历经两次审议，为我国环境保护"费改税"迈出关键一步，成为我国环境保护史上的里程碑。《环境保护税法》从法律高度确立了绿色税法的地位，为切实保护和改善生态环境、减少污染排放、建设生态文明社会保驾护航，是我国第一部专门体现"绿色税制"的法律。将排污费改征环境保护税，一是实现了排污费向环保税转移的制度设计。1979 年设立的排污收费制度是我国长期以来对排污企业的主要行政管理手段，据统计，2003 年至 2015 年，全国累计征收排污费 2115.99 亿元，缴纳排污费的企事业单位和个体工商户累计 500 多万户①。环保税的开征将翻开我国环境保护事业的新篇章，实现推进绿色发展的制度设计。二是加快我国税收进一步从行政监管向法治化转变。确立环保税的法律地位，直接解决了以往环境污染治理过程缺乏执法刚性、政府干预等难题，不仅强化了纳税企业环境污染治理减排的重要责任，优化了税收结构，更是对我国税制体系的有力补充与完善。三是将排污企业所造成的环境污染排放外部成本进行内部化，环保税将倒逼企业加大治污减排的力度，充分履行建设社会主义生态文明的社会责任。

### 二、深化"十三五"环境影响评价改革

2016 年 7 月 15 日，环境保护部发布《"十三五"环境影响评价改革实施

---

① 中国新闻网：征了 37 年排污费或将退出历史舞台，2016 年 9 月 6 日，见 http://www.chinanews.com/gn/2016/09-06/7995132.shtml。

方案》（以下简称《环评方案》）。方案明确规定，要以改善环境质量为核心，以全面提高环评有效性为主线，以创新体制机制为动力，以“生态保护红线、环境质量底线、资源利用上线和环境准入负面清单”（以下简称“三线一单”）为手段，持续改进和完善依法、科学、公开、廉洁、高效的环境评价管理体系[①]。我国目前规划“未评先批”“评而不用”、项目“未批先建”现象仍然存在，项目环评分类管理和分级审批有待完善，《环评方案》将从机制设计上进一步建立健全合理的管理机制，通过建立“三线一单”的管理机制，以期规范规划环评与项目环评的联动管理、提高地方环评审批与监管能力。开展科学、合理、规范的环境影响评价高效开展环境保护的重要一环，《环评方案》将有助于从规划和项目阶段实现环境污染的源头预防，从而营造有利于节能环保产业发展的制度环境，确保我国节能环保产业的健康可持续发展。

## 三、开展环保执法垂直管理制度改革试点

2016年9月22日，中共中央办公厅、国务院办公厅印发了《关于省以下环保机构监测监察执法垂直管理制度改革试点工作的指导意见》（以下简称《意见》）。在省以下环保机构开展执法垂直管理制度改革试点，拟加快解决现行地方环保管理体制中以块为主的突出问题，建立健全条块结合的地方环保管理制度，规范地方环保机构和队伍建设。《意见》提出了“两个加强、两个聚焦、两个健全”的环保垂直管理制度改革路径，即“加强地方党委政府及其相关部门环保责任的明确和落实、加强对地方党委政府以及相关部门环保责任落实的监督检查和责任追究”（两个加强），“省级环保部门聚焦生态环境质量监测和环境监察，市（地）县两级聚焦环境执法”（两个聚焦），“建立健全议事协调机制，建立健全信息共享机制”（两个健全）。开展环保执法垂直管理，将进一步完善我国环境保护的基础制度，为落实《大气污染防治行动计划》《水污染防治行动计划》《土壤污染防治行动计划》创造有利的制度保障，对于改善节能环保产业发展环境有着重要的意义。

---

① 环保部：关于印发《“十三五”环境影响评价改革实施方案》的通知，2016年7月15日，见http：//www. mep. gov. cn/gkml/hbb/bwj/201607/t20160719_ 360949. htm。

## 四、全国环保系统环评机构实现脱钩

长期以来，我国环境评价技术服务市场普遍存在着“红顶中介”现象，一些全国环保系统所下属环评机构依托其政府部门背景，在环评技术市场占据竞争优势并获得较大收益，“寻租”问题严重，造成了行业垄断，直接对其他环评机构产生挤出效应，扰乱了我国环评技术市场秩序。为规范环评技术市场，环保部于2015年初印发了《全国环保系统环评机构脱钩工作方案》，提出环保部直属8家环评机构、省级及省级以下具有环评资质的直属单位与企业性质环评机构必须与直属单位彻底脱钩。根据环保部发布消息，截止到2016年底，全国358家环保系统下属环评机构按期全部完成脱钩，其中179家通过取消或者注销资质形式完成脱钩，179家通过原环评机构职工自然人出资设立环评公司或整体划转至国有资产管理部门等形式完成脱钩。“红顶”环评机构实现全部脱钩，是节能服务产业的重要利好消息，直接加速转变了我国环评资质管理方式，推动了节能环保服务产业的健康发展。

## 五、“土十条”红利逐步释放

土壤污染防治一直是我国生态文明建设的重点工作，与大气污染、水污染问题相比，土壤污染更具隐蔽性、累积性及艰巨性，治理土壤污染的成本也更高、周期更长。2016年5月28日，《土壤污染防治行动计划》（“土十条”）由国务院印发实施，明确提出要形成政府主导、企业担责、公众参与、社会监督的土壤防治体系，重点从深入开展土壤污染调查、推进土壤污染防治立法、系统构建标准体系、实施农用地分类管理、实施建设用地准入管理、严控新增土壤污染、加强污染源监管、开展污染治理与修复、加大科技研发力度、构建土壤环境治理体系等任务着手，并且要做大做强一批土壤污染治理龙头企业，拉动土壤环保产业发展。随后“土十条”各项政策措施落地，如《污染地块土壤环境管理办法》《农用地土壤环境质量标准》《建设用地土壤污染风险筛选指导值》《土壤环境质量评价技术规范》《农业资源与生态环境保护工程规划》等纷纷出台；地方各级政府也因地制宜出台了土壤污染防治工作方案。“土十条”落地实施，对于我国土壤污染治理市场的长远发展是重大利好，将直接推动我国土壤环保产业向更高产业发展阶段迈进。

## 六、全面推行“河长制”

为促进河湖健康、保护水资源、完善水污染治理、保障国家水安全，2016年《关于全面推行河长制的意见》发布，成为我国河湖生态管理保护的重大制度创新。根据意见，“河长制”要求全面建立省、市、县、乡四级河长体系，即在各省（自治区、直辖市）设立总河长，在各省（自治区、直辖市）行政区域内主要河湖、各河湖所在市、县、乡分别设立河长，由同级负责同志担任，并参考领导干部自然资源资产离任的审计结果以及相应的整改状况结果进行干部考核，县级及以上河长负责组织对相应河湖下一级河长进行考核，考核结果作为地方党政领导干部综合考核评价的重要依据①。此外，“河长制”将建立起生态环境损耗责任终身追究制。“河长制”为维护河湖功能的健康永续创造了坚实制度保障，将有力推动生态文明建设进程。

## 七、碧水源联手昆仑环保发行国内首单PPP资产证券化项目

我国目前PPP项目资产证券化市场尚未发展成熟，仍处于探索阶段，一些环保节能企业开始尝试PPP项目资产证券化这一新的融资方式。2016年，由北京碧水源科技股份有限公司与乌鲁木齐昆仑环保集团有限公司共同出资成立了新疆昆仑新水源科技股份有限公司（简称“新水源公司”），新水源公司发起了“新水源PPP资产支持专项计划”，即“太平洋证券新水源污水处理服务收费权益资产支持专项计划”，该专项计划发行总规模8.4亿元，成为国内第一单进行资产证券化的PPP项目。在新水源公司成立的同时，碧水源与昆仑环保签约了总投资额约28.5亿元的PPP项目，包括污水处理项目、配套再生水管线建设等项目。通过资产证券化进行环保项目的融资，对于扩大社会资本参与PPP项目的积极性有着重要作用，碧水源与昆仑环保的尝试，对我国节能环保市场开展PPP项目资产证券化产生了重要的借鉴意义。

① 中国政府网：中共中央办公厅国务院办公厅印发《关于全面推行河长制的意见》，2016年12月11日，见http://www.gov.cn/xinwen/2016-12/11/content_5146628.htm?allContent。

### 八、2016 年绿色低碳发展变革力领导者年会顺利举行

2017 年 1 月 12 日，由国际生态经济协会（IEEPA）主办，世界环保大会（World Economics and Environmental Conference）组委会组织承办的“2016 绿色低碳发展变革力领导者年会”在北京召开。世界环保大会（WEC）是由联合国工业发展组织、联合国教育、科学及文化组织、国际节能环保协会联合发起主办，由联合国亚太农业中心、世界生产力科学联盟、欧洲 50 国集团进行合作支持，旨在全球范围内推广绿色发展理念，促进政府间、企业间合作交流，共同开展环境保护。绿色低碳发展变革力领导者年会自 2014 年起到 2016 年，已成功举办三届，本届年会邀请了国内外知名专家、学者、世界银行等国际组织代表等近百人，各位专家就绿色低碳发展道路、环境资源承载力、全球气候变化特别是中国的大气污染问题展开了热烈探讨。会议还评选出了 2016 年度（个人）绿色低碳发展变革力领导者荣誉、2016 年（单位）国际碳金总奖、2016 中国绿效企业等奖项，其中恒安国际、北京新能源汽车、同方环境三家企业荣获国际碳金总奖，安佑生物科技、中民新能投资、郑州兰博尔、青岛路比特等 8 家企业获得中国绿效企业的称号。

## 第四节　中国节能环保产业重点企业分析

### 一、高耗能行业能效领跑企业

随着国家对节能环保产业的重视与支持，节能环保领域的企业得到快速成长。工信部节能司、国家发改委环资司、质检总局计量司组织遴选了 2016 年度乙烯、合成氨、水泥、平板玻璃、电解铝行业等高耗能行业的能效“领跑者”企业，如表 3－4 所示，这些企业已达到行业能效领先水平。此外，部分节能环保领域的企业取得了长足的成绩，例如高能环境、清新环境、可兰素汽车环保科技等企业荣获 2016 年度全国环保优秀品牌企业称号，其中高能环境还被中国环境保护产业协会评为“中国环境保护产业行业 AAA 级信用企

业”，是行业企业信用等级的最高级别，同时也是“2016 年固废行业细分领域领跑企业”。

**表 3－4　部分高耗能行业拟入选 2016 年度能效“领跑者”企业名单**

| 序号 | 单位名称 | 单位产品能耗 | 备注 |
|---|---|---|---|
| 乙烯行业 | | | |
| 1 | 中国石油天然气股份有限公司独山子石化分公司 | 525. 69kgoe/t | 领跑者 |
| 2 | 中海壳牌石油化工有限公司 | 526. 83kgoe/t | 领跑者 |
| 3 | 中国石油化工股份有限公司镇海炼化分公司 | 542. 46kgoe/t | 领跑者 |
| 4 | 福建联合石油化工有限公司 | 543. 01kgoe/t | 领跑者 |
| 合成氨行业 | | | |
| 5 | 河南心连心化肥有限公司（以优质无烟块煤为原料） | 1082 kgce/t | 领跑者 |
| 6 | 智胜化工股份有限公司（以非优质无烟块煤（型煤）为原料） | 1229 kgce/t | 领跑者 |
| 7 | 山东华鲁恒升集团有限公司（以烟煤（包括褐煤）为原料） | 1381 kgce/t | 领跑者 |
| 8 | 重庆建峰工业集团有限公司（以天然气为原料） | 1010 kgce/t | 领跑者 |
| 水泥行业 | | | |
| 9 | 沂水山水水泥有限公司 | 96. 62 kgce/t | 领跑者 |
| 10 | 阿克苏天山多浪水泥有限责任公司 | 97. 66 kgce/t | 领跑者 |
| 11 | 安徽铜陵海螺水泥有限公司 | 100. 29 kgce/t | 领跑者 |
| 水泥行业 | | | |
| 12 | 湖北亚东水泥有限公司 | 102. 07 kgce/t | 领跑者 |
| 13 | 清水河县蒙西水泥有限公司 | 102. 58 kgce/t | 领跑者 |
| 平板玻璃行业 | | | |
| 14 | 吴江南玻玻璃有限公司 | 11. 76kgce/重量箱（600t/d 浮法线）<br>10. 63kgce/重量箱（900t/d 浮法线） | 领跑者 |
| 电解铝行业 | | | |
| 15 | 山东宏桥新型材料有限公司 | 12643. 0 kWh/t | 领跑者 |
| 16 | 青海桥头铝电股份有限公司 | 12645. 8 kWh/t | 领跑者 |
| 17 | 山东魏桥铝电有限公司 | 12648. 6 kWh/t | 领跑者 |

资料来源：工信部网站，2016 年 7 月。

## 二、固体废弃物行业十大影响力企业

固体废弃物处理是建设节约型社会的重要领域，随着“十三五”时期促进生活垃圾焚烧、填埋与有机废弃物处理等一系列政策的发布，固体废弃物类企业迎来新的发展机遇期。2016 年，中国固废网组织开展了 2016 年度中国固废行业企业评选工作，从市场能力、投融资能力、生态能力、品牌力、企业家及团队能力等维度评定了包括固废行业十大影响力企业、固废行业最具社会责任投资运营企业、固废行业细分领域及单项能力领跑企业、最具投资价值企业、最具实力/潜力跨界企业等奖项。其中，固废行业十大影响力企业如表 3－5 所示，具备高品牌知名度及市场拓展能力、优秀的管理能力、多元的融资渠道与资本运作能力，以综合实力领跑中国固废行业；同时，从换位收运及垃圾分选、专业化服务、土壤修复、渗滤液、污泥、危险废弃物、生活垃圾、有机废弃物等细分领域分别评选出行业标杆企业及领跑企业，是我国固废行业快速成长企业的典型代表。

**表 3－5　2016 年度中国固废行业十大影响力企业**

| 序号 | 2016 年度中国固废行业十大影响力企业（排名不分先后） |
|---|---|
| 1 | 北京光大国际有限公司 |
| 2 | 杭州锦江集团有限公司 |
| 3 | 北京控股有限公司 |
| 4 | 启迪桑德环境资源股份有限公司 |
| 5 | 首创环境控股有限公司 |
| 6 | 中国环境保护集团有限公司 |
| 7 | 瀚蓝环境股份有限公司 |
| 8 | 浙江旺能环保股份有限公司 |
| 9 | 绿色动力环保集团股份有限公司 |
| 10 | 上海环境集团有限公司 |

资料来源：中国固废网，2016 年 12 月。

## 三、互联网＋节能服务企业排行榜

节能服务产业是节能环保产业的重要环节。节能服务产业的发展水平和发展质量在很大程度上决定了节能环保产业可拓展的深度与广度。2016 年由国家发改委、科技部、工信部、环保部联合发布的《“十三五”节能环保产业发展规划》提出，到2020年，实现节能服务产业总产值6000亿的发展目标，这将掀起节能服务企业发展的新浪潮。特别是在“互联网+”的浪潮推动下，节能环保领域不断加深与互联网领域的融合发展，节能服务新业态新模式不断涌现，互联网+节能服务企业逐渐发展壮大，继2015年互联网+节能服务企业排行榜TOP100后，今年又发布了2016年排行榜单（如表3-6所示），中国节能环保集团公司蝉联排行榜第一。

**表3-6　2016年我国互联网+节能服务企业排行榜（前20强）**

| 排名 | 企业名称 | 综合得分 |
|---|---|---|
| 1 | 中国节能环保集团公司 | 93.12 |
| 2 | 飞利浦（中国）投资有限公司 | 92.06 |
| 3 | 南方电网综合能源有限公司 | 91.21 |
| 4 | 欧司朗（中国）照明有限公司 | 90.57 |
| 5 | 施耐德电气（中国）有限公司 | 89.63 |
| 6 | 雷士照明控股有限公司 | 88.47 |
| 7 | 格林美股份有限公司 | 87.65 |
| 8 | 中创清洁能源发展（沈阳）股份有限公司 | 86.74 |
| 9 | 西门子工厂自动化工厂有限公司 | 86.42 |
| 10 | 北京华通热力集团 | 85.97 |
| 11 | 北京仟亿达科技有限公司 | 85.46 |
| 12 | 浙江科维节能技术股份有限公司 | 85.38 |
| 13 | 双良节能系统股份有限公司 | 85.01 |
| 14 | 贵州汇通华城股份有限公司 | 84.84 |
| 15 | 浙江阳光照明电器集团股份有限公司 | 84.75 |
| 16 | 东方绿源节能环保工程有限公司 | 84.42 |
| 17 | 佛山电器照明股份有限公司 | 84.21 |
| 18 | 江西华电电力有限责任公司 | 84.20 |
| 19 | 上海挪宝新能源集团 | 84.06 |
| 20 | 广东三雄极光照明股份有限公司 | 83.89 |

资料来源：节能环保网，2016年11月。

## 四、再生资源企业百强

2016 年 6 月，中国再生资源回收利用协会公布了《2015 年中国再生资源百强企业排行榜》，具体前 30 强企业详见表 3－7 所示。根据《2015 年中国再生资源企业经营状况调查报告》，从经营状况看，2015 年，再生资源百强企业的经营额为 1454.5 亿元，比上年下降 13.9%，近三年以来的第一次下滑，但百强企业经营额仍占到全行业总额的 28%，其中，宁波金田、安徽双赢、清远华清等三家企业销售额过百亿，宁波金田投资控股有限公司继续蝉联百强企业榜首，并遥遥领先于其他企业，2015 年宁波金田销售额达到 494.767 亿元，同比增长 7.76%；从经营总量看，2015 年的百强企业，其经营总量达到 4577.21 万吨，同比增长 24.43 %，增幅为 11.87%，占全行业销售总量的 18.6%，增幅为 6.3%。近日，工信部、商务部、科技部联合发布的《三部委关于加快再生资源产业发展的指导意见》，重点支持发展废钢铁、废有色金属、废塑料、废纸、废旧轮胎、废弃电器电子产品、报废机动车、废旧纺织品等领域，这将进一步加速再生资源类企业的成长，推进再生资源产业的健康可持续发展。

**表 3－7　2015 年中国再生资源企业百强排行榜（前 30 位）**

| 排序 | 区域 | 企业名称 | 2015 年销售额（亿元） |
|---|---|---|---|
| 1 | 华东地区 | 宁波金田投资控股有限公司 | 494.767 |
| 2 | 华东地区 | 安徽双赢再生资源集团 | 128.501 |
| 3 | 华南地区 | 清远华清再生资源投资开发有限公司 | 124.140 |
| 4 | 华北地区 | 天津华今集团有限公司 | 80.600 |
| 5 | 东北地区 | 葛洲坝环嘉（大连）再生资源 | 76.376 |
| 6 | 华北地区 | 潍坊大环再生资源有限公司 | 53,949 |
| 7 | 华南地区 | 广东新供销天保再生资源集团 | 39.788 |
| 8 | 华中地区 | 湖北金洋冶金股份有限公司 | 34.300 |
| 9 | 西南地区 | 重庆顺博铝合金股份有限公司 | 33.957 |
| 10 | 华东地区 | 江苏省纸联再生资源有限公司 | 27.118 |
| 11 | 西南地区 | 重庆渝商再生资源开发有限公司 | 25.540 |

续表

| 排序 | 区域 | 企业名称 | 2015 年销售额（亿元） |
|---|---|---|---|
| 12 | 华东地区 | 浙江巨东股份有限公司 | 22. 818 |
| 13 | 华北地区 | 天津物产化轻旭阳国际贸易有限公司 | 16. 955 |
| 14 | 华北地区 | 石家庄市物资回收有限责任公司 | 16. 700 |
| 15 | 华东地区 | 大桥塑料城 | 16. 100 |
| 16 | 西南地区 | 四川省保和富山再生资源开发有限公司 | 13. 756 |
| 17 | 华东地区 | 永康市物华回收有限公司 | 13. 500 |
| 18 | 西南地区 | 绵阳铜鑫铜业有限公司 | 13. 390 |
| 19 | 西南地区 | 重庆市再生资源（集团）有限公司 | 12. 390 |
| 20 | 华东地区 | 山东永平再生资源股份有限公司 | 10. 977 |
| 21 | 东北地区 | 辽宁胜达化纤有限公司 | 9. 255 |
| 22 | 华中地区 | 河南省龙源纸业股份有限公司 | 9. 231 |
| 23 | 华东地区 | 诸城市立方再生资源有限公司 | 8. 277 |
| 24 | 东北地区 | 长春一汽综合利用股份有限公司 | 7. 606 |
| 25 | 华南地区 | 福建三宏再生资源科技有限公司 | 7. 453 |
| 26 | 华中地区 | 岳阳华泰资源开发利用有限责任公司 | 7. 333 |
| 27 | 西北地区 | 新疆金业报废汽车回收有限公司 | 6. 179 |
| 28 | 华东地区 | 常州中再钢铁炉料有限公司 | 5. 754 |
| 29 | 华北地区 | 北京市再生资源利用开发有限责任公司 | 5. 465 |
| 30 | 西北地区 | 新疆再生资源集团有限公司 | 5. 436 |

资料来源：中国再生资源回收利用协会，2016 年 6 月。

# 第四章　新一代信息技术产业

2016 年，各国政府继续对新一代信息技术产业给予了高度重视，集成电路、互联网等产业得到迅速发展，信息技术在军事、灾害防护、井下矿工监测等领域得到拓展应用，仿生纳米缝隙传感器等新产品相继问世。2016 年，我国新一代信息技术产业整体发展良好，技术进展较为迅速，一批长期被国外封锁垄断的技术和工艺获得突破；生产相对平稳，通信设备、电子元器件等行业保持持续增长；两化融合不断深化，对工业的支撑能力不断提升。然而，应该看到，核心技术缺乏和产业基础薄弱仍是制约我国产业做大做强的重要因素，同时，2016 年国内外政治经济形势发生了剧烈变化，对我国的新一代信息技术产业发展产生了种种挑战，一方面，发达国家对我国新一代信息技术产业相关技术的封锁和打压加剧，利用贸易保护主义等不平等竞争手段对新一代我国信息技术产业的并购和出口进行干扰愈演愈烈；另一方面，新一代信息技术成为了国家间博弈和竞争的焦点，网络安全、网络战争、硬件木马等隐患极大地威胁了我国网络安全和社会安全，我国新一代信息技术产业自主跨越式发展的需求日益紧迫。

## 第一节　国内外新一代信息技术产业发展动态

2016 年，我国新一代信息技术产业整体发展良好，技术进展较为迅速，一批长期被国外封锁垄断的技术和工艺获得突破；生产相对平稳，通信设备、电子元器件等行业保持持续增长。然而，应该看到，国内外的政治经济形势在 2016 年发生了剧烈变化，对我国的新一代信息技术产业发展产生了种种挑战。一方面，发达国家对我国新一代信息技术产业相关技术的封锁和打压加剧，利用贸易保护主义等不平等竞争手段对新一代我国信息技术产业的并购和出口进行干扰愈演愈烈。另一方面，新一代信息技术成为了国家间博弈和竞争的焦点，网络安全、网络战争、硬件木马等隐患极大地威胁了我国网络安全和社会安全，我国新一代信息技术产业自主跨越式发展的需求日益紧迫。

## 一、国内外产业整体概况

### （一）国内整体势头良好，行业效益状况良好

2016 年，我国新一代信息技术产业发展势头总体良好，生产相对平稳。根据工业和信息化部的数据：2016 年 1—11 月，规模以上电子信息制造业增加值同比增长 9.6%，增速同比回落 1.2 个百分点；我国软件和信息技术服务业完成软件业务收入 43133 亿元，同比增长 14.8%，增速同比回落 1.4 个百分点；其中电子信息制造业增加值快于全部规模以上工业增速 3.6 个百分点，占规模以上工业增加值比重为 7.4%①。

2016 年，我国新一代信息技术产业整体经营状况较好，亏损企业数量进一步减少，亏损面持续收窄，企稳向好态势明显。2016 年 1—11 月，我国电子信息制造业全行业主营业务收入同比增长 7.4%；实现利润增长 17.7%。主营业务收入利润率为 4.71%，同比提高 0.4 个百分点；企业亏损面 18.9%，同比收窄 2.2 个百分点。2016 年 1—11 月，我国软件和信息技术服务业全行业实现利润总额 5254 亿元，同比增长 19.8%，增速同比提高 9 个百分点②。

### （二）国外政府重视程度提高，技术创新提速明显

2016 年，世界新一代信息技术相关的集成电路、互联网等产业发展迅速，各国政府纷纷给予更大的重视。日本发布了《信息通信白皮书》，提出日本要在人工智能、物联网等信息通讯产业加大投入。同年，日本经济产业省对包括超级计算机在内的项目支出 1.73 亿美元支持其科技研发。美国总统特朗普成立了制造业委员会，一批信息制造企业包含其中，结合之前特朗普要求芯片企业回美国建厂雇佣美国劳动力，可以判断这个委员会将成为美国在新一

---

① 数据引自工业和信息化部《2016 年 1—11 月电子信息制造业运行情况》，工业和信息化部 2016－12－30。

② 数据引自工业和信息化部《2016 年 1—11 月电子信息制造业运行情况》，工业和信息化部 2016－12－30 。

代信息技术产业与我国等追赶者博弈的主要角色。另外具有政府背景的韩国电信运营商KT公司与印度多个电信运营商，纷纷给出了5G标准或配套方案，企图夺取5G主导权；印度还将信息技术当作防止腐败、强化地方治理的“撒手锏”，在北部各邦推广。

2016年全年，世界新一代信息技术相关产业技术不断发展。韩国在九月成功研发仿生纳米缝隙传感器；美国在军用信息技术领域进展比较迅速，实现使用物联网训练士兵、护理伤员、保障部队补给链；美国信息技术在灾害防护方面也有一定的进展，美国国家宇航局等单位利用图像和卫星红外数据来预测、寻找火灾，并实时共享坐标作为救火依据，美国疾病预防控制中心利用新型传感器技术监视地下矿区环境中有害气体等情况，以保障下井矿工安全。

### （三）对外贸易持续波动，仅软件业略有好转

电子信息制造业外贸进出口降幅扩大，软件业出口增速略有回升。据海关统计，2016年1—11月，电子信息产品进出口总额10982亿美元，同比下降6.5%，其中，出口6479亿美元，下降7.6%，降幅同比扩大6.5个百分点；进口4503亿美元，下降4.9%，降幅同比扩大3.4个百分点。计算机行业出口降幅连续收窄，电子器件行业进口降幅扩大。出口方面，各分行业出现不同程度的下降。2016年1—11月，通信设备行业出口1812亿美元，同比下降5.8%，其中11月份下降1.6%，降幅比10月份收窄6.5个百分点；计算机行业出口1577亿美元，下降10.1%。主要产品中，手机出口1021亿美元，下降7.9%；笔记本电脑出口521亿美元，下降11.9%。进口方面，除电子仪器设备、电子材料和广播电视设备行业呈正增长以外，其他行业出现不同程度下降。其中，电子器件行业进口2561亿美元，下降4.6%。集成电路进口2031亿美元，下降1.3%①。

### （四）两化融合不断深化，支撑工业整体发展

2016年，随着国家对实体经济尤其是工业发展的重视力度提升，供给侧结构性改革和中国制造2025战略均将我国制造业发展“智能制造”“互联

① 数据引自工业和信息化部《2016年1—11月电子信息制造业运行情况》，有调整。

网+”“两化融合”作为重点工作。随着我国电子信息技术的发展、工业技术水平的积累和资本的充裕，我国新一代信息技术产业与传统工业的结合日益紧密，已经成为了供给侧结构性改革中提升存量和做优增量的普遍形式，对传统工业支撑作用进一步提升。在装备制造业领域，我国具有优势或集中投入的先进轨道交通、航空航天、能源电力、船舶海工等重点行业与新一代信息技术的结合十分紧密，智能化、柔性化生产使我国装备制造业在国际市场上具有价格低、质量高、技术强、业务广的特点，且能够达到大部分客户的个性化要求，这都是信息技术在设计、组织、生产等方面体系化支撑下达成的。在传统制造领域，智能工厂、个性化定制等同样蓬勃发展。硬件发展也带动了生产调度和过程控制类工业软件市场快速提升，作为实现智能制造的必要基础的工业互联网和工业大数据构架正逐步推进，工业软件加快向云服务模式转变，相关工业软件和系统解决方案市场进一步扩大。

## 二、我国产业存在的问题

### （一）核心技术和产业基础比较薄弱

当前，信息安全形势的日益严峻显示出我国在上游关键材料和重要设备领域缺乏自主技术和核心竞争力的领域依然较多，关键部分受制于美日欧的情况十分严峻。快速提升电子基础产业的自主化水平，建立和完善自主可控的电子信息产业体系，是下一步我国新一代信息技术发展过程中补短板的重点。电子基础产业（包括基础元器件、基础材料、基础装备等）决定着电子信息产业技术变革方向、决定着企业所属环节的盈利能力和产业发展安全性和主导权的重要因素。我国新一代信息技术发展晚、底子薄、对外国依赖程度较高，长期以来基础领域能力较弱且自主程度较低，与产业规模不相适应，呈现出应用强、基础弱的不健康的“倒三角”形态。近年来，我国基础电子领域的追赶和自主研发虽然取得了一定成绩，但整体投入力度较小、进展较为缓慢问题依然突出。诸如覆铜板、磁性材料、电阻器、电容器、PCB等产品的目标市场依旧以中低端为主，电感器、传感器、IGBT等虽然有一定程度的发展但依然落后国际先进水平。在物联网等新兴领域发展急需的高精度传感器等领域起步较晚，技术仍不成熟，集成电路、平板显示等关键专用设备以及自动贴片机、薄膜流延机等核心专用设备依赖进口，消耗大量外汇。核心技术的缺失导致我国电子信息产业发展空间小、自主创新研发能力弱、技术附加值低、企业转型升级步伐缓慢且意愿不高。基础不牢的直接后果是我国产业链的统合竞争力依旧薄弱。当前，“全产业链”竞争是电子信息产业竞争的主要方式，单一技术和产品竞争已经变化为平台和生态系统（即市场环境、要素供给等综合造就的产业发展空间）竞争，产业链统合能力日益成为决定企业核心竞争力的关键要素，事关企业是否能够在激烈竞争中生存。我国电子信息产业的骨干龙头企业受制于资本人才储备不足、核心技术缺失、商业模式创新能力弱等问题。在国内外的市场竞争中仍以原始单一的产品竞争为主要竞争方式，在与跨国公司主导的产业生态体系竞争中缺乏竞争优势。由于我国基础不牢，自主可控研发能力弱，发达国家在信息技术领域频繁对我们进行攻击、封锁、限制供应，包括对天河限制芯片供应、收购外国企业受阻、中兴事件等 2016 年产业内的重大事件都与此相关。欧美以国家安全因素为理由对我国通信设备产业的制裁，在未来一段时间还将成为各国压制我国新一代信息技术产业发展的主要手段，且有可能愈演愈烈，这意味着我国的新一代信息技术领域将面临着更多信息安全因素的壁垒，应该认识到电子信息产业的基础部分只有自主可控发展一条路可以走，想要解决产业和技术基础不牢问题必须发挥社会主义集中力量干大事的体制优势加大人力资金投入和重视程度。

### （二）国家支持力度仍显不足

当前，我国新一代信息技术产业处于加速发展、弯道超车的窗口期，然而长期结构性问题、关键技术受制问题与短期困难相互交织，成为了阻碍产业发展提速的瓶颈。坚定不移地推动供给侧结构性改革，切实落实中国制造 2025 相关政策措施，将各项优惠政策、推动举措落到实处，达到实效，是推动新一代信息技术产业发展的必然选择。2016 年，是“十三五”的开局之年，也是中国制造 2025 战略推进的第一年，我国在这一年围绕智能制造，“互联网 +”制造，制造业创新中心等工程，重点推进了一系列新一代信息技术产业热点领域的重大项目，成效显著。但同时，一些地方与行业内部，还存在着对这些国家战略和国家级工程理解不透、认识不足、方法不清等问题，在利用互联网产业、新一代信息技术产业优势加快融合创新、促进经济转型升级和提质增效方面还存在较大改进空间，这可能造成一些地区无法有效把握新一代信息技术产业发展带来的红利和机遇。当前，新一代信息技术产业的竞争已经由产品竞争发展为产业链竞争，这就要求产业内部更加紧密的技术融合与整体协调，因此，除了国家战略给出路线图和整体方向，还需要国家级的平台对数字内容集成、系统平台升级、硬件更新换代、应用软件开发的协同发展作出预判、规划和顶层设计，需要国家级的机构对相关企业进行组织协调和资源调配，以达到集中力量、避免内耗、攥紧拳头的效果，与新一代信息技术领域国际竞争中的寡头抗衡。因此，对新一代信息技术的发展，国家各个相关部门不能像对完全竞争产业那样保持距离，而应该切实担负起对产业的培育和引导责任。

### （三）要素供给成本上升，结构失衡

2016 年，要素成本上升过快依然是困扰我国电子信息产业发展的症结。由于基本工资和社保资金加速上扬，劳动力成本上涨过快、融资成本快速上升等加剧了企业成本的增加，尤其是我国往往是沿海成本上涨带动全国成本上涨速度远远高于沿海劳动生产率提升带动全国劳动生产率提升速度，资本与劳动力“未强先贵”情况突出，我国电子信息产业相对国外高度集中的垄断寡头的相对竞争优势所剩无几。生产要素成本的持续快速上涨导致我国对中低端电子信息相关制造、代工产业的资本吸引力减弱，同时也压制了自主发展高端电子信息产业的空间，沿海地区的小而散、小而弱的外向型电子信息产业面临严峻挑战，设想的转向内陆的中高端电子信息产业尚未成熟便被成本压制，结构性的产业空心化问题凸显。我国人力资源有总量的减少和结构性的不足，在新一代信息技术领域中高层次人才有效供给不足的结构性短缺极大地制约了我国电子信息产业自主创新、升级发展的进程。产业发展所需要的高端专业技术领军人才严重匮乏，中高端电子信息技术相关领域人才缺口庞大且过于集中在一线城市，信息技术企业管理人才出现断层，这在与海外大型企业的竞争中属于我国企业的普遍弱项。另一方面，随着全国战略性新兴产业增长形势喜人，电子信息产业人才培养和基础教育已经滞后于不断增加的产业对高端设计人才的需求量，随着老一辈技术人才、管理人才和操作人员的集中退休，人才缺口有继续加大的趋势。

### （四）内外经济持续走弱，负面影响明显

过去一年，国内外形势十分复杂，国外政治动荡，主要市场经济复苏缓慢，购买力严重下降，制约了对我国出口新一代信息技术产品的需求量，造成企业出口普遍走低，国内经济依然在调整和改革深水期，增速相对较慢，市场开发不足，金融机构趋于保守，对电子信息产业扩大产能产生了一定的影响。受美国加息、退出量化宽松、特朗普上台采取保守激进政治纲领等政策后续影响不确定性影响，美国经济在短期内难以出现实质性好转，另外，美国贸易保护主义抬头，对我国的针对性贸易战持续打响，我国新一代信息技术产业开拓美国市场困难重重，风险极大；欧元区政府债务压力未解除，加之英国实质性退欧、法国右翼势力抬头且恐怖主义事件多发，德国深陷难民危机且不景气持续，意大利陷入民粹和街头政治乱局，欧洲市场虽然不至于崩盘但也不会在短期内需求大量增长；新兴市场，金砖国家除了我国普遍低迷，劳动力输出国竞争激烈受美元波动影响巨大出现剧烈下滑，全球市场持续低迷的情况在 2016 年并未根本好转，电子信息产业增速显著下滑，全球 IT 支出明显下降，电子信息产业的外向型经济和代工型经济短期内没有市场保证。去年以来，我国经济环境有一定程度的缓和，但是由于整体世界环境影响，我国国内经济依然低迷，难以判断何时进入 L 型曲线后半段，CPI、PPI 低于预期，目前，维持经济中高速增长已经成为了“十三五”时期的核心任务，总体经济形势依旧严峻。因而我国新一代信息技术产业需要明确未来发展的新动能、新空间，以应对当前不利局面。

### （五）信息安全保障体系尚不成熟

2016 年，我国网络信息安全出现一系列大事件，外国对我国网络安全的威胁也愈演愈烈，相对而言，我国网络安全保障体系尚不完善，尤其是在很多国家动用军事、情报、宗教等强力部门进行网络信息控制权争夺的大背景下，我国的网络安全力量缺口十分明显。“棱镜门”显示，美国高度重视电子信息产业在国家安全上的作用，在“震网”病毒事件中西方国家更是将电子信息技术作为对抗“敌国”和“假想敌”的进攻武器，为了这些目的这些国家甚至将网络军事化，专门培养网络作战部队、成立网络作战指挥部；此外，伊朗因为使用西方元器件而遭受系统攻击等事件，也表明电子信息制造业的

自主可控创新发展对国家安全的重要性。我国的网络安全防护，不能仅仅“在网言网”，而是应该将电子信息产业与我国的网络领土防御紧密关联，在新一代信息技术全领域综合运用经济、政治等各方面的手段和资源，通过国家推进、企业落实强化产业自主研发和产业化能力，整合国家相关职能部门、大企业、民间网络力量，加强对互联网为表现的新一代信息空间疆域进行有效控制。

随着我国互联网经济的快速发展和电子信息领域各类服务的快速普及，云计算、大数据、物联网、移动互联网等新一代信息技术的广泛应用给广大人民带来了福祉，但同时也带来了很多新的安全威胁。2016 年发生的利用窃取身份信息诈骗大学新生，造成学生悲愤而终的事件依然历历在目，各种微信木马、二维码病毒、银行支付陷阱更是随着生活的信息化而产生，信息安全保障已不仅在于国家安全层面，而且关乎民生和社会稳定。当前，我国智能工厂蓬勃发展，工业互联网的安全保障亟须布局；电信产业向 5G 大踏步前进，对电信终端的控制比如实名制应该逐渐收紧；互联网商业和金融蓬勃发展，互联网信用、保障、身份验证也是重点。

我国信息安全企业实力稳步提升，360 等大型安全防护企业已经在中国互联网市场站稳脚跟，硬件安全、软件安全等门类的信息技术安防企业，在产品体系建设和支撑服务能力以及技术指标和科研能力上的提升都取得重要进展。但应该认识到，我国现有企业依然薄弱，无法有效应对电子信息技术快速发展大背景下日益复杂化和多元化的安全威胁和挑战。信息安全企业创新能力不强，产品同质化、低端化、恶性竞争情况明显，很多核心技术和高端产品大量依赖进口，对我国重大项目重大工程的支撑作用不足，核心竞争力弱问题突出。此外，信息安全企业整体规模偏小，呈现遍地开花没有大树的态势，组织能力、竞争力薄弱，内耗乃至与国际龙头企业联手打压国内对手时有发生。

## 三、我国产业政策动态

2016 年，我国相继出台诸多利好政策，大力推进新一代信息技术产业发展（见附表）。例如，国务院发布了《“十三五”国家信息化规划》，规划旨在为“十三五”时期各地区、各部门推进信息化工作提供行动指南，是新时期新一代信息技术发展的指导性文件，《“十三五”国家信息化规划》内容包括6大主攻方向，分别是“引领创新驱动，培育发展新动能；促进均衡协调，优化发展新格局；支撑绿色低碳，构建发展新模式；深化开放合作，拓展发展新空间；推动共建共享，释放发展新红利；防范安全风险，夯实发展新基石”。《“十三五”国家信息化规划》围绕《国家信息化发展战略纲要》，明确在“增强发展能力、提高应用水平、优化发展环境”三个重大战略方向部署了十大任务，分别是“构筑融合创新的信息经济体系、构建现代信息技术和产业生态体系、建立统一开放的大数据体系、建设泛在先进的信息基础设施体系、支持善治高效的国家治理体系构建、形成普惠便捷的信息惠民体系、打造网信军民深度融合发展体系、拓展网信企业全球化发展服务体系、完善网络空间治理体系和健全网络安全保障体系”；明确推进16项重点工程，并提出了12项优先行动。《“十三五”国家信息化规划》的发布，为破解我国信息资源开发利用和公共数据开放共享水平不高、信息化领域技术产业生态系统不完善、网络空间安全面临严峻挑战等制约发展的瓶颈提供了有力保障，是我国由网络大国迈向网络强国的重要基础。

**表4-1　2016—2017年国家出台的促进新一代信息技术产业发展的政策**

| 序号 | 文件名 | 发布单位 | 发布时间 |
|---|---|---|---|
| 1 | 《电器电子产品有害物质限制使用管理办法》 | 工业和信息化部、国家发展改革委、科学技术部、财政部、环境保护部、商务部、海关总署、国家质量监督检验检疫总局 | 2016.1 |
| 2 | 《加强信息共享促进产融合作行动方案》 | 工业和信息化部、中国人民银行、中国银行业监督管理委员会 | 2016.3 |
| 3 | 《通信网络安全防护管理办法》 | 工业和信息化部 | 2016.5 |
| 4 | 《2016年国家信息消费示范城市建设指南》 | 工业和信息化部 | 2016.6 |
| 5 | 《国家无线电管理规划（2016—2020年）》 | 工业和信息化部 | 2016.8 |
| 6 | 《智能硬件产业创新发展专项行动(2016—2018年)》 | 工业和信息化部、国家发展改革委 | 2016.9 |
| 7 | 《互联网信息安全管理系统使用及运行维护管理办法（试行)》 | 工业和信息化部 | 2016.9 |

续表

| 序号 | 文件名 | 发布单位 | 发布时间 |
| --- | --- | --- | --- |
| 8 | 《智能硬件产业创新发展专项行动（2016—2018 年）》 | 工业和信息化部、国家发展改革委 | 2016. 9 |
| 9 | 《工业控制系统信息安全防护指南》 | 工业和信息化部 | 2016. 10 |
| 10 | 《2016 年工业转型升级（中国制造 2025）重点项目指南》 | 工业和信息化部 | 2016. 10 |
| 11 | 《产业技术创新能力发展规划（2016—2020 年）》 | 工业和信息化部 | 2016. 10 |
| 12 | 《信息化和工业化融合发展规划（2016—2020 年）》 | 工业和信息化部 | 2016. 11 |
| 13 | 《关于规范云服务市场经营行为的通知（征求意见稿）》 | 工业和信息化部 | 2016. 11 |
| 14 | 《智慧家庭综合标准化体系建设指南》 | 工业和信息化部、国家标准化管理委员会 | 2016. 11 |
| 15 | 《中华人民共和国无线电管理条例》修订 | 国务院、中央军委 | 2016. 11 |
| 16 | 《移动智能终端应用软件预置和分发管理暂行规定》 | 工业和信息化部 | 2016. 12 |
| 17 | 《“十三五”国家信息化规划》 | 国务院 | 2016. 12 |
| 18 | 《信息通信行业发展规划（2016—2020 年）》 | 工业和信息化部 | 2017. 1 |
| 19 | 《大数据产业发展规划（2016—2020 年）》 | 工业和信息化部 | 2017. 1 |
| 20 | 《软件和信息技术服务业发展规划（2016—2020 年）》 | 工业和信息化部 | 2017. 1 |
| 21 | 《信息产业发展指南》 | 工业和信息化部、国家发展改革委 | 2017. 1 |

资料来源：赛迪智库整理，2017 年 1 月。

# 第二节 中国新一代信息技术产业重点领域分析

## 一、大数据产业

数据是国家基础性战略资源，关乎国家安全和社会稳定，同时也是信息时代价值极高的“富矿”，是推动供给侧结构性改革持续发展经济的必要支撑。党中央、国务院高度重视大数据，指出大数据在经济社会发展过程中起到了不可替代的重要作用，在党的十八届五中全会上提出了“实施国家大数据战略”的纲领性意见；国务院印发《促进大数据发展行动纲要》，纲要中要求全面推进大数据发展，加快建设数据强国。[①]“十三五”时期，我国新一代信息产业处于加速变革期，同时由于全球局势的深刻变化，也是加速赶超的窗口期，在此背景下，我国大数据技术和应用迎来了难得的创新突破窗口期。随着国内大数据产业需求的不断提升，足量优质地提供大数据服务补足缺口已经成为大数据产业发展的重要任务。我国抓住历史机遇发展大数据产业，对人口众多社会结构复杂前提下优化民生提升政府治理能力、促进公共服务水平发展、加快经济发展有重大意义，是我国庞大复杂的工业体系发展模式转型和体制机制创新的必然要求。

### （一）发展概况

2016 年，我国大数据产业发展整体良好，产业发展较为迅速，大数据技术研发创新取得一系列成效。“十二五”期间，我国大数据产业收入实现了倍增，跨地区经营互联网数据中心（IDC）陆续出现，大数据中心开始向绿色化集约化发展。目前，我国主流云计算平台已经拥有世界前列的数据处理规模，依托我国大量优质的数据资源，有效促进数据集聚和存储能力。大数据产业链，创新创业模式日渐成熟。大数据科研创新日益增长，一批面向特定领域研发数据分析工具陆续由信息服务企业推出，自主研发的大数据基础平台产

① 《大数据产业发展规划（2016—2020）》。

品由国内骨干龙头软硬件企业陆续推出，提供创新型数据服务。龙头企业服务器单集群规模达到上万台，此类服务器具备建设和运行维护大规模大数据平台的实力。语音识别、图像理解、文本挖掘等方面的智能分析领域和深度学习等前沿领域，我国企业也积极布局。大数据在互联网服务中得到广泛应用，催生出共享经济等数据驱动的新兴业态。一批大数据技术研发实验室、企业技术中心、投资基金、产业联盟、产业创新平台、工程中心等形式的产业支撑平台相继建成①，法律和保障体系不断完善。

### （二）技术进展

2016 年大数据相关技术有了一定进展，包括集群资源调度、大规模异构数据融合、分布式文件系统等大数据基础技术在国内的研究取得了一定成果。商用初级深度学习、认知计算、类脑计算、区块链等前沿技术创新已经积累了一定的市场应用经验，数据分析处理和知识发现能力有了一定程度的提升。

## 二、集成电路产业

### （一）发展概况

2016 年，集成电路产业虽然进出口受经济下行压力影响较大，但总体保持产业规模继续增长，体现出高位趋稳、稳中有升的态势。根据中国半导体行业协会统计显示，“2016 年 1—9 月中国集成电路产业销售额为 2979.9 亿元，同比增长 17.3%”。根据国家统计局数据，“1—9 月全国集成电路的产量为 943.9 亿块，同比增长约 18.2%”。根据半导体行业协会数据，半导体设计业 2016 年 1—9 月增长较快，“销售额为 1174.7 亿元，同比增长 24.8%”；同样增速较快的还有半导体制造业，“同比增长 16.8%，销售额 707.4 亿元”；封装测试业也实现了销售额两位数增长，“销售额总值 1097.8 亿元，同比增长 10.5%”。根据海关的统计数据显示，“2016 年 1—9 月进口集成电路 2471.6 亿块，同比增长 9.1%；进口金额 1615.7 亿美元，同比下降 0.7%。出口集成电路 1322.8 亿块，同比增长 1.4%；出口金额 444.7 亿美元，同比

① 《大数据产业发展规划（2016—2020）》。

下降5.4%”，由此可见，经济形势的整体不利局面对我国集成电路产业尤其是进出口造成了较大影响。[①]

2016年11月7日中国半导体行业协会召开第六届六次理事会，中国半导体行业协会组织编写的《中国半导体产业“十三五”发展规划》在会上正式发布。《规划》内容对半导体产业实现全覆盖，重点突出了集成电路产业的产业基础。在《中国半导体产业“十三五”发展规划》中提出了我国集成电路产业“十三五”发展总体目标。

我国集成电路产业重点产品布局初步成型，一批芯片制造重大项目陆续启动。2016年3月，紫光和武汉新芯合作投资240亿美元成立的存储器项目“长江存储”开工建设；在南京启动了台积电投资30亿美元月产能达到2万片的12英寸先进逻辑工艺生产线项目；福建晋华存储器预计2018年形成月产能6万片DRAM芯片生产能力的项目于7月开工建设，项目一期投资370亿元。

国家集成电路产业投资基金设立以来，国内陆续新增多支地方性集成电路产业投资基金，国家基金对地方性基金撬动作用进一步凸显，适应产业规律的投融资环境基本建立，地方基金总规模超过500亿元。陕西省设立目标规模300亿元的集成电路产业投资基金；湖南省于3月设立了先期2.5亿元规模的集成电路创业投资基金；辽宁省设立了基金规模100亿元的集成电路产业投资基金；四川省于5月设立了基金规模120亿元的集成电路和信息安全产业投资基金；上海市于4月完成了首期规模达到285亿元集成电路产业投资基金的募资工作。

集成电路（IC）产业并购转向国内。受到发达国家对我国集成电路产业封锁升级的影响，我国企业在海外投资不断受阻，从而将并购资本逐渐转移到了国内，这导致我国本土市场集成电路竞争加剧、并购多发、整合加速，小而散的情况得到改观，产业结构不断优化。2016年我国半导体资本市场的并购与投资热度明显高于2015年，具体体现为：第一，经过两年多磨合已经逐渐完善的国家集成电路产业投资基金进行了持续大量的投资；第二，北京兆易创新在沪市上市、长沙景嘉微电子在深市上市也获得了大量资本支撑；第三，国内并购市场也十分活跃，包括兆易创新对ISSI和北京君正（拟）对

① 数据来源：《2016年1—9月中国集成电路产业运行情况》。

豪威科技的并购。

### （二）技术进展

2016年，我国集成电路（IC）产业取得了喜人的成果，在多个技术领域获得突破。芯片设计方面，中芯长电14纳米半导体芯片实现量产；华为海思目前已经发布了基于16纳米FinFET技术达到国际先进技术水平的麒麟960商用SoC芯片；芯片制造方面，2016年2月28纳米高介电常数金属闸极工艺在中芯国际实现成功流片，中芯国际在量产的基础上完成技术升级，至此成为大陆首家能够同时提供高介电常数金属闸极工艺和28纳米多晶硅的晶圆代工企业，实现了该工艺节点的技术覆盖。

与此同时，国内骨干集成电路企业整体实力也在持续提升。中芯国际已实现连续17个季度赢利，仅2016年上半年，其销售额就已经达到13.25亿美元，实现了25.4%的快速增长，净利润达到约1.59亿美元，增长约20.3%。此外，中芯国际凭借雄厚的资本实力已成为国内封装测试龙头长电科技和意大利汽车电子芯片代工企业LFoundry公司的第一大股东。设计方面，全球设计企业排名中清华紫光、海思半导体分列第十、第六位。

## 三、物联网产业

物联网是新一代信息技术的高度集成和综合运用，物联网的核心是通过应用智能感知、识别和运算等新一代信息技术的支撑实现“物—物”互联，对包括智能制造的新一轮产业变革和经济社会绿色、智能、可持续发展具有重要意义。

### （一）发展概况

“十二五”期间，我国物联网领域发展较为迅速，政策环境建设、关键技术研发、产业协调发展、应用示范推广等方面均取得了较好成果，2016年作为“十三五”开局之年，在国家的大力支持下，物联网产业不断在智能制造、智慧城市等重要战略课题中扮演不可或缺的角色。

“十二五”期间，我国物联网领域的顶层设计逐步铺开，《国务院关于推进物联网有序健康发展的指导意见》发布，并且成立物联网发展部际联席会议统筹协调和指导物联网产业发展。此外，还成立了专家咨询委员会等智库单位，与现有研究院所和相关行业协会、骨干企业密切联系，开展物联网具体推进步骤的研究和完善。相关部门联合制定物联网发展路线图，并实施了10个物联网发展专项行动计划，为技术研发、试点示范、标准开发提供了巨大的支撑，推进了一批示范区和示范基地的建设。

到2016年，我国物联网在工业、农业、能源、物流等行业的应用示范持续深化，为提质增效、转型升级和供给侧结构性改革做出了突出贡献，此外，在公共安全、社会治理、设施管理、隐患监测等方面，物联网起到了很大作用，应用范围较广，显著提升了城市智能化水平，例如全国联网的高速公路电子不停车收费系统（ETC）。在互联网经济领域，物联网与移动互联网融合，在家居养老、健康保健、娱乐休闲等民生领域比较活跃。

然而，我国物联网产业依旧存在着不少问题，如产业生态竞争力不强，基础薄弱、核心技术部分未掌握，原始创新能力较差；产业链缺少整合，资源分散、企业小而散、没有组织、内耗严重、竞争力差；标准体系不完善，进展缓慢、跨行业标准难以协调；缺乏成熟商业模式，动力不足，体制机制需要更新完善；网络安全、设施安全、数据安全、个人信息安全等形势依然严峻。

**（二）技术进展**

我国的红外传感器技术和光纤传感器均发展较快，开发生产微机电系统（MEMS）传感器获得进展。包括北斗芯片技术、微波无源无线射频识别（RFID）、超高频智能卡水平大幅提升，多功能便捷式智能终端研发取得突破。标准方面，我国相关部门和科研单位主导完成了多项物联网国际标准，我国物联网标准体系建设加速，已完成物联网基础共性与重点应用国家标准立项200多项。

## 第三节　中国新一代信息技术产业年度热点事件

### 一、习近平主持实施网络强国战略集体学习并发表重要讲话

中共中央政治局2016年10月9日下午就实施网络强国战略进行第三十六次集体学习。中共中央总书记习近平在主持学习时强调，加快推进网络信息

技术自主创新，加快数字经济对经济发展的推动，加快提高网络管理水平，加快增强网络空间安全防御能力，加快用网络信息技术推进社会治理，加快提升我国对网络空间的国际话语权和规则制定权，朝着建设网络强国目标不懈努力。建设网络强国的号召为新一代电子信息产业发展指明了方向。目前，互联网作为经济发展和技术创新的重要组成部分深刻改变和渗透着全球安全格局、经济格局、利益格局，全面融入社会生产生活，成为竞争新优势的根本来源。我国同世界先进水平相比在网络信息技术和网络安全保障上还有很大差距，应顺应网络信息发展趋势，抓住自主创新核心技术这个“牛鼻子”，充分发挥网络信息技术投入集中、应用广泛、辐射带动作用大、创新活跃的特点，加快推进国产自主可控替代计划，突破具有国际竞争力的关键核心技术和网络发展的前沿技术，构建安全可控的信息技术体系。应加大投入，加快传统产业数字化、智能化，推动互联网和实体经济深度融合，加强信息基础设施建设，做大做强数字经济，发掘新动能。①

## 二、中兴事件凸显自主可控发展重要性

所谓中兴事件，指的是中兴在三月被美国粗暴的给予行政制裁并引发了一系列后续不良影响的事件。2016 年 3 月 8 日，美国商务部在其官方网站上公示，中兴通讯等中国企业违反美国出口管制法规，因此被列入“实体清单”，其中特别对中兴采取限制出口措施。所谓的限制出口措施，指的是美国所涉及的所有供应商在规定的限制时期内在向中兴出口任何商品之前都必须向美国商务部申请，从以往的惯例来看，这些申请一般难以通过。对于此次美国对中兴的制裁，我国商务部表示强烈不满和坚决反对。事实上，此次制裁缘起于三四年前的一桩陈年旧案。2012 年，伊朗一家电信运营商（根据美国的报告称美国认为其是伊朗伊斯兰革命卫队的供货商）曾与中兴签下电信设备合同，价值百万美元，美方认为，中兴的贸易行为导致伊朗获得装有美国产元器件的通讯设备，涉嫌违反美国对伊朗的出口管制政策，因此进行制裁。美国政府随即对此展开调查，并且在情报部门的协助下获取了中兴的机

① 《加快推进网络信息技术自主创新 朝着建设网络强国目标不懈努力》，《人民日报》2016 年 10 月 10 日。

密文件，虽然文件显示这批设备并未交付伊朗方面，但美方还是认定中兴违反了相关政策并在四年后对其开出了严厉的惩罚。此后，中兴由于依赖外国元器件和零部件，在禁运之下遭受了巨大的经营困难。2016 年 3 月 24 日，中兴及负责中兴采购的公司中兴康讯获得美国商务部临时许可，这是在中国政府和中兴企业的努力以及让步下达成的结果。6 月 27 日，美国商务部再次延期出口禁令的缓期执行时间，包括中国中兴通讯。8 月份，中兴通讯发布公告称，美国商务部临时许可被延长至 2016 年 11 月 28 日，对其出口限制禁令再次延期。此次事件充分暴露了我国智能手机市场繁荣背后的薄弱实力，一纸制裁就能够让一家企业感到“穷途末路”，芯片作为新一代信息技术大部分整机产品的核心元件，依赖进口就要随时随地面临被人卡脖子的讹诈，而且将极大威胁到国家安全，“缺芯”局面打破是实现我国制造业进一步发展的基础。中兴本身并无手机芯片业务，根据美国对中兴通讯的制裁，高通等芯片企业都不可以向中兴出售芯片，可以说是完全使中兴丧失了部分产能。这种来自上游的完全封锁，让一个以技术起家的大型国有企业陷入无“芯”可用的悲惨境地，这给所有依赖外国供给芯片产品的企业敲响了警钟，芯片这东西不存在造和买的争论，别人愿意卖才能买，自己能做出来的才有谈判的权力。

## 三、中国企业进军存储器产业

存储器在半导体元器件中占有举足轻重的地位，在半导体产品中，比重所占高达 20%，因此中国半导体行业要进入世界一线行列，存储器产业的发展至关重要。长期以来，我国存储器领域存在技术空白，如紫光等企业曾试图用并购海外厂商的方式跨过技术门槛，2015 年，紫光入股力成，为存储器布局；也曾传出紫光收购美光的新闻，但最后不了了之；紫光宣布入股西部数据，但由于美国外国投资委员会（CFIUS）在 2016 年 2 月份对此交易展开调查而主动终止。武汉新芯则注重国内布局，走传统的发展途径，2016 年 3 月，投资 240 亿美元启动了武汉存储器基地建设，计划在 2018 年投产，2020 年形成 30 万片/月的产能。2016 年 7 月 26 日，由国家集成电路产业投资基金股份有限公司、湖北国芯产业投资基金合伙企业（有限合伙）和湖北省科技集团有限公司共同出资（二期还将有紫光集团和国家积成电子产业投资基金股份有限公司出资)，注册资本达到189亿元的长江存储科技有限责任公司，在武汉新芯的基础上建立的长江存储科技有限责任公司成立。业内专家认为，长江存储相对于紫光和新芯两个中国存储器领域的先行者（同时也是其基础）而言拥有更强的执行力、更大的资金平台和更好的企业内部机制，可以预测将拥有更快的发展速度。3DNAND技术为中国存储器芯片产业在摩尔定律放缓后实现弯道超车提供了良好的机会，长江存储获得了武汉新芯的生产基地和半导体行业人才，结合紫光集团的雄厚实力，势必会着手建立中国存储产业的自主性，继续投入极具潜力的NANDFlash存储领域。长江存储的成立，标志着我国开始进军存储器产业的核心技术领域，对我国存储器产业发展有重要意义。当前，全球存储产业高度集中，进入壁垒高，生存空间小，我国存储企业的发展十分不易。除了严密的技术封锁，我国新生的存储产业经常面临西方企业的“低价封杀”，这对创业初期技术人才积累不足、缺乏雄厚资本、打价格战的中国企业的打击是毁灭性的。我国虽然有福建晋华、合肥长鑫、北京兆易等存储器企业在进行产业布局和发展，但力量分散、恶性竞争、内耗颇多、缺乏组织和协同，甚至出现与外资联手打压国内竞争对手的情况，因此，拥有较好技术基础和雄厚资本的大型企业进行整合和调整供给结构是亟待解决的问题。

## 四、集成电路产能加速扩大

2016年，我国集成电路（IC）制造业产能快速增长，华力、中芯等大企业密集投资建厂。2016年，中芯国际在深圳投资建设一条月产能4万片的12英寸生产线，在上海投资近千亿元开工新建一条12英寸生产线，制程为14nm及以下，月产能达到7万片，将天津老8英寸厂产能由4.5万片/月扩大至15万片/月。华力微则宣布投资387亿元启动规划月产能4万片的二期12英寸高工艺等级生产线建设项目。集成电路制造业的快速发展离不开产业基金的雄厚资本支持，我国国家集成电路产业投资基金自2014年8月成立以来已累计完成投资约700亿元，大型集成电路制造企业龙头企业因此受益。国家集成电路产业投资基金2016年以来把更多力量投入到支持集成电路制造业与特色集成电路等产业的发展。2016年，国家集成电路产业投资基金在制造领域的投资比例由去年的45%快速提升至60%。目前，我国集成电路制造业在国家集成电路产业投资基金的支持下迎来了发展高峰，根据SEMI的统计报告分析，目前处于规划或建设阶段且将在五年内投产的62座半导体晶圆厂中，近半数在中国大陆，形成近年来我国集成电路制造快速发展的产业实力基础。

## 五、人工智能围棋机器人连续战胜人类棋手

人工智能将成为颠覆传统产业发展理论认知、极大推动新一代信息技术发展的重要技术。虽然并非我们认知中的人工智能关键突破，但2016年3月谷歌人工智能阿尔法狗（AlphaGo）面对世界顶级围棋选手的连续获胜和2016年底到2017年初阿尔法狗以MASTER名义在围棋上的几十连胜，足以令我们提前对人工智能的颠覆性改变做出思考和必要的准备。阿尔法狗的抢眼表现迅速引发了一次互联网业内的人工智能话题的消费浪潮，例如百度推出无人车，搜狗的知音交互，阿里巴巴的“双十一”购物节人工智能服务，京东的人工智能物流，各种采取人工智能相关技术和理念的产品服务层出不穷。与此同时，我国“国家队”在人工智能研究上也加大投入力度，中国科学院计算技术研究所陈云霁、陈天石课题组研发了名叫“寒武纪”的深度学习处理器，这是世界上第一款以模拟人类神经元和突触的方式进行深度学习的处理器，它具备直接面向大规模神经元和突触处理的深度学习处理器指令集“DianNaoYu”，这个指令集可以做到一条指令完成一组神经元的处理，相对于传统执行x86指令集芯片“寒武纪”深度学习芯片有两个数量级的性能提升。目前，“寒武纪”芯片正在稳步推进产业化进程。

## 六、“神威·太湖之光”成为国际超算榜首

“神威·太湖之光”超级计算机系统坐落于国家超级计算机无锡中心中，是由国家并行计算机工程技术研究中心在国家863计划支持下研制成功的。2016年中，我国自主研制，全部处理器国产的“神威·太湖之光”超级计算机两次获得世界超级计算机榜首。国际TOP500组织在2016年6月底举行的德国法兰克福国际超级计算机大会上，公布了世界超级计算机性能排名（TOP500），之前，我国的天河系列曾多次斩获性能排行榜首，但此次全球最快的超级计算机榜首则是我国自主研制的另外一台超级计算机——“神威·太湖

之光”(Sunway TaihuLight)，前榜首——由国防科大研制的“天河二号”屈居亚军。2016年底，2016年第二期全球超级计算机500强的名单公布（该榜单每年公布两次），“神威·太湖之光”以每秒93千万亿次浮点运算（93 petaflop/s）的运算速度蝉联冠军，此次“神威·太湖之光”已经与第二名拉开了差距，其速度比“天河二号”快2倍，效率更是对手的3倍。同时，此次中国也终于超过美国拿到了上榜超级计算机数量的第一把交椅。此次“神威·太湖之光”采用的是我国自主研发具有完全自主知识产权的“申威”处理器，三项关键指标均排名世界第一，其运算峰值速度可以达每秒12.54亿亿次，持续计算速度每秒9.3亿亿次，性能功耗比为每瓦60.51亿次。“神威·太湖之光”的应用软件同样实力不凡，2016年11月17日，在美国盐湖城举行的国际超级计算机大会上，主要颁发给高性能应用领域最杰出成就的“戈登贝尔奖”揭晓谜底，中科院软件所研究员杨超、清华大学副教授薛巍、付昊桓等人联合北师大组成的研究团队以在“神威·太湖之光”上运行的“千万核可扩展全球大气非静力云分辨模拟”应用，一举摘得该奖项。除了此次获奖的应用程序，“神威·太湖之光”系统上目前已有超过100家科研单位的100多个大型应用在同时运行。这些应用涉及面很广，包括气候气象、海洋、航空航天、生物、材料、高能物理、药物、生命科学等19个领域。超算是国家综合国力和科技创新能力的体现，目前，我国的超级计算机数量依然严重不足，天河二号等超级计算机甚至长期处于满负荷运转状态，此次“神威·太湖之光”两连冠，不仅体现了我国超级计算机领域科学创新的强大实力，同时也体现出了我国超算领域的发展空间依然巨大，使用缺口依然不断扩大，国家投入应该进一步追加。

## 七、我国半导体量子芯片、量子通讯研发取得进展

2016年，我国在量子应用于新一代信息技术上取得了较大的进展，量子芯片、量子通讯卫星等成果丰硕。2016年8月，位于合肥的中国科技大学量子实验室成功研发了半导体量子芯片，并在实验室展示了相关特性。专家认为，量子芯片是量子计算机不可或缺的核心部件，是计算机运算和逻辑的基础，下一步要将此类量子存储器小型化、标准化，延长其有效使用寿命，最终形成能够实现超远距离量子态量子信息传输的便携化设备。量子芯片有望

解决目前芯片产业发展面临的性能极限和物理极限两个局限性，实现信息运算能力的指数发展。当前，世界各国纷纷大力布局量子计算技术，我国量子芯片的成功，对我国量子计算竞争产生了有利影响。同样是2016年8月，我国在酒泉卫星发射中心成功发射了世界第一颗量子科学试验卫星“墨子号”，并在在轨测试后成功进入科学实验阶段，将试验量子密钥分发等项目，并在此基础上进行广域量子密钥网络实验，将量子通讯的实用化向前推进了一步。同时，量子科学实验卫星还将在空间的尺度进行量子纠缠分发和量子隐形传态实验等项目，验证空间尺度的量子力学理论。量子实验卫星于2011年末正式立项，作为中科院空间科学先导专项首批科学试验卫星的一员，量子实验卫星的成功发射有望使我国成为世界上第一次实现卫星和地面之间的量子通信乃至构建天地一体化的量子保密通信与科学实验体系的国家。

## 八、华为 Polercode 当选 5G 控制信道标准编码方案

美国当地时间2016年11月17日，我国华为等公司主推的极化码（Polar-Code）方案当选为5G控制信道eMBB场景的标准编码方案。华为的成绩并非偶然，而是我国对5G率先发展的结果。我国5G研究开始得很早，2016年1月，便率先启动了相关的技术研发以及试验工作，并且建立了工作协同机制以吸纳技术有优势的龙头企业、高校和相关科研院所，组成了IMT－2020（5G）标准研究推进组，实现技术互补、资源共用。2016年9月，我国完成了5G相关技术体系研发试验的第一阶段测试，并在11个领域获得了较好成绩。

## 九、我国《网络安全法》出台

长期以来，由于对网络领土的治理缺乏经验，投入相对不足，造成我国网络空间几乎成为“法外之地”，无法可依已经成为制约网络发展、阻碍互联网秩序形成以及危害国家网络安全的主要问题。2016年11月7日，十二届全国人大常委会第二十四次会议上，经表决以154票赞成、1票弃权，通过了《中华人民共和国网络安全法》（简称《网络安全法》），该法将于2017年6

月 1 日起施行。[①]《网络安全法》是网络空间的法律准绳和网络行为的法律依据，是我国互联网良性健康发展的必要保障，在网络经济发达的现今具有重要意义，对扫除网络乱象有支持作用。《网络安全法》具有划时代意义的内容包括：进一步清晰界定关键信息基础设施所涵盖的范围；对攻击、破坏我国关键信息基础设施的境外组织和个人设定了相应的惩治措施；增加了惩治网络诈骗等新型网络违法犯罪活动的规定等。该法律的颁布，为进一步解决我国新一代信息技术在发展过程中面临的网络安全问题，保障我国网络空间稳定运转提供了坚实的法律基础。[②]

## 十、我国企业海外收购半导体企业遭 CFIUS 阻挠

在本章发展动态中提到的发达国家对我新一代信息技术的围堵和绞杀，一方面体现在对核心关键元部件“卡脖子”上，如上文中兴事件；一方面就是通过种种政治操作阻碍我国通过兼并重组获得市场优势或者技术进步，例如宏芯此次的“海淘”失败。宏芯海外并购失败事件发生于 2016 年 12 月初，宏芯（中国福建宏芯投资基金）在收购德国半导体制造商爱思强（Aixtron）的过程中，由于爱思强的在美业务而被美国政府机关干涉，最终导致并购失败，这已不是美国首次以政治手段干扰发生在第三国的正常商业行为。据美国政府出具的报告显示，并购被干涉的原因是一份基于美国 CFIUS 评估的禁令，美国军方和情报部门借口爱思强可用于军事用途的氮化镓（GaN）材料若被中国掌握，将具有危害美国国家安全的风险而对收购进行阻挠。此前，CFIUS 曾多次对中国企业海外并购进行行政阻挠，如以“防止中国获得敏感技术威胁美国安全”为由，使紫光入股西部数据失败、收购美光遇阻等。2016 年，中国半导体企业在 IC 产业并购十分火爆的背景下对海外资产的收购热度明显弱于去年。虽然中国企业（或资本）数度发起收购案，可成功案例并不多，主要原因皆为以美国为首的西方 IC 产业通过行政手段进行的干扰。

① 《2016 中国互联网大事记》，《电子世界》2017 年 1 月 8 日。
② 《2016 年通信业十大热点新闻》，《通信世界》2016 年 12 月 25 日。

### 十一、中芯长电 14 纳米半导体规模量产

中芯 14nm 半导体量产标志着我国在半导体制造工艺上实现了较大突破。2016 年 7 月 28 日，中芯国际集成电路制造有限公司与长电科技股份有限公司合资成立的中芯长电半导体有限公司成为了我国首个量产 14nm 芯片的厂商。当前，集成电路产业的发展趋势是对芯片性能、功耗、面积越发严格的标准，对于芯片传统构架追赶这种要求的难度越来越大且成本会大幅上升，经济上和技术上都遇到了瓶颈。因此，中段工艺的应运而“兴”，在集成电路生产的产业链中成为越来越关键的环节。14nm 半导体项目的量产，代表我国掌握了全产业链的技术，为我国集成电路企业提升竞争力和话语权，为我国集成电路产业自主可控的创新发展，奠定了坚实基础。

### 十二、硅衬底 LED 核心技术实现突破

一直以来，发达国家通过技术壁垒和专利网围堵我国 LED 产业发展，我国企业每年支付大量专利费用，南昌大学研发的硅衬底 LED 技术从源头上避开了这类技术壁垒和专利网。2016 年 1 月 8 日，2015 年度国家技术发明奖中唯一的一等奖授予了南昌大学硅衬底 LED 项目团队。硅衬底 LED 项目的重要性在于其采用的技术是蓝光 LED 三条主流技术路线中唯一一条尚未被美日欧用交叉授权技术壁垒和专利封锁的硅衬底路线。此次实现的硅衬底 LED 技术大规模产业化能力，凭借 68 项发明专利，实现了该技术涉及的核心部件每一层均在专利保护之下，有利于走向国际市场，提升我国 LED 照明产业国际竞争力和话语权。此外，硅衬底 LED 技术和工艺的突破有利于带动全产业链的研发进程，有望进一步研发一系列性能好、附加值高的照明产品，推动技术发展，提升产业发展水平。

## 第四节　中国新一代信息技术产业重点企业分析

2016 年，全球新一代信息技术产业继续上演深度调整与整合，国外市场波动较大，企业出口依然不利，国内市场在经历小幅的衰退后趋于平稳，优

胜劣汰竞争激烈并持续出现较大规模的并购，不少国内企业已经开始着力培育新的增长点，硬件产能投资不断扩大，存储器建设初露端倪，新生设计公司大幅增长。相对而言，我国新一代信息技术产业的企业因受到一系列国家政策的支持，已展现出较大的潜力和较好的发展前景。

## 一、重点企业概况

宏观上看，我国新一代信息技术产业的重点企业运行良好。2016 年 1—11 月，工业和信息化部监测的重点联系企业主营业务收入同比增长 8.2%，快于全行业增速 0.8 个百分点，其中，收入增速超过 30% 的企业占比达到 18.5%。重点企业利润情况同样客观，实现利润增长 47.7%，快于全行业增速 30 个百分点，其中，利润增速超过 50% 的企业占比达到 22.8%。主营业务成本同比增长 8.2%，与收入增速持平；财务费用下降 9.7%。截止到 2016 年 11 月末，重点联系企业应收账款增长 29.4%，产成品存货增长 6.5%。重点联系企业中，订单增长的企业数比订单下降的约多六成。①

元器件产销增长幅度较大，产业基础进一步提升。2016 年 1—11 月，工业和信息化部监测的重点联系企业在电子元件领域生产量同比增长 21.5%，销售量增长 19.5%，出口降幅依然较大，国内市场成为企业生存发展的主要基础。其中，半导体分立器件领域生产量增长 8.7%，销售量增长 8.9%，出口小幅震荡；集成电路（IC）领域生产量增长 18.2%，销售量增长 16.9%，出口有一定幅度的增长，竞争力有所增强；液晶面板领域生产量同比增长 15.4%，销售量增长 19.7%，出口数量增长较快。②

内资企业出口同比下降，进口小幅增长，民营企业表现平稳。2016 年 1—11 月，我国内资企业出口额 2091 亿美元，同比小幅下降 2.6%；其中，民营企业出口额 1567 亿美元，降幅较小，占出口总额比重为 24.2%，同比提高 1.8 个百分点，稳定了出口。进口方面，内资企业进口总额 1494 亿美元，增长 4.9%。其中，民营企业进口总额 1207 亿美元，增长 4.9%，占进口总额比

① 数据引自《2016 年 1—11 月电子信息制造业运行情况》，工业和信息化部，2016 年 12 月 30 日。
② 数据引自《2016 年 1—11 月电子信息制造业运行情况》，工业和信息化部，2016 年 12 月 30 日。

重为26.8%，同比提高2.5个百分点。[①]

## 二、电子信息企业百强

2016年（第三十届）中国电子信息百强企业（以下简称百强企业），华为技术有限公司连续九届位居榜首，联想集团、中国电子信息产业集团有限公司分列第二、第三名（百强企业名单详见表4－2）。[②]

2016年的中国电子信息百强企业的主要特征有：1. 电子信息企业的整体规模增长，主营业务收入增长高达32%，总资产增长约26%，主营业务收入超过千亿规模的企业达到6家。2. 各项绩效均不断提高。百强企业利润总额高达1922亿元，同比增长34.6%，平均销售利润比上年增长0.2%，高于行业平均水平。3. 研发投入上升，成果显著。企业研发投入合计高达1756亿元，同比增长41.6%，其中研发投入超过10亿元企业有25家。研发投入强度，研发人员数都显著提高。专利数量比上年增长8.9万件。

**表4－2　2016年中国电子信息百强企业排名**

| 排名 | 公司名称 | 排名 | 公司名称 |
|---|---|---|---|
| 1 | 华为技术有限公司 | 51 | 宇龙计算机通信科技（深圳）有限公司 |
| 2 | 联想集团 | 52 | 东旭集团有限公司 |
| 3 | 中国电子信息产业集团有限公司 | 53 | 天马微电子股份有限公司 |
| 4 | 海尔集团 | 54 | 舜宇集团有限公司 |
| 5 | 中兴通讯股份有限公司 | 55 | 上海斐讯数据通信技术有限公司 |
| 6 | TCL集团股份有限公司 | 56 | 浙江大华技术股份有限公司 |
| 7 | 四川长虹电子控股集团有限公司 | 57 | 浙江晶科能源有限公司 |
| 8 | 海信集团有限公司 | 58 | 江苏协鑫硅材料科技发展有限公司 |
| 9 | 北大方正集团有限公司 | 59 | 普联技术有限公司 |
| 10 | 比亚迪股份有限公司 | 60 | 闻泰通讯股份有限公司 |
| 11 | 天能集团 | 61 | 中国四联仪器仪表集团有限公司 |
| 12 | 浪潮集团有限公司 | 62 | 蓝思科技（长沙）有限公司 |
| 13 | 京东方科技集团股份有限公司 | 63 | 宁波均胜电子股份有限公司 |
| 14 | 亨通集团有限公司 | 64 | 东软集团股份有限公司 |
| 15 | 小米通讯技术有限公司 | 65 | 侨兴集团有限公司 |

① 数据引自《2016年1—11月电子信息制造业运行情况》，工业和信息化部，2016年12月30日。

② 《2016年（第三十届）中国电子信息百强企业发布》，中国电子信息行业联合会。

续表

| 排名 | 公司名称 | 排名 | 公司名称 |
| --- | --- | --- | --- |
| 16 | 上海仪电（集团）有限公司 | 66 | 江苏中能硅业科技发展有限公司 |
| 17 | 创维集团有限公司 | 67 | 江苏新潮科技集团有限公司 |
| 18 | 紫光集团有限公司 | 68 | 中冶赛迪集团有限公司 |
| 19 | 杭州海康威视数字技术股份有限公司 | 69 | 铜陵精达铜材（集团）有限责任公司 |
| 20 | 航天信息股份有限公司 | 70 | 广东生益科技股份有限公司 |
| 21 | 同方股份有限公司 | 71 | 惠科电子（深圳）有限公司 |
| 22 | 南京南瑞集团公司 | 72 | 中国华录集团有限公司 |
| 23 | 中天科技集团有限公司 | 73 | 深圳市共进电子股份有限公司 |
| 24 | 晶龙实业集团有限公司 | 74 | 安徽天康（集团）股份有限公司 |
| 25 | 大唐电信科技产业集团 | 75 | 双登集团股份有限公司 |
| 26 | 武汉邮电科学研究院 | 76 | 福州福大自动化科技有限公司 |
| 27 | 富通集团有限公司 | 77 | 上海华虹（集团）有限公司 |
| 28 | 四川九洲电器集团有限责任公司 | 78 | 万利达集团有限公司 |
| 29 | 河南森源集团有限公司 | 79 | 欣旺达电子股份有限公司 |
| 30 | 通鼎集团有限公司 | 80 | 深圳市神舟电脑股份有限公司 |
| 31 | 江苏宏图高科技股份有限公司 | 81 | 普天东方通信集团 |
| 32 | 深圳欧菲光科技股份有限公司 | 82 | 哈尔滨光宇集团股份有限公司 |
| 33 | 上海贝尔股份有限公司 | 83 | 风帆股份有限公司 |
| 34 | 万马联合控股集团公司 | 84 | 南通华达微电子集团有限公司 |
| 35 | 广州无线电集团有限公司 | 85 | 骆驼集团股份有限公司 |
| 36 | 康佳集团股份有限公司 | 86 | 横店集团东磁有限公司 |
| 37 | 永鼎集团有限公司 | 87 | 深圳市华讯方舟科技有限公司 |
| 38 | 震雄铜业集团有限公司 | 88 | 深圳市兆驰股份有限公司 |
| 39 | 福建省电子信息（集团）有限责任公司 | 89 | 深圳市泰衡诺科技有限公司 |
| 40 | 中利科技集团股份有限公司 | 90 | 广州佳都集团有限公司 |
| 41 | 深圳华强集团有限公司 | 91 | 浙大网新科技股份有限公司 |
| 42 | 大全集团有限公司 | 92 | 山东兽鑫贵金属有限公司 |
| 43 | 润峰电力有限公司 | 93 | 浙江南都电源动力股份有限公司 |
| 44 | 中芯国际集成电路制造有限公司 | 94 | 深圳市康冠技术有限公司 |
| 45 | 华勤通讯技术有限公司 | 95 | 阳光电源股份有限公司 |
| 46 | 株洲中车时代电气股份有限公司 | 96 | 中航光电科技股份有限公司 |
| 47 | 浙江富春江通信集团有限公司 | 97 | 北京华胜天成科技股份有限公司 |
| 48 | 歌尔声学股份有限公司 | 98 | 厦门宏发电声股份有限公司 |
| 49 | 许继集团有限公司 | 99 | 华润微电子有限公司 |
| 50 | 陕西电子信息集团有限公司 | 100 | 河南科隆集团有限公司 |

资料来源：中国电子信息行业联合会，2016 年 8 月。

## 三、电子元件百强企业

2016年8月，中国电子元件行业协会发布了第29届中国电子元件百强企业的榜单。电子元器件领域100家财务状况较好、规模实力较强、研发基础较为雄厚的龙头企业入选。截至2016年初，本次百强企业主营业务收入和利润总额均保持两位数增速，合计实现利润总额238亿元，完成主营业务收入2814.58亿元，成为电子元件行业的排头兵。

表4－3　2016年（第29届）中国电子元件百强企业

| 排名 | 公司名称 | 排名 | 公司名称 |
|---|---|---|---|
| 1 | 亨通集团有限公司 | 51 | 杭州日月电器股份有限公司 |
| 2 | 中天科技集团有限公司 | 52 | 中国振华（集团）新云电子元器件有限责任公司 |
| 3 | 瑞声科技控股有限公司 | 53 | 四川永星电子有限公司 |
| 4 | 富通集团有限公司 | 54 | 浙江永贵电器股份有限公司 |
| 5 | 歌尔股份有限公司 | 55 | 福建火炬电子科技股份有限公司 |
| 6 | 永鼎集团有限公司 | 56 | 南通海星电子股份有限公司 |
| 7 | 立讯精密工业股份有限公司 | 57 | 杭州微光电子股份有限公司 |
| 8 | 潮州三环（集团）股份有限公司 | 58 | 合肥博微田村电气有限公司 |
| 9 | 厦门宏发电声股份有限公司 | 59 | 深圳市海光电子有限公司 |
| 10 | 中航光电科技股份有限公司 | 60 | 江西联创宏声电子有限公司 |
| 11 | 广东生益科技股份有限公司 | 61 | 浙江联宜电机有限公司 |
| 12 | 长飞光纤光缆股份有限公司 | 62 | 汇港控股集团有限公司 |
| 13 | 浙江富春江通信集团有限公司 | 63 | 山东共达电声股份有限公司 |
| 14 | 江苏俊知技术有限公司 | 64 | 浙江凯文磁钢有限公司 |
| 15 | 横店集团东磁有限公司 | 65 | 绵阳开元磁性材料有限公司 |
| 16 | 中山大洋电机股份有限公司 | 66 | 广东奥迪威传感科技股份有限公司 |
| 17 | 广东东阳光科技控股股份有限公司 | 67 | 陕西华达科技股份有限公司 |
| 18 | 深圳市得润电子股份有限公司 | 68 | 东莞市大忠电子有限公司 |
| 19 | 浙江长城电工科技股份有限公司 | 69 | 深圳市通茂电子有限公司 |
| 20 | 贵州航天电器股份有限公司 | 70 | 宁波碧彩实业有限公司 |
| 21 | 杭州富生电器有限公司 | 71 | 新岱电子（深圳）有限公司 |
| 22 | 深圳市崇达电路技术股份有限公司 | 72 | 深圳市京泉华科技股份有限公司 |
| 23 | 深圳顺络电子股份有限公司 | 73 | 苏州华之杰电讯有限公司 |
| 24 | 厦门法拉电子股份有限公司 | 74 | 湖北泰晶电子科技股份有限公司 |
| 25 | 湖南艾华集团股份有限公司 | 75 | 汕头高新区松田实业有限公司 |

续表

| 排名 | 公司名称 | 排名 | 公司名称 |
|---|---|---|---|
| 26 | 电连技术股份有限公司 | 76 | 上海埃斯凯变压器有限公司 |
| 27 | 金龙控股集团有限公司 | 77 | 宁波福特继电器有限公司 |
| 28 | 通光集团有限公司 | 78 | 苏州瑞可达连接系统股份有限公司 |
| 29 | 广东江粉磁材股份有限公司 | 79 | 北京元六鸿远电子科技股份有限公司 |
| 30 | 国光电器股份有限公司 | 80 | 广东惠伦晶体科技股份有限公司 |
| 31 | 广东风华高新科技股份有限公司 | 81 | 上海欧姆龙控制电器有限公司 |
| 32 | 汕头超声印制板公司 | 82 | 深圳市宇阳科技发展有限公司 |
| 33 | 浙江天乐集团有限公司 | 83 | 广东百圳君耀电子有限公司 |
| 34 | 开平依利安达电子有限公司 | 84 | 深圳市金洋电子股份有限公司 |
| 35 | 深圳市和宏实业股份有限公司 | 85 | 浙江全方音响科技有限公司 |
| 36 | 天通控股股份有限公司 | 86 | 常州祥明智能动力股份有限公司 |
| 37 | 湖北瀛通通讯线材股份有限公司 | 87 | 四川华丰企业集团有限公司 |
| 38 | 东莞铭普光磁股份有限公司 | 88 | 深圳振华富电子有限公司 |
| 39 | 北京七星华电科技集团有限责任公司 | 89 | 南阳森霸光电股份有限公司 |
| 40 | 南通江海电容器股份有限公司 | 90 | 深圳可立克科技股份有限公司 |
| 41 | 江苏华威世纪电子集团有限公司 | 91 | 扬州升达集团 |
| 42 | 成都宏明电子股份有限公司 | 92 | 嘉兴佳利电子有限公司 |
| 43 | 合兴集团有限公司 | 93 | 浙江五峰电容器有限公司 |
| 44 | 安徽铜峰电子集团有限公司 | 94 | 应达利电子（深圳）有限公司 |
| 45 | 深圳市凯中精密技术股份有限公司 | 95 | 肇庆华锋电子铝箔股份有限公司 |
| 46 | 珠海格力新元电子有限公司 | 96 | 山东国瓷功能材料股份有限公司 |
| 47 | 东莞市三友联众电器有限公司 | 97 | 江苏江佳电子股份有限公司 |
| 48 | 深圳市麦捷微电子科技股份有限公司 | 98 | 中电科技德清华莹电子有限公司 |
| 49 | 江苏上骐集团有限公司 | 99 | 佛山市川东磁电股份有限公司 |
| 50 | 株洲宏达电子股份有限公司 | 100 | 深圳市正德智控股份有限公司 |

资料来源：中国电子元件行业协会，2016 年 8 月。

## 四、中国软件服务百强企业

2016 年 7 月 29 日，中国工业和信息化部发布了第 15 届中国软件业务收入前百家企业名单（见表 4－4）。本次评选出的软件前百强企业最低为软件业务年收入 13.3 亿元，比上年增长 26.7%。

表 4 – 4　2016 年中国软件业务百强企业

| 排名 | 公司名称 | 排名 | 公司名称 |
| --- | --- | --- | --- |
| 1 | 华为技术有限公司 | 51 | 北京中电普华信息技术有限公司 |
| 2 | 中兴通讯股份有限公司 | 52 | 北京京东尚科信息技术有限公司 |
| 3 | 海尔集团公司 | 53 | 中控科技集团有限公司 |
| 4 | 浪潮集团有限公司 | 54 | 科大讯飞股份有限公司 |
| 5 | 海信集团有限公司 | 55 | 深圳市欧珀通信软件有限公司 |
| 6 | 南京南瑞集团公司 | 56 | 广州海格通信集团股份有限公司 |
| 7 | 杭州海康威视数字技术股份有限公司 | 57 | 四川九洲电器集团有限责任公司 |
| 8 | 中国银联股份有限公司 | 58 | 北京中油瑞飞信息技术有限责任公司 |
| 9 | 株洲南车时代电气股份有限公司 | 59 | 信雅达系统工程股份有限公司 |
| 10 | 航天信息股份有限公司 | 60 | 国网通信亿力电力科技股份有限公司 |
| 11 | 浙江大华技术股份有限公司 | 61 | 卡斯柯信号有限公司 |
| 12 | 同方股份有限公司 | 62 | 东方电子集团有限公司 |
| 13 | 熊猫电子集团有限公司 | 63 | 银江股份有限公司 |
| 14 | 金山软件有限公司 | 64 | 北京华胜天成科技股份有限公司 |
| 15 | 东华软件股份公司 | 65 | 新大陆科技集团有限公司 |
| 16 | 上海华东电脑股份有限公司 | 66 | 平安科技（深圳）有限公司 |
| 17 | 江苏集群信息产业股份有限公司 | 67 | 东莞市步步高通信软件有限公司 |
| 18 | 北京中软国际信息技术有限公司 | 68 | 深圳创维数字技术有限公司 |
| 19 | 武汉邮电科学研究院 | 69 | 中冶赛迪集团有限公司 |
| 20 | 浙大网新科技股份有限公司 | 70 | 山东中创软件工程股份有限公司 |
| 21 | 文思海辉技术有限公司 | 71 | 恒生电子股份有限公司 |
| 22 | 深圳市华讯方舟科技有限公司 | 72 | 万达信息股份有限公司 |
| 23 | 东软集团股份有限公司 | 73 | 江苏金智集团有限公司 |
| 24 | 软通动力信息技术（集团）有限公司 | 74 | 高德信息技术有限公司 |
| 25 | 亚信科技（中国）有限公司 | 75 | 博彦科技股份有限公司 |
| 26 | 福州福大自动化科技有限公司 | 76 | 深圳怡化电脑股份有限公司 |
| 27 | 江苏省通信服务有限公司 | 77 | 先锋软件股份有限公司 |
| 28 | 国电南京自动化股份有限公司 | 78 | 深圳天源迪科信息技术股份有限公司 |
| 29 | 大唐电信科技股份有限公司 | 79 | 深圳市大疆创新科技有限公司 |
| 30 | 广州佳都集团有限公司 | 80 | 金蝶软件（中国）有限公司 |
| 31 | 上海宝信软件股份有限公司 | 81 | 南京联创科技集团股份有限公司 |
| 32 | 北京小米移动软件有限公司 | 82 | 北明软件有限公司 |

续表

| 排名 | 公司名称 | 排名 | 公司名称 |
|---|---|---|---|
| 33 | 太极计算机股份有限公司 | 83 | 恒宝股份有限公司 |
| 34 | 上海华讯网络系统有限公司 | 84 | 广联达软件股份有限公司 |
| 35 | 中国软件与技术服务股份有限公司 | 85 | 天津天地伟业数码科技有限公司 |
| 36 | 神州数码系统集成服务有限公司 | 86 | 云南南天电子信息产业股份有限公司 |
| 37 | 北京全路通信信号研究设计院集团有限公司 | 87 | 启明星辰信息技术集团股份有限公司 |
| 38 | 大族激光科技产业集团股份有限公司 | 88 | 北京四方继保自动化股份有限公司 |
| 39 | 中科软科技股份有限公司 | 89 | 北京四维图新科技股份有限公司 |
| 40 | 中国民航信息网络股份有限公司 | 90 | 北京宇信科技集团股份有限公司 |
| 41 | 中国电子科技网络信息安全有限公司 | 91 | 江苏润和科技投资集团有限公司 |
| 42 | 福建星网锐捷通讯股份有限公司 | 92 | 北大方正集团有限公司 |
| 43 | 用友网络科技股份有限公司 | 93 | 博雅软件股份有限公司 |
| 44 | 广州广电运通金融电子股份有限公司 | 94 | 启明信息技术股份有限公司 |
| 45 | 四川省通信产业服务有限公司 | 95 | 江苏国光信息产业股份有限公司 |
| 46 | 上海贝尔软件有限公司 | 96 | 广州杰赛科技股份有限公司 |
| 47 | 阿里云计算有限公司 | 97 | 北京华宇软件股份有限公司 |
| 48 | 石化盈科信息技术有限责任公司 | 98 | 武汉天喻信息产业股份有限公司 |
| 49 | 北京神州泰岳软件股份有限公司 | 99 | 大连华信计算机技术股份有限公司 |
| 50 | 深圳市金证科技股份有限公司 | 100 | 北京易华录信息技术股份有限公司 |

资料来源：工业和信息化部。

# 第五章　生物产业

随着生命科学和生物技术的持续创新与重大突破，发达国家和新兴经济体争相以国家战略的形式部署生物产业的发展，将其作为未来科技经济竞争中的重要组成部分。2016 年，全球生物产业持续增长，基础研究、应用研究、技术开发和产业化取得一系列成果。生物产业作为我国战略性新兴产业之一，经过多年快速发展，已经拥有较多的技术积累和较强的产业基础，对我国结构调整、经济转型、产业升级形成了较大的支撑作用。但我国生物产业在产业结构、产业链布局、市场并购和企业发展等方面仍存在一定的问题。为此，国家相继出台《中国制造 2025》《"十三五"国家科技创新规划》《"健康中国 2030"规划纲要》等一系列政策来支持生物产业发展。在政策支持下，我国生物医药、生物农业、生物制造和生物服务产业取得了较快发展，生物企业和各大科研机构在以基因组学、结构生物学等基础研究，基因工程等技术研究和单克隆抗体、创新药物的产业化方面也取得较大突破。

## 第一节　国内外生物产业发展动态

### 一、国内外产业整体概况

#### （一）全球生物产业发展概况

随着生命科学和生物技术的持续创新与重大突破，发达国家和新兴经济体争相以国家战略的形式部署生物产业的发展，将其作为未来科技经济竞争中的重要一部分。2016 年，全球生物产业总体进入了持续增长阶段，基础研究、应用研究、技术开发和产业化之间的边界日趋模糊，科技创新链条更加灵巧，创新周期大大缩短，技术创新、商业模式和金融资本深度融合，加速推动了产业变革的步伐。

1. 生物产业规模持续增长

目前，全球生物产业已从高成长阶段逐渐步入稳步发展阶段。据安永公司《2016年生物产业报告：回到地球》报告分析指出，新世纪以来，生物产业经历了爆炸式增长，从2015年开始增速有所放缓，2016年市场增速放缓至15%左右。同时，据经济合作和发展组织（OECD）的《面向2030年的生物经济》报告预测显示，全球范围内生物经济到2030年将初具规模，并对经济社会发展带来重大影响。

在生物医药方面。统计显示，2016年，全球生物医药市场规模突破2000亿美元，预计2020年将增长到2780亿美元，在全球药物市场销售额中占比预计将从2014年的23%上升至27%。在研发新药方面，2016年FDA共接收到了36个新分子实体（NEM）的申请，22个原创新药（新分子实体15个，新生物制品7个）获得批准。

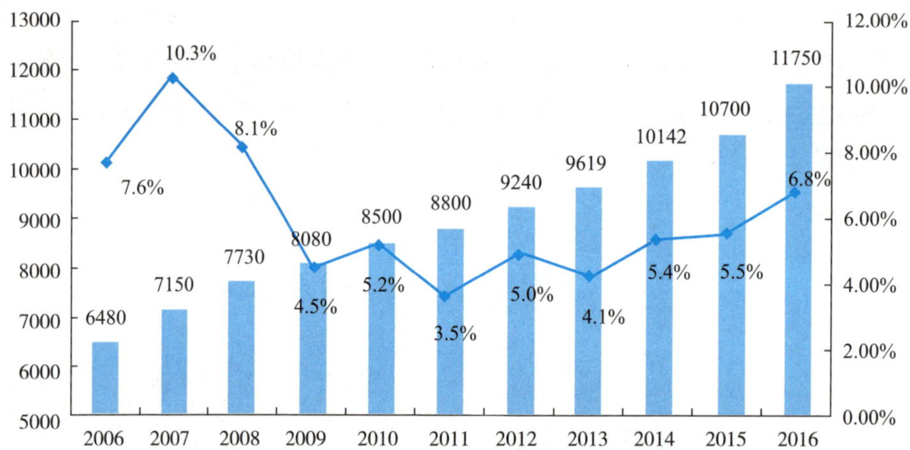


**图5-1 2006—2016年全球医药市场规模（亿美元）与增速**

资料来源：赛迪智库整理，2017年1月。

在生物农业方面，随着物联网技术的发展，加上民众对食品安全的高度重视，生物农业取得阶段性进展。全球“生物农业联盟”（The BioAg Alliance）推出全球首款玉米微生物种衣剂，通过出厂前的处理将使得玉米平均增产约12.55公斤/亩。

在生物能源方面，全球生物柴油产量将创下历史新高，达到3280万吨，同比增长 11%，而以燃料乙醇等为代表的生物能源占可再生能源比例已达 77% 以上。

2. 生物技术不断取得新突破

2016 年，全球生物产业研发投入持续增长，基础研究和生命科学技术取得一系列成就。其中，以基因治疗、免疫疗法、传染病、癌症、再生医学、自身免疫疾病、神经生物学等为代表的生命科学领域取得突破性进展。生物产业研发费用持续增长，增速保持在 2% 左右。

在基因工程方面。一是基因编辑技术 CRISPR 已经证明可以用于治疗遗传疾病，研究学者通过编辑一个与肌肉功能相关的基因，其结果显示通过基因编辑可以修复杜氏肌营养不良症小鼠的一些肌肉功能。同时，研究人员证明，CRISPR 可以直接精确地将引发疾病发生的基因植入细胞中，从而获取细胞模型，这为后期治疗阿尔兹海默氏症等开发新型疗法提供了新的希望。二是哈佛医学院研究团队合成了一种检测不到非特异性切割的突变核酸酶，这为研究人员提供了一种优化核酸酶的策略。

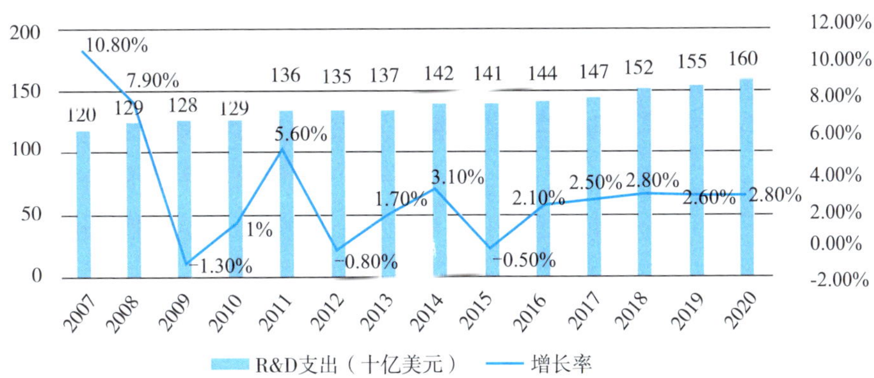


**图 5－2　全球生物技术研发费用统计（2006—2020 年）**

资料来源：赛迪智库根据公开资料整理，2017 年 1 月。

在基因治疗领域。科学家研究发现 SynNotch T 细胞可以分化为各种效应细胞，或者选择性产生细胞毒性分子、抗体、细胞因子及佐剂，可以用 SynNotch T 细胞对抗病毒感染、过度活化或其他功能紊乱的细胞，这大大拓宽了基因治疗的应用领域。

在传染病领域。一是人类首次采用免疫的方法产生 HIV bNAbs，这为合成

HIV 人工抗原，激发 HIV 抗体带来了希望。二是研究人员发现将一种实验性疫苗与一种先天性免疫刺激剂结合在一起，可有助缓解 HIV 感染者体内的病毒。

在癌症医学领域。一是科学家首次发现通过抑制癌细胞诱导的内皮细胞死亡，可以抑制血管中的癌细胞的形成。二是研究人员通过研究发现一种特殊的化合物，能够有效阻断对于维持至少四分之一癌症的持续性发展具有关键作用的蛋白功能，这为急性髓性白血病、淋巴瘤及其多种实体瘤（黑色素瘤等）等癌症提供了新型疗法。

在生物蛋白领域。研究人员鉴别出了决定细胞是否生长、分裂或者死亡的细胞内信号传输过程中具有重要作用的 Ras 激酶抑制剂（KSR），这对于临床疗法的开发具有一定意义。

在再生医学领域。中美科学家在健康兔子和猕猴眼内晶状体边缘，以远小于此前的创口进行了手术，最大程度上保留了 LEC，并保持了晶状体的自然恢复时间，将显著降低术后并发症及再次手术的概率。

在神经医学领域。经典的补体级联放大信号通路已被证明会影响中枢神经系统中神经回路的发育和重塑，而 2016 年发表的三项研究则探明了神经精神病学疾病及神经退行性疾病中补体介导的突出清除的影响。这三项研究分别是，补体 C4 突变导致的结构变化与精神分裂症之间存在相关性；补体信号和吞噬性小神经胶质细胞与阿尔兹海默症早期的突触缺失存在相关性；神经退行性疾病额颞叶痴呆小鼠模型中的 C1qa 会促进小神经胶质细胞依赖的突触清除。

在脑科学领域。美国华盛顿大学圣路易斯医学院的研究人员绘制出新的迄今为止最为详细的人类大脑皮层图谱，这对将有力推动自闭症、精神分裂症、痴呆症和癫痫等大脑疾病的研究与治疗。

### （二）我国生物产业发展概况

生物产业作为我国战略性新兴产业之一，经过多年快速发展已经拥有较多的技术积累和产业基础，对我国结构调整、经济转型、产业升级形成了较大的支撑作用。2016 年作为“十三五”开局之年，生物产业围绕“稳增长、调结构、促改革、惠民生”的发展目标，积极应对经济转向新常态，推进供给侧结构性改革，在生物技术领域取得了一系列新突破，生物产业整体保持了较快的增长。

1. 市场规模取得持续发展

2016 年，我国生物产业市场规模不断扩大，医药工业、生物农业、生物制造、生物服务等诸多领域取得新突破，一批可以和国外大型跨国公司同台竞争的行业龙头企业迅速发展，并在部分领域形成了较强的核心竞争力。据《中国生物工业投资分析报告 2016》研究显示，2016 年，我国广义生物产业规模预计达到 5 万亿元左右，预期到 2020 年，我国广义生物产业产值有望达到 8 至 10 万亿元。其中，生物医药产业增速有所放缓，增速回落至 10%—15%。2016 年 1—10 月，医药制造业主营业务收入同比增长回落至 9.6%；生物发酵产业规模持续扩大，主要生物发酵产品产量超过 2500 万吨，年总产值接近 3000 亿元；生物农业持续增长，我国已经是全球第二大种子市场，年种子总用量超过 180 亿公斤，良种商品化率在 50% 左右，市场规模持续增加，年均增长率维持在 5%—10% 左右，2016 年全年将突破 800 亿元。

2. 生物技术取得新进步

在创新药物方面，长效干扰素获批上市，打破国际同类药物垄断。二是康柏西普眼用注射液直接进入美国 FDA 三期临床研究；在癌症治疗领域，CFDA 批准广谱肿瘤标志物热休克蛋白 90α（Hsp90α），以用于临床肝癌患者的检测与应用；在生物工程领域，体外诊断试剂呼吸道病原菌碟式芯片系统研发成功，将为感染性疾病快速诊断与治疗提供一种有效的工具；在平台建设方面，我国微生物组大数据搜索引擎 MSE 上线，它可以为海量的样本列出菌群结构或功能相似性的“目录”，从而分析未知微生物组样本的结构分析与功能；在干细胞领域，历经 10 年攻关，我国干细胞程序性高效扩增、血液定向诱导分化的关键技术体系得以成功建立。

## 二、我国产业存在的问题

### （一）产业结构和产业链布局有待优化调整

在产业结构方面，以生物医药独大的产业结构亟待调整。2016 年，我国医药工业主营业务收入和利润总额在经济新常态下有所放缓，但仍高于生物产业整体增速，占生物产业比重依然高于其他行业。我国虽然是全球第二大种业市场，但生物种子企业规模“多、小、散”，研发投入不足，使得国内良种率偏低。作为转基因食物销售一大市场，但本身转基因育种的商业化道路却充满坎坷，缺乏研发主动权。生物饲料和生物农药等行业的整体研发水平和产业化水平较低，同国外相比差距较大。在产业链布局方面，产业链上游布局短缺。目前，我国生物产业资源大都分布在研发、生产、销售等中下游环节，而原材料和特色生物资源所在的产业链的上游环节则发展受阻。另外，产业链各个环节中，企业技术转化、中试、放大等环节存在脱节，使得子产业竞争力减弱。

### （二）产品市场定价和准入策略面临严峻挑战

2016 年，是生物医药专利到期的集中爆发之年，以免疫调节剂、心血管系统、抗肿瘤以及全身用抗感染药物为主的十种到期药物涉及销售额达到 300 亿美元，这些药物在我国占有较大的市场份额。主要包括艾伯维公司的修美乐（Humira）、复方洛匹那韦/利托那韦（Kaletra）；葛兰素史克公司的舒利迭（Seretide/Advair）和复方阿巴卡韦/拉米夫定（Epzicom/Kivexa）；阿斯利康的瑞舒伐他汀（Crestor ）和吉非替尼（Iressa）、默沙东的依折麦布（Zetia）、厄他培南（Invanz）和带状疱疹病毒活疫苗（Zostavax）第一三共的奥美沙坦（Benicar ）。目前，随着第一代生物技术公司的支柱抗体药专利的过期，将使得生物仿制药大规模崛起，而传统抗体药物的研发已不能带来较好的收益，这使得创新药的研发受到一定的影响，对产品市场定价和转入策略都带来了挑战。但是，我国生物产业自主创新能力较为薄弱，科技成果转化率较低，且缺乏相应的成熟资本的投资，使得我国创新药研发、临床和生产环节面临较大困难。如何搭上专利药到期、仿制药加速发展的东风，做好市场定价和准入机制的完善工作是摆在我国生物医药产业面前的一个挑战。

### （三）并购市场风起云涌但前景不容乐观

随着 2015 年并购事件的层出不穷，2016 年，国际医药巨头并购市场开始放缓，以慢慢消化前面达成的大型交易。同时，药品价格的高企所带来的负面影响使得一些生物制药公司收缩并购战略，而我国并购市场却是另一幅情景。随着 2016 年仿制药一致性评价、医保控费和两票制的推进，医药企业成本上升，小企业生存压力陡增，医药行业的并购案例数量、规模刷新历史。

据不完全统计，2016 年，我国医药健康行业并购超过 400 起金额超过 1800 亿元。我国医药企业数量多，规模小，同国外巨头相比差距非常大。行业间的并购是企业做大做强的一个有效手段，但如何做好并购后期的消化则是摆在各大企业面前的一个难题。

## 三、我国产业政策动态

### （一）宏观政策对生物产业的支持力度越来越大

2016 年是“十三五”开局之年，“十三五”规划纲要提出支持新一代信息技术、生物技术、高端装备与材料等领域的产业发展壮大。同时，2016 年作为《中国制造 2025》全面实施的一年，1 + X 规划体系逐步完善，其中医药工业发展规划作为三个指南之一已经发布，从体制机制、科技创新、成果转化、临床研究等方面，重点推动生物医药和生物医学工程的发展。2016 年 8 月，《“十三五”国家科技创新规划》提出要重点发展生物农业和生物医药，加速基因克隆、转基因操作、生物安全新技术研发，建成规范的生物安全性评价技术体系；推动重大新药创制和重大共性关键技术突破，推进我国医药强国建设步伐。2016 年 12 月 19 日，国务院印发《“十三五”国家战略性新兴产业发展规划》。规划指出，到 2020 年形成包括生物产业在内的 5 个产值规模 10 万亿元级的新支柱，并在更广领域形成大批跨界融合的新增长点，这是国务院首次明确提出生物产业的 10 万亿产值发展目标。

### （二）专项政策先后出台引导生物产业健康发展

国家先后出台《“健康中国 2030”规划纲要》《关于促进医药产业健康发展的指导意见》《关于全面推进卫生与健康科技创新的指导意见》《中医药发展战略规划纲要（2016—2030 年）》和《医药工业发展规划指南》等文件，重点支持生物医药产业发展。《“健康中国 2030”规划纲要》和《医药工业发展规划指南》从政策、金融、财税等多方面，重点支持生物制药、化学制药、优质中药、高性能医疗器械、新型辅料包材和制药设备发展。在生物能源方面，2016 年 12 月，国家能源局印发《生物质能发展“十三五”规划》，提出到 2020 年，生物质能要基本实现商业化和规模化利用。在生物农业方面，《全国种植业结构调整规划（2016—2020 年）》指出，要综合运用生物、信息、物联网、智能装备等新技术，发展智慧农业、生态农业等新业态。出台了《农业部关于进一步加强转基因作物监管工作的通知》（农科教发〔2016〕3号），支持企业重视农业转基因生物安全管理，严格按照法规要求规范开展研究试验，严格落实控制措施。

## 第二节　中国生物产业重点领域分析

生物产业作为我国战略新兴产业之一，主要分为生物医药、生物农业、生物能源、生物制造产业和生物服务产业等，这几大细分行业经过多年快速发展已经拥有较多的技术积累和产业基础，对我国结构调整、经济转型、产业升级形成了较大的支撑作用。

### 一、生物医药

#### （一）发展概况

随着人们生活环境的变迁、健康观念的变化以及人口老龄化进程的加快等因素影响，与人类生活质量密切相关的生物医药行业近年来一直保持增长的趋势，被称为“永不衰落的朝阳产业”。2016年，我国生物医药产业在市场规模、外贸进出口、企业发展、专利技术等方面都取得了快速的发展。

1. 市场规模持续扩大

2016年1—10月，我国医药制造业共实现主营业务收入22348.5亿元，同比增长9.6%；实现利润总额2355.7亿元，同比增长15.5%。其中，化学制药占比最大，达到40%左右，其次是中药，占比达到30%，生物药品占比进一步加大，预计将达到13%左右。在细分行业中，2016前三季度医疗服务、生物制品和医疗器械收入增速靠前，分别为38.52%、17.66%和17.39%；而在规模净利润方面，医疗服务、化学原料药和医药商业增速靠前，分别为189.7%、57.37%和24.39%，大宗原料药品种业绩依然保持快速增速；两票制持续推行，行业整合推动医药商业平稳增长。医疗器械方面，2015年，我国医疗器械市场规模达到3080亿元，预计2016年将会突破3500

亿元，年均增速在20%左右。生物医用材料方面，2016年我国生物医用材料市场销售额达到1600亿元左右，年均增速保持在15%水平，预计10年内我国将成长为世界第二大生物医用材料市场。

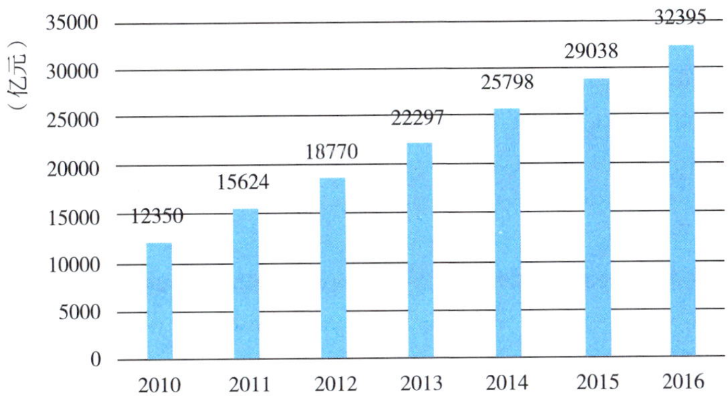


**图5－3　2010—2016年生物医药市场规模与增速**

资料来源：赛迪智库整理，2017年1月。

2. 对外贸易增长有所分化

2016年，我国大宗原料药出口总量持续增加，但金额有所下降，印度和美国两个主要市场出口额分别下降8.0%和3.6%。制剂出口增速加快首次超过外资企业，出口额达到12.9亿美元，逆势增长3.1%。其中，对美试剂出口达到2.3亿美元，同比增长57%。在医疗器械方面，医疗器械出口量持续增长，价格竞争较为激烈。2016年前三季度医疗器械进出口总额为291.27亿美元，同比增长2.95%，其中，出口5年来首次出现下降，仅为153.3亿美元，同比下降1.46%，出口量同比增长6.52%，出口价格同比下降7.49%。

3. 新药研发投入与品种持续增加

随着国家重大新药研制、战略性新兴产业和技术改造专项等扶持政策的推动，我国医药企业创新投入加大，成果开始显现。2016年初，我国在研化合物（包括临床前、临床和上市注册）数量达到656个，埃克替尼、阿帕替尼、西达本胺和康柏西普等17个1类创新药获批生产，其中1.1类化药12个，1类生物药5个。在体外诊断试剂方面，2016年我国已审批的Ⅱ类体外诊断试剂4380种，Ⅲ类体外诊断试剂840种，使得我国已审批的体外诊断试剂总数已高达40745种。

### （二）技术进展

在抗癌药物方面，我国自主研制的在感染初期阻遏病毒复制的 HIV 融合抑制剂艾博卫泰，于2016年11月23日面临临床试验数据核查，有望成为世界首个长效注射抗艾滋病药物。在血糖控制方面，绿叶制药注射用艾塞那肽缓释微球获批进入临床试验，与欧美艾塞那肽缓释微球制剂相比，该产品在达到稳态治疗的血药浓度有优势，利于快速降糖平稳控制血糖。在单抗药物方面，我国首个 PD－1 单抗药物 SHR－1210 成为首个获 CFDA 批准进入 II、III 期临床试验药物，恒瑞医药、君实生物和百济神州三家企业共同获得了 Anti－PD－1 单抗的临床批件，有望与 Opdivo 和 Keytruda 等外企原研品种展开竞争。在生物疫苗方面，我国自主研发出全球首个 EV71 手足口病疫苗，该疫苗对预防肠道病毒 71 型（EV71）感染所致的手足口病保护率为 97.3%，重症手足口病保护率为 100.0%，已于 2016 年 3 月陆续在北京、云南、湖南、广东、上海等多省市推广接种。

## 二、生物农业

### （一）发展概况

我国生物农业主要包括生物育种、微生物肥料、生物饲料和生物农药等几大领域。2016 年我国农业形势发展较好，同时随着人口数量逐渐增加，耕地总面积日趋减少，土地质量逐渐下降等粮食安全问题，生物农业的发展迫在眉睫。生物农业依靠各种生物过程使土壤保持肥力，作物得到营养，并建立有效的生物防治杂草和病虫害的体系。

“十二五”以来，我国年种子总用量超过 180 亿公斤，良种商品化率在 50% 左右，市场规模持续增加，年均增长率维持在 5%—10% 左右，2016 年突破 800 亿元，是全球第二大种子市场。2015 年以来，我国转基因棉花种植面积达到 5000 万亩，占比在 90% 以上。微生物肥料企业总数在 1000 个以上，年产量 1000 万吨，年产值 200 亿元。农业微生物肥料和食用菌菌种质量监管检测测试中心正式登记微生物肥料产品有 975 个（截至 2015 年）。生物饲料的市场总额接近 200 亿元，已登记的各类农药制剂数量达到 34000 个左右，涉及 660 多个有效成分。

### （二）技术进展

2015 年以来，研究人员通过研究水稻联会复合体的弱等位突变体，大幅提高了遗传重组频率。研究人员阐明 Pib 相关水稻品种稻瘟病抗性丧失的分子机制受到广泛关注，其在单、双子叶植物生物量及作物产量改良中均具有极大的应用潜力。由“世界杂交水稻之父”袁隆平担任主任和首席科学家的“青岛海水稻研发中心”成立，计划在 3 年内实现海水稻种植亩产突破 200 公斤的目标。

## 三、生物制造

### （一）发展概况

生物制造主要分为生物发酵、生物基化学品、生物基材料、生物能源等。2016 年，我国生物发酵产业规模持续扩大，主要生物发酵产品产量超过 2500 万吨，居世界第一位，年总产值接近 3000 亿元。生物基材料市场规模增长较为快速，正在加速由实验室研发阶段向工业化生产阶段转变，2016 年总产量将超过 800 万吨。生物能源方面，我国已经是世界上第二大生物燃料乙醇生产国和应用国，2016 年产量约为 300 万吨。虽然我国燃料乙醇产业规模处于世界第三位，但与美国、巴西这两个生物能源大国相比，我国燃料乙醇产业仅占全球的 3%。我国生物柴油产业发展处于成长期，生物柴油总产能 300 万—350 万吨，供给相对不足。

### （二）技术进展

2016 年，我国在利用生物技术特别是微生物技术开发洁净新能源方面的研究上取得了系列成果。目前正在建设全球最大的利用秸秆生产生物能源项目；第二代先进生物柴油技术把地沟油低成本地变成白凤白替代石化柴油的生物柴油；玉米秸秆戊糖制乙二醇的中试项目也进一步推进。以中国科学院以及中石化等为代表的多家科研机构和企业，正合作研发微藻培养和生物柴油转化技术。

## 四、生物服务产业

### （一）发展概况

生物服务产业是生物产业新兴领域，主要是指依靠生物技术和其他现代科技手段，为生物产业自身的发展提供专项技术服务。从2013年《生物产业发展规划》首次将“生物服务”列为生物产业发展的七个重点领域之一，到2016年战略性新兴产业规划的重点支持，以CRO、CMO为代表的生物服务产业取得了快速的发展。

1. CRO行业加速扩容，但差距依旧明显

数据显示，我国CRO市场规模已于2014年达到296亿元，2016年则达到450亿元左右，增速在20%以上，远高于全球增速。我国CRO市场快速增长的背后，不仅是庞大患者群体、临床试验成本优势以及跨国药企业务的国内投资，更是国内医药研发投入的持续增长、新药研发数量的井喷以及国家政策的推动。目前，我国CRO企业已达300多家，基本形成了三个梯队：大型跨国CRO、大型国产CRO和中小型国产CRO。从总体上看，与欧美发达国家相比，国内CRO行业在市场规模、业务范围、行业认知度等方面竞争力较弱，差距依旧明显。

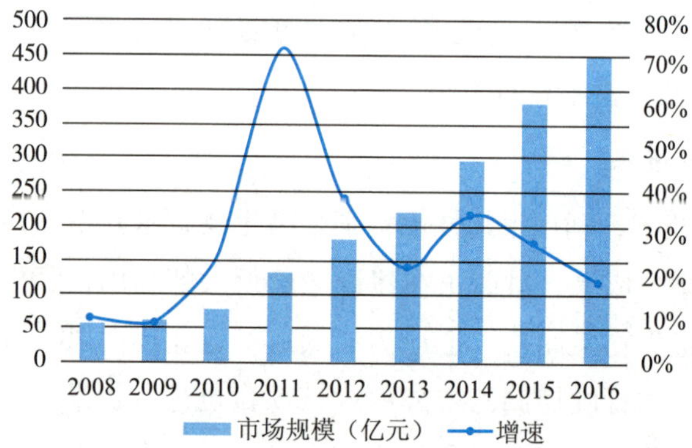


**图5-4　2008—2016年我国CRO市场规模与增速**

资料来源：Nature Review Drug Discovery，赛迪智库整理，2017年1月。

2. CMO行业快速增长，潜力得到发掘

我国CMO企业在国际市场上属于新兴势力，虽然发展时间短，但增长快

且潜力巨大，凭借人才、基础设施和成本结构等方面的竞争优势，近几年保持了10%以上的增速。根据Informa的预测，2010年，中国医药合同定制研发生产市场规模为17亿美元，2016年，将达到42亿美元左右。但我国大部分医药CMO企业的发展主要是凭借人口红利，通过牺牲环境和消耗资源代工而来，其所产生的“三废”量大，废物成分复杂，污染危害严重。未来，我国CMO企业将会面临资源成本的逐步提高，环保监管的日趋严格，企业转型压力巨大。

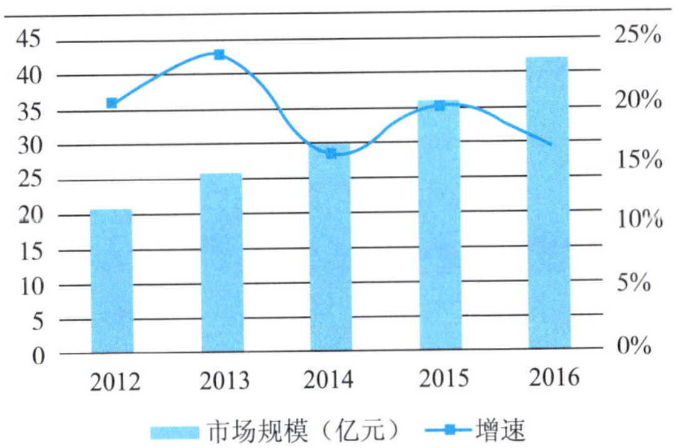


**图5－5　2012—2016年我国CMO市场规模与增速**

资料来源：Informa报告，赛迪智库整理，2017年1月。

### （二）技术进展

自2010年开始，我国创新药研发数量开始大幅增长。Insight统计显示，2010年1.1类新药申报量只有69个（按受理号计），2015年已超过200个。2016年，受到集中审评的影响，新药审评开始加速，截至2016年中期，1.1类新药临床申请批准数量达到190个。与此同时，国务院出台了《关于开展仿制药质量和疗效一致性评价的意见》，由于一致性评价流程复杂、时限短、费用高、资源少，使得一些制造企业放弃自身研发，转而向CRO企业求助，这在一定程度上扩大CRO的市场规模。以CRO企业为例，2015年临床试验CRO龙头泰格医药与迪安诊断签署战略合作协议，探索“临床CRO＋医学检验”合作共建中心实验室的中国模式，这将利于泰格医药在一致性评价工作中发挥中心实验室的优势。另一CRO龙头企业华威医药在2016年完成了公司重组，百花村19.45亿元购入华威医药100%股权，百花村主营业务也正式转型为医药大健康产业。未来，华威医药将依托仿制药临床前研究优势和技术平台，大力发展临床研究和分析检测业务。

## 第三节　中国生物产业年度热点事件

### 一、结构生物学研究成果显著

一是清华大学施一公团队通过分析三小核核糖核蛋白复合物3.8埃的结构，进一步阐明了真核细胞剪接体复合物的详细作用机制。二是清华大学、中科院微生物所的颜宁、高福团队阐述了NPC1蛋白介导胆固醇转运和埃博拉病毒入侵的分子机制、解构钙离子通道蛋白。三是中国科学院生物物理研究所的柳振峰研究组、章新政研究组与常文瑞－李梅研究组，首次解析了菠菜光系统Ⅱ－捕光复合物Ⅱ超级膜蛋白复合体（PSII－LHCII supercomplex）的高精度三维结构。四是中国科学院生物物理研究所等机构研究得出目前最为清晰的大麻素1型受体的结构图。五是华中农业大学生科院/作物遗传改良国家重点实验室殷平，解析了N6腺嘌呤甲基转移酶METTL3－METTL14蛋白复合体晶体结构。六是中国科学技术大学与南京农业大学蔡刚课题组等，首次揭示ATM激酶精细三维结构。

### 二、微生物和免疫研究取得新进展

一是中国农业大学、中国科学院微生物研究所的李向东、高福团队，发现寨卡病毒对男性生殖系统或有影响、解析了埃博拉病毒糖蛋白结合内吞体受体NPC1的分子机制。二是清华大学向烨，揭示了细菌病毒突破宿主细胞内膜新机制。三是浙江大学免疫学研究所曹雪涛团队，找到抗病毒免疫细胞“开关”。四是华南农业大学兽医学院刘雅红团队，从动物身上分离出对碳青霉烯和粘菌素同时耐药的大肠杆菌，并从中发现两个耐药基因，进而提出了杂合质粒形成模型。五是北京大学药学院天然药物及仿生药物国家重点实验室的周德敏/张礼和课题组，发明了病毒直接转化疫苗新技术。

## 三、干细胞研究取得新突破

一是中国科学院动物研究所的周琪、李卫，揭示了鼠－兔异种杂合二倍体胚胎干细胞的产生和运用。二是清华大学医学院 沈晓骅研究组，揭示了长链非编码 RNA 顺式调控基因表达的新模式。三是北京大学口腔医学院的周永胜研究小组，找到利用脂肪干细胞治疗骨缺陷疾病的新靶点。四是同济大学附属第一妇婴保健院 高绍荣研究团队，首次系统地对哺乳动物植入前胚胎组蛋白修饰进行全基因组检测。五是中国农业大学田见晖课题组，破解了试管婴儿性别失衡的奥秘。

## 四、基因工程研究走在世界前列

一是哈尔滨工业大学生命学院的黄志伟，揭示了 CRISPR－Cpf1 识别 crRNA 以及剪切 pre－crRNA 机制。二是四川大学华西医院研究团队首次将利用 CRISPR－Cas9 进行过基因编辑的细胞，注射到一名病人体内用于临床研究。三是深圳国家基因库开业。深圳国家基因库主要分为基因信息数据库、生物样本资源库和生物活体库和数字化平台、合成与基因编辑平台四部分，重点聚焦生物医药、生物农业、微生物和海洋生物等领域，对缩短基础科研到科技成果转化应用周期起着重要的作用。

## 五、单克隆抗体产业化取得新进展

2016 年 10 月，三生制药的单克隆抗体生产线即将建成，将成为我国最大规模的单克隆抗体生产线。这条 3 万升的生产线的设计、建造、调试、确认验证、试生产、大生产整个过程均严格按照美国、欧盟、中国 GMP 规范执行，将成为从细胞系、培养基、原液到制剂（多种剂型和规格）全球最完整生产线之一。

## 六、创新药物成功获批或上市

一是 2016 年 10 月 11 日，三生制药全资子公司香港三生与阿斯利康签订独家许可协议，以1亿美元（约6.7亿人民币）获得其糖尿病领域的4款产品（Byetta艾塞那肽注射液、Bydureon艾塞那肽缓释剂、Bydureon dual chamber pen注射笔、Bydureon autoinjector自动注射器），独家许可期限为20年。二是绿叶制药注射用前列腺癌新药获CFDA临床试验批准。绿叶制药自主研发产品注射用醋酸戈舍瑞林缓释微球（LY01005）已在中国和美国获准进行治疗前列腺癌的临床试验，是中国首个在美国进行注册临床研究治疗肿瘤的长效制剂。该制剂同其他具有相似生物度的药物相比，药效更平稳，患者顺应性更高。

### 七、国际交流合作再现大手笔

一是复旦大学抗肿瘤药物专利成功转让。2016年3月15日，复旦大学以6500万美元向美国HUYA公司转让已获国内专利和PCT国际专利的新型IDO抑制剂。该药物是由复旦大学生命科学学院教授杨青团队研发，可应用于治疗肿瘤、抑郁症、阿尔茨海默病、白内障等多种重大疾病，有望成为国际研发竞争产品中第三个进入临床实验研究。二是2016年12月，人福医药集团股份有限公司全资子公司Humanwell Healthcare USA分别以5.29亿和0.21亿美元收购Epic Pharma公司和Epic RE Holdco公司的全部股权，兼并Epic Pharma涉猎麻醉镇痛、神经、高血压等细分领域30多个处于不同研发阶段的产品。

## 第四节　中国生物产业重点企业分析

### 一、《财富》中国500强医药企业

2016年初，全国共有药品生产企业5065家，约为美国医药企业数量的4倍，但年销售收入过百亿的企业仅为11家，排名前100位企业的销售收入所占比重只有30%左右。现将2016年《财富》中国500强医药企业陈述如下：

表 5-1　2016 年《财富》中国 500 强医药企业榜单

| 排名 | 公司 | 2016 年营业收入（百万元） | 简介 |
| --- | --- | --- | --- |
| 23 | 国药控股 | 227069.43 | 是我国最大的药品及医疗保健产品分销商及领先的供应链服务商，拥有经营中国最大的药品分销网络。 |
| 55 | 上海医药集团 | 105516.59 | 总部位于上海，主营业务覆盖医药研发与制造、分销与零售全产业链，是中国为数不多的在医药产品和分销市场方面均居领先地位的医药上市公司。 |
| 122 | 九州通 | 49589.25 | 是一家以药品、医疗器械、生物制品、保健品等产品批发、零售连锁、药品生产与研发及有关增值服务为核心业务的大型企业集团。 |
| 223 | 南京医药 | 24813.09 | 是中国医药流通业首家中外合作上市企业，以医药供应链服务业务、健康连锁业务为主营业务。 |
| 251 | 华东医药 | 21727.38 | 主要从事抗生素、中成药、化学合成药、基因工程药品的生产销售，以及中西药、中药材、医疗器械等的批零经销业务，是一家集医药研发、制药工业、药品分销、医药物流为一体的大型综合性医药上市公司。 |
| 262 | 云南白药 | 20738.13 | 前身成立于 1971 年 6 月，1993 年经济体制改革后成立云南白药实业股份有限公司，经营涉及化学原料药、化学药制剂、中成药、中药材、生物制品、保健食品、化妆品及饮料的研制、生产及销售；医疗器械，日化用品等领域。 |
| 263 | 中国医药 | 20570.23 | 产业形态涉及研发、种植加工、生产、分销、物流、进出口贸易、学术推广、技术服务等全产业链条。医药化工贸易业务经营范围涵盖化学原料及制剂、生物及血液制品各品规、全领域。有机整合天然药物种植、仓储、加工、销售等产业链环节。 |
| 280 | 广州白云山 | 19124.66 | 是广州市政府授权经营管理国有资产的国有独资公司，主要从事中成药及植物药、化学原料药及制剂、生物医药制剂等领域的研究和开发以及制造与经营业务，集科、工、贸于一体的大型企业集团。 |
| 293 | 康美药业 | 18066.83 | 是国内率先把互联网布局中医药全产业链，以中药饮片生产为核心，全面打造“大健康＋大平台＋大数据＋大服务”体系的中医药全产业链精准服务型“互联网＋”大型上市企业。 |

续表

| 排名 | 公司 | 2016 年营业收入（百万元） | 简介 |
| --- | --- | --- | --- |
| 334 | 哈药集团 | 15856. 21 | 为中外合资企业，国有股占 45%，哈药集团主营涵盖抗生素、非处方药及保健品、传统与现代中药、生物医药、动物疫苗及医药商业六大业务板块。 |
| 344 | 浙江英特集团 | 15466. 44 | 是由中国中化集团和浙江省国资委合资的中化蓝天集团旗下的上市公司，以经营药品、中药、生物器械为主营业务，以医药专业分销、物流、电商、生产加工、终端零售与健康管理为主要经营业态。 |
| 388 | 天力士制药集团 | 13227. 51 | 业务范围包括现代中药、化学药、生物药、保健品、功能性食品等，是一家涵盖科研、种植、生产、营销等领域的高科技企业集团。 |
| 410 | 中国生物制药 | 12189. 89 | 主要通过应用先进的中药现代化技术和生物技术，研发、生产及销售多种促进人类健康的中药现代制剂及化学药品。 |
| 419 | 梅花生物科技 | 11853. 17 | 是目前国内氨基酸综合品类最多、产能最大的生产企业之一。拥有生物发酵行业中最完整的、最长的产业链和配套设施，专注于生物发酵和生物制药产业。 |
| 443 | 深圳海王生物 | 11117. 73 | 创建于 1989 年，专注医药产业发展，涵盖医药产品研发、医药制造、医药商业流通和连锁零售的完整产业链条。 |
| 454 | 北京同仁堂 | 10808. 76 | 始创于 1669 年，以现代中药为核心，发展生命健康产业，是国际知名的现代中医药集团，同时，其既是经济实体又是文化载体的双重功能日益显现。 |
| 474 | 人福医药集团 | 10053. 98 | 位于武汉，成立于 1993 年，坚持医药领域“细分市场领导者”的战略，涉及麻醉药、生育调节药、维吾尔药，生物制品、基因工程药。 |
| 488 | 山东瑞康医药 | 9749. 96 | 经营范围包括中药材 、化学原料药、化学药制剂、抗生素、生化药品、生物制品（含疫苗），Ⅱ、Ⅲ类医疗器械的批发和零售，常温保存保健食品及日用品销售等。 |

资料来源：赛迪智库根据公开资料整理，2017 年 1 月。

## 二、2016 年生物医药 A 股上市企业

目前，我国生物医药市场企业 35 家，绝大多数企业分布在环渤海、长三角和珠三角区域，江西、陕西、湖南、云南的部分城市也形成了一定的生物医药产业规模。现将重点生物医药上市企业陈列如下。

表 5－2　2016 年生物医药 A 股上市企业分省地图

| 序号 | 地区 | 公司名称 | 简介 |
|---|---|---|---|
| 1 | 北京 | 舒泰神 | 是以研发、生产和销售生物制品为主的制药企业，自主研制开发国家 I 类新药—注射用鼠神经生长因子“苏肽生”和国内唯一具有清肠和便秘两个适应症的清肠便秘类药物—聚乙二醇电解质散剂“舒泰清”。 |
| 2 | | 利德曼 | 创始于 1997 年 11 月，于 2012 年 2 月 16 日成功在深圳证券交易所创业板上市，主营业务室生物化学、体外诊断试剂及医疗器械等领域。 |
| 3 | | 九强生物 | 是一家以生化诊断试剂（“金斯尔”品牌试剂）的研发、生产和销售为主营业务的高成长型企业，还拥有同型半胱氨酸、胱抑素 C 等优势项目。其中，同型半胱氨酸试剂盒已获得科技部中小企业创新基金和北京市工业项目产业化扶持基金，并入选国家火炬计划的项目立项。 |
| 4 | | 天坛生物 | 是一家从事疫苗、血液制剂、诊断用品等生物制品的研究、生产和经营的企业，也是国家免疫规划疫苗的重要生产基地。 |
| 5 | | 双鹭药业 | 成立于 1994 年，是一家主要从事基因工程和生化药物研究开发、生产和经营的高新技术企业，也是北京市首家登陆中小企业板的上市公司。 |
| 6 | | 利德曼 | 位于北京经济技术开发区，是一家在生物化学、体外诊断试剂及医疗器械领域拥有核心竞争力的多元化企业。 |
| 7 | 上海 | 科华生物 | 主要提供诊断产品的研发、生产、销售。 |
| 8 | | 复星医药 | 复星医药专注现代生物医药健康产业，产品涉及新陈代谢及消化道、心血管、抗肿瘤及免疫调节、神经系统、抗感染等治疗领域，且主要产品均在各自细分市场占据领先地位。亦是中国最大药品分销企业国药控股的第二大股东，并拥有复美大药房、金象大药房等区域领先零售连锁品牌。 |
| 9 | | 上海莱士 | 是亚洲领先的血液制品企业，打造了涵盖血液制品人血蛋白、人免疫球蛋白和凝血因子三类别的 11 项产品，主要产品包括人血白蛋白、人免疫球蛋白、静注人免疫球蛋白、外用冻干人纤维蛋白黏合剂等。 |

续表

| 序号 | 地区 | 公司名称 | 简介 |
| --- | --- | --- | --- |
| 10 | 上海 | 交大昂立 | 诞生于二十世纪八十年代，其下辖的生物医药研究院，致力于微生物制剂和中草药制剂的研究开发，先后研发出十多个系列昂立品牌的产品，其中有畅销十多年的“昂立一号”“昂立多邦”，还有近几年推出的昂立心邦、昂立舒渴、昂立舒脑等产品。 |
| 11 | 安徽 | 安科生物 | 安科生物长期致力于细胞工程产品、基因工程产品等生物技术药品的研发和核心技术能力的构建。 |
| 12 | 广东 | 国农科技 | 旗下子公司包括山东北大高科华泰制药有限公司和江苏国农置业有限公司等。山东北大高科华泰制药有限公司主要负责生物医药业务，包括注射用克林霉素磷酸酯、注射用三磷酸腺苷二钠氯化镁等产品的研发和销售。 |
| 13 | 广东 | 达安基因 | 是以分子诊断技术为主导的，主要提供临床检验试剂和仪器的研发、生产、销售以及临床检验服务等。 |
| 14 | 广东 | 冠昊生物 | 以生物材料技术和细胞与干细胞技术两大技术体系为支撑，坚持自主创新与国际先进技术相结合，有国内外专利百余项，已上市产品有6种，在研产品数十种。 |
| 15 | 广东 | 溢多利 | 致力于生物药品、生物酶制剂、微生物制剂、功能性添加剂以及绿色生物制造工程研发、生产、销售和服务的生物技术企业。 |
| 16 | 广西 | 莱茵生物 | 主要从事罗汉果甜甙、甜菊糖甙、红景天提取物、积雪草提取物、淫羊藿提取物、越橘提取物、葡萄籽提取物等植物标准化提取物及高纯度活性单体的研发、生产及销售。产品广泛应用于食品、饮料、保健品、药品、日用化工等行业。 |
| 17 | 海南 | 双成药业 | 成立于2000年，以化学合成多肽药品为特色的年轻的高科技企业，专业从事药品研发、生产和销售。已成功开发基泰（注射用胸腺法新）、注射用生长抑素、注射用胸腺五肽3个化学合成多肽药物。 |
| 18 | 河南 | 华兰生物 | 公司主要从事血液制品研发和生产的国家级重点高新技术企业，并首家通过血液制品行业的GMP认证。拥有人血白蛋白、静注人免疫球蛋白、人免疫球蛋白、人凝血酶原复合物、外科用冻干人纤维蛋白胶等以“华兰”为品牌的血液制品。 |
| 19 | 河南 | 安图生物 | 成立于1999年，专业从事体外诊断试剂及仪器的研发、生产和销售，形成了以免疫诊断产品为主、微生物检测产品特色发展的格局，产品覆盖了传染病到非传染病应用的各类检测领域。 |

续表

| 序号 | 地区 | 公司名称 | 简介 |
|---|---|---|---|
| 20 | 湖南 | 南华生物 | 是目前国内唯一一家国资控股的干细胞产业上市公司，子公司湖南博爱康民干细胞组织工程有限责任公司集干细胞及其他细胞资源保存、细胞应用研究、干细胞和组织工程器官再造产品的研发、干细胞临床移植等于一体。 |
| 21 | 吉林 | 长春高新 | 于 1993 年 6 月成立，主营业务以生物制药、中成药生产及销售为主，辅以房地产开发、物业管理等。 |
| 22 | | 长生生物 | 公司主营生物制品并提供生物技术咨询服务。 |
| 23 | | 通化东宝 | 已成为人胰岛素生产基地之一，先后研制推出了“镇脑宁”，东宝肝泰片、脑血康片、“甘舒霖”等一大批国家级重磅药物。 |
| 24 | 江苏 | 四环生物 | 公司主要生产生物制剂药、化学药、抗肿瘤药和保健品，已全面通过了 GMP 认证。 |
| 25 | 江西 | 博雅生物 | 主营业务为血液制品及其他相关健康产品的生产、研发与销售，业务涵盖生物药、化学药、生化药、中成药等领域。 |
| 26 | 内蒙古 | 东宝生物 | 是一家专业的生物制品国家级高新技术企业，有“金鹿”牌明胶、“圆素”牌胶原蛋白及“白云”牌磷酸氢钙产品。 |
| 27 | 四川 | 迈克生物 | 公司专注于体外诊断产品的研发、生产、销售和服务。建立了临床生化、发光免疫、快速诊断、血栓与止血、分子诊断的产品技术开发平台。 |
| 28 | 陕西 | 金花股份 | 是金花投资控股集团旗下的一家以化学药品、中成药品和保健品的研发、生产为主导，涉及医药物流等领域的上市公司，产品线主要为骨科类、免疫类、小儿类和广谱抗菌类等四大系列。 |
| 29 | 天津 | 中源协和 | 承接国家级干细胞基因临床转化基地建设项目，是目前国内沪深两市中唯一一家以干细胞产业为主营业务的上市公司。 |
| 30 | 云南 | 沃森生物 | 公司主要研制安全有效、品质优异、技术先进的人用疫苗产品。 |
| 31 | 浙江 | 花园生物 | 是一家专业从事医药化工、生物化工及饲料添加剂产品的研制、开发和生产的高新技术企业。 |
| 32 | | 美康生物 | 公司主要产业为体外生化诊断试剂、仪器及独立第三方医学诊断服务。 |
| 33 | | 钱江生化 | 公司主要生产农用杀菌剂井冈霉素系列、农用杀虫剂阿维菌素系列、植物生长调节剂赤霉素系列以及兽药黄霉素、硫酸粘菌素、盐霉素等四大系列三十多个产品。 |
| 34 | | 我武生物 | 公司专业从事过敏性疾病诊断及治疗药物研制的高科技生物制药企业。脱敏药物系列产品的开发，填补了舌下脱敏药物及过敏原皮肤点刺诊断试剂在国内市场的空白。 |
| 35 | 重庆 | 智飞生物 | 是一家集疫苗研发、生产、配送为一体的生物科技企业，主营人用疫苗，现在售产品包括喜贝康、喜菲贝、盟威克、盟纳康、微卡、盟纳克等自主产品。 |

资料来源：赛迪智库根据公开资料整理，2017 年 1 月。

## 三、生物质能五大重点企业

我国生物质能源产业经过多年发展，已经在上下游形成了一大批特色鲜明、发展基础良好的企业，现将五个主要龙头企业分述如下。

表 5－3　生物质能重点企业介绍

| 企业名称 | 主要领域 | 行业地位 |
|---|---|---|
| 盛运股份 | 生物环保、生物质能设备研发与生产 | 公司主要从事输送机械产品和环保设备产品的研发、生产销售，广泛应用于建材、水泥、电力、化工、垃圾焚烧尾气处理等多个行业。 |
| 迪森股份 | 燃料（BMF、BGF、EGC－F）和热力（蒸汽、热量） | 公司主要利用生物质燃料为客户提供清洁能源服务，业务覆盖固态、液态、气态三种生物质能源产品。 |
| 中粮生化 | 燃料乙醇、柠檬酸、L－乳酸、环氧乙烷、氨基酸等 | 公司是国内最大的燃料乙醇和柠檬酸生产和研发企业，未来主要发展非粮生物能源和生物化工品。 |
| 凯迪电力 | 生物质能发电 | 主要从事环保产业、新能源及电力工程等领域的新技术、新产品的开发和应用，同时提供相应的咨询服务。 |

资料来源：赛迪智库根据公开资料整理，2017 年 1 月。

## 四、CRO 五大重点企业

2000 年药明康德的建立标志着我国生物 CRO 服务行业的开端，经过十几年的发展，国内以 CRO 行业为代表的生物服务蓬勃发展，涌现了近千家企业。特别是以博济医药、泰格医药为代表的本土大中型 CRO 公司，借鉴国外 CRO 巨头发展模式和经验，在内生扩张和外延并购的战略下，取得了较快的发展。现将其中五大重点企业陈述如下：

表 5 - 4　生物服务重点企业介绍

| 企业名称 | 行业地位 |
| --- | --- |
| 博济医药 | 公司创建于 2002 年，是一家从事新药研发外包服务的新型高新技术企业。可以为医药企业和其他新药研发机构提供新药评价及临床研究服务、新药临床前研究服务，医疗器械注册及临床研究服务，技术成果转化服务以及与新药研发有关的其他咨询服务等。 |
| 依格斯 | 是目前国内规模较大的 CRO 服务公司，主要提供法规注册，临床研究，数据统计以及咨询，培训等方面的服务，业务范围包括药品、保健品、生物制品、原料药、诊断试剂、化妆品等。 |
| 凯维斯 | 作为 CRO 企业，主要提供针对临床研究的方案设计、组织实施、数据管理与分析等一系列专业化服务。 |
| 百花村（华威医药） | 2016 年百花村以 19.45 亿元重组华威医药，百花村由煤化工向以仿制药开发业务转型，系目前中国资本市场以药物研发为主营业务的第一家上市公司。华威医药已成为国内同行业中处于领先地位的药物研发外包服务商，可为合作伙伴提供药物发现、研究、注册、临床、CMO/API 供应等新药开发全流程的服务及一体化的解决方案。 |
| 药明康德 | 公司成立于 2000 年，总部位于中国上海，拥有 10，000 多名员工，在中美两国均有运营实体。作为一家全球领先的制药、生物技术以及医疗器械研发能力和技术平台公司，药明康德主要为全球客户提供创新医药研发服务。 |

资料来源：赛迪智库根据公开资料整理，2017 年 1 月。

# 第六章　高端装备制造产业

高端装备制造业的重点领域包括航空装备、卫星及应用、轨道交通装备、海洋工程装备和智能制造装备。当前，国内外对高端装备制造产业日益重视，无论是发达国家还是新兴经济体，均在高端装备产业加以布局，以提升国际竞争力。综合来看，全球高端装备制造业的发展趋势有以下几个方面：高端装备制造业向智能化方向发展；个性化、定制化成为高端装备制造业需求趋势；高端装备领域新兴技术发展增速分化明显等。我国对高端装备产业非常重视，近年来发布了一系列推动政策，从提升质量、实现标准化等层面入手，不断推进高端装备制造业健康快速发展。目前，我国高端装备制造业部分领域现已初步具备国际竞争能力，自主研发的一批产品相继问世，如2016年我国自行研制的ARJ21－700支线客机正式投入运营、自主研发的首架大型客机问世、首颗商业遥感卫星成功发射、世界首颗量子科学实验卫星进入太空轨道、自主研制的无人潜水器成功完成万米级下潜应用等。但是，我国高端装备制造产业也存在一些问题，如自主创新能力不强，产业链条过短，高附加值产品缺乏，龙头企业骨干少等。

## 第一节　国内外高端装备制造产业发展动态

### 一、国内外产业整体概况

#### （一）全球高端装备制造产业竞争日益激烈

当前，发达国家对高端装备的发展非常重视，纷纷在战略层次上加以布局，高端装备制造产业俨然成为全球制造业的主战场。

美国注重利用先进的信息技术优势，激活带动传统工业，从而保持制造业的长期竞争力。政府提出《加速美国先进制造业》（AMP2.0）计划，并将其作为制造业国家级战略，力求突破先进传感、控制和平台系统（ASCPM），可视化、信息化和数字化制造（VIDM）等先进技术，实现高端装备与互联网高度融合。

德国注重发挥其制造业的领先优势，大力推行“工业4.0”战略。立足“智能工厂”与“智能生产”两大主题，偏重于生产与制造过程，通过CPS（物理信息系统）实现人、设备与产品的实时连通和有机整合，进而实现生产过程的智能化，提升生产效率。

日本基于完善的信息化基础设施、先进的信息技术和精益制造领域的优势，着眼于智能机器人，开发新产品拓展新空间。政府发布《机器人新战略》，提出“世界机器人创新基地”“世界第一的机器人应用国家”“迈向世界领先的机器人新时代”等三大核心目标，并在《科学技术白皮书》（2016版）中提出，以制造业为核心，灵活利用信息通信技术，基于互联网或物联网，打造世界领先的“超智能社会（5.0社会）”，不断创造新价值和新服务。

中国、印度、韩国等新兴力量纷纷着手制定高端装备制造业发展规划。中国制定《中国制造2025》，印度推出《国家制造业政策（计划）》和“印度制造”战略（Make in India Campaign），韩国发布《机器人未来战略展望2022》等规划，加快布局高端装备制造业，抢夺国际市场份额。

### （二）高端装备制造业向智能化方向发展

在第四次产业革命的时代背景下，随着信息技术向制造业的渗透，生产制造逐步由传统的劳动密集型向先进的自动化制造转型，新型工业生产体系正在加速构建，制造业智能化水平显著提高，“人机一体、智能制造”将成为未来装备制造业的主要发展趋势，对信息化、智能化的装备需求更加强烈。

高端装备制造业的生产模式、组织方式都在发生智能化变革。在互联网技术的推动下，从原材料的供应、零部件的生产，到总装装配，最后到产品的交互应用，每个环节都在采用网络连接、综合判断、全生命周期管理等智能化手段。过去工厂主要靠人工操作装备进行生产，现在通过装备互联，可以实现自动组织生产，工业生产也开始走向少人化甚至无人化时代。

智能化的高端装备制造业具有明显的交叉学科特点。智能化装备的发展与计算机、材料、生物、信息等学科密不可分。任何一个单一技术的突破，都可能为智能化装备带来革命性的转变。目前美欧等发达国家和地区在人工智能、移动互联、云计算、大数据等新兴技术领域下大力气发展，力求取得突破，从而引领智能化制造模式的革命。

### （三）个性化、定制化成为高端装备制造业需求趋势

通过互联网的联系，高端装备制造企业将进入新的产品制造时代。可以实现在产品的设计、制造环节实现个性定制，去掉中间环节，最大程度满足顾客需求。

互联网推进产品设计新方法，传统的装备制造业通常为了降低成本，选择设计一种固定的产品，并进行大批量、规模化生产。现在则可以通过网络，把一个非常复杂的装备产品的制造过程变成定制化的零部件的生产过程。通过互联网，企业就可以根据用户的订单组织完全个性化的生产，不用生产商，成本大大降低。

互联网推进产品制造新模式，通过工业云、制造云等云化组织模式，就可以支配全世界的优质制造资源，如同信息资源一样按需使用。比如，波音通过网络协同制造生产 787 飞机，不用增加厂房，也不用增加装备，即可在全世界组织所有的制造资源进行协同的设计制造。

互联网推进产品运营新业态，通过网络可以将所有的产品连接起来，在产品使用、运营、维护的全生命周期，可以对产品进行远程控制、诊断、运营、服务，使得高端装备由单纯生产型的制造走向“生产＋服务”型的制造形式。

### （四）高端装备领域新兴技术发展增速分化明显

高端装备制造业是现阶段制造业最高水平的代表，包含相当数量的新兴技术，但是这些新兴技术的发展速度各有不同。

智能机器人被市场看好，3D 打印进入应用阶段，4D 打印和无人机前景广阔。2015 年，世界知名信息技术研究和分析机构 Gartner 发布的《2015 年度新兴技术成熟度曲线报告》中，智能机器人被列为“技术萌芽期”，说明仍然处于研究早期，尚未出现显著的进展；企业 3D 打印技术被列为“稳步爬升

的光明期”，说明 3D 打印技术已取得一定进展，将进一步走入人们的生活[①]。《2016 年度新兴技术成熟度曲线报告》中，这些新兴技术的成熟度出现了变化。由于几个关键厂商的收购，智能机器人在新兴技术曲线上被定位为正在攀登膨胀预期的巅峰。消费者 3D 打印技术和企业 3D 打印技术未出现在报告中，说明 3D 打印技术已经慢慢融入我们的生活。此外，4D 打印和商业无人机首次受到关注，被列为技术“触发期”[②]。美国蒂尔集团 2016 年发布的《全球无人机市场预测报告》也认为，未来 10 年，无人机将成为世界航空航天工业领域最具增长活力的市场[③]。

### （五）我国高端装备制造业部分领域初步具备国际竞争能力

随着“一带一路”倡议的推进，我国高端装备出口数量不断上升，已初步具备国际竞争能力。越来越多的国家采用来自我国的产品和技术。

我国高铁正在大幅度占领国际市场。根据中车集团的统计，目前全世界 83% 拥有铁路的国家都在用中车产品。我国发展高铁出口的三大战略方向分别为欧亚、中亚、泛亚铁路，计划 2025 年高铁可以连接 17 个国家。我国的高铁、动车车组等设备和高端技术不仅出口巴西、土耳其等发展中国家，也积极布局美欧等发达国家和工业化国家。

国产北斗导航系统逐渐成熟，围绕“一带一路”进行国际推广和服务应用。目前已与东南亚、西亚部分国家以及东盟、阿盟等组织合作。例如，北斗导航首个海外组网项目——巴基斯坦国家位置服务网一期工程已于 2014 年完成构建工作，目前二期工程的建设正在推进。

国产大飞机的研发取得阶段性成果，即将投入商业运营。我国自主研制的 C919 大型客机于 2015 年正式下线，集成推进系统同时被欧洲航空安全局

---

① Gartner，Gartner's 2015 Hype Cycle for Emerging Technologies Identifies Three Key Trends That Organizations Must Track to Gain Competitive Advantage，2015 年 8 月 18 日，http：//www. gartner. com/newsroom/id/3114217。

② Gartner，Gartner's 2016 Hype Cycle for Emerging Technologies Identifies Three Key Trends That Organizations Must Track to Gain Competitive Advantage，2016 年 8 月 16 日，http：//www. gartner. com/newsroom/id/3412017。

③ Teal group，World military unmanned aerial systems，2016 年 12 月 2 日，http：//tealgroup. com/index. php/teal - group - products/browse - purchase - online#！/Newsletters - Studies - & - Spreadsheets/c/2338224/offset = 0&sort = normal。

（EASA）和美国联邦航空局（FAA）授予了型号合格证，为C919大型客机投入商业运营铺平了道路。C919大型客机目前已接到517架次订单，最快将于2017年完成各项技术验证，并正式开始交付。

## 二、我国产业存在的问题

### （一）自主创新能力不强，高端技术对外依存度偏高

中国高端装备制造业发展的核心问题是自主研发能力较弱。目前我国装备制造业关键技术的对外依存度仍高达50%以上，而发达国家均为30%以下，美国和日本仅有5%左右①。首先，一些关键核心技术、基础零部件不能实现完全国产化。以工业机器人行业为例，目前我国虽然在工业机器人领域（点焊机器人、弧焊机器人、上下料机器人、搬运机器人、码垛机器人、AGV等产品）占有一定市场份额，且在人机协作、机器学习等关键技术有所突破，但整体来讲，我国机器人发展仍处于落后地位，特别是在核心技术方面，比如高性能交流伺服电机和精密减速机等关键部件的自主创新能力缺失，导致工业机器人关键零部件严重依赖进口，影响了国产机器人的市场竞争力。其次，欧美等发达国家正在加大对我国的技术封锁，随着我国的高端装备制造业水平的日益提高，从国外引进技术特别是核心技术的难度日益增大，逼迫我国企业加大自主研发力度，提升国际竞争力。

### （二）集群优势尚未建立，产业链条过短

我国装备制造业在很多地区布局，但是低端环节恶性竞争，高端环节有所缺失现象严重，集群优势尚未建立。比如，近年来高端电力装备、工程机械、数控机床、工业机器人等诸多装备取得较快发展，但许多核心零部件和关键配套产品无法满足主机的要求，需要依赖进口，导致成本升高，市场竞争力受到影响。究其原因，主要分为以下几个方面。一是核心企业组织模式单一，制约了集群竞争力提升。装备制造企业通常为国有或国有控股大型企业，其生产模式通常以内部协作为主，外部协作为辅，处于相对封闭的生产经营状态中，难以向其他企业扩散。二是集群配套中小企业发展缓慢，难以

---

① 向一波、郑春芳：《提高我国装备制造业国际竞争力的对策》，《经济纵横》2013年第4期。

完成本地配套。由于没有形成完整的产业链，目前生产配套产品的中小企业数量有限，生产能力较弱，难以为核心大企业提供有效的协作配套生产，不能保证核心企业发展配套所需。三是创新水平不高，技术进步缓慢。由于装备制造业对技术水平的要求比其他产业更高，研发周期长，回报率低，导致大量企业将资金集中在技术引进上，而不重视技术的消化吸收，导致技术进步缓慢，对装备制造业的产业联系也产生负面影响。

### （三）高附加值产品缺乏，产品处于产业链中低端

我国长期依赖以劳动密集型加工业为主的传统粗放式经济增长模式发展，使得产品结构不合理的矛盾十分突出，低附加值产品相对过剩，高技术含量的产品极为短缺。

高端产品性能欠佳，价格不占优势。虽然在产业结构调整下，工业机器人、数控机床等装备增势较好，但是采用先进技术生产的具有高附加值的产品不具备价格竞争力，产品稳定性也不高，并不被市场认可。此外，由于发达国家牢牢把持全球价值链中的高附加值环节，我国面临被“低端锁定”的困境，导致高端装备制造业进口的大部分是高附加值产品，出口的却多是低附加值产品。

中低端产品面临产能过剩危机。虽然高端装备制造业在我国属于新兴产业，但是随着地方加紧布局，一些装备产业园未经过认真规划便仓促落地，重复建设的现象也比比皆是。一些采用成熟技术进行简单组装的低附加值产品，如一些从事简单工序的工业机器人等过度生产，这些相似产品易陷入低价无序的恶性竞争，甚至有产能过剩的危险。

### （四）龙头企业骨干少，国际知名品牌不足

近年来，随着产业组织结构的优化，企业兼并重组工作不断推进，产业集中度越来越高，涌现出一批具有较强国内、国际竞争力的龙头企业。但是相比发达国家，我国装备制造企业的国际知名品牌仍然较少。

2016 年，《财富》杂志评选的世界 500 强榜单中，虽然我国有 110 家企业入选，仅次于美国，排名第二。但是与美国、日本等发达国家比较，我国 500 强企业集中在基础性行业，如能源、基建、金融等，装备制造企业只有中国铁路工程总公司、中国航空工业集团公司、中国中车股份有限公司、中国船

舶重工集团公司、中国机械工业集团有限公司、中国船舶工业集团公司等 12 家入选，且大多为垄断型央企，民营企业寥寥无几①。

2016 年，Brand Finance 公司评选的全球最具价值品牌 500 强中，中国大陆地区有 36 个品牌入选，集中在能源、通讯等领域，装备制造领域上榜企业仅有中国中铁、中国铁建两家公司，但是排名偏靠后，分别列在第 296 和 338 位。我国仍需加强力量培育装备制造业民营企业，提升装备行业质量品牌知名度，助力中国装备“走出去”。

## 三、我国产业政策动态

我国对高端装备产业非常重视。近几年，政府从提升质量、实现标准化等层面入手，不断推进高端装备制造业健康快速发展。2015 年 10 月，发改委会同财政部、国防科工局联合发布了《国家民用空间基础设施中长期发展规划（2015—2025 年）》，全面推进国家民用空间基础设施健康快速发展，促进空间资源规模化、业务化、产业化应用②。2016 年 8 月，工信部、质检总局、国防科工局接连发布《促进装备制造业质量品牌提升专项行动指南》和《装备制造业标准化和质量提升规划》，从质量基础能力、质量安全风险、产品品种结构、产品实物质量和自主品牌培育等方面加快推进我国高端装备制造业质量品牌建设工作③。2016 年 12 月，工信部会同发改委、国家认监委联合发布了《关于促进机器人产业健康发展的通知》，针对近年来各地方发展机器人产业出现的产业低水平重复建设，高端产业低端化，重招商引资、轻自主创新，重主机组装生产、轻关键零部件制造，重眼前利益、轻长远发展等问题，引导我国机器人产业协调健康发展④。2015—2016 年在高端装备制造领域发布的政策措施如下表所示：

---

① Fortune，Fortune 500，2016 年 7 月 20 日，http：//beta. fortune. com/fortune500。

② 发展改革委员会，http：//www. sdpc. gov. cn/zcfb/zcfbghwb/201510/t20151029_ 756376. html。

③ 工业和信息化部，http：//www. miit. gov. cn/n1146285/n1146352/n3054355/n3057497/n3057498/c5222140/content. html，http：//www. miit. gov. cn/n1146290/n4388791/c5180173/content. html。

④ 工业和信息化部，http：//www. miit. gov. cn/newweb/n1146295/n1652858/n1652930/n3757018/c5447708/content. html。

表 6－1　我国在高端装备制造领域发布的部分政策措施情况（2015—2016）

| 序号 | 名称 | 领域 | 发布部门 | 发布时间 |
|---|---|---|---|---|
| 1 | 《国务院关于推进国际产能和装备制造合作的指导意见》 | 装备制造 | 国务院 | 2015. 06 |
| 2 | 《国家民用空间基础设施中长期发展规划（2015—2025 年）》 | 卫星 | 国家发改委、财政部、国防科工局 | 2015. 10 |
| 3 | 《机器人产业发展规划（2016—2020 年）》 | 机器人 | 工业和信息化部、国家发改委、财政部 | 2016. 03 |
| 4 | 《高端装备创新工程实施指南（2016—2020 年）》 | 高端装备 | 工业和信息化部、国家发改委、科技部、财政部 | 2016. 04 |
| 5 | 《中国北斗卫星导航系统》白皮书 | 卫星 | 国务院新闻办公室 | 2016. 06 |
| 6 | 《促进装备制造业质量品牌提升专项行动指南》 | 装备制造 | 工业和信息化部、质检总局、国防科工局 | 2016. 08 |
| 7 | 《装备制造业标准化和质量提升规划》 | 装备制造 | 质检总局、国家标准委、工业和信息化部 | 2016. 08 |
| 8 | 《国防科工局发展改革委关于加快推进“一带一路”空间信息走廊建设与应用的指导意见》 | 卫星 | 国防科工局，国家发改委 | 2016. 10 |
| 9 | 《智能制造发展规划（2016—2020 年）》 | 智能装备 | 工业和信息化部、财政部 | 2016. 12 |
| 10 | 《关于促进机器人产业健康发展的通知》 | 机器人 | 工信部、国家发改委、国家认监委 | 2016. 12 |
| 11 | 《工业机器人行业规范条件》 | 机器人 | 工信部 | 2016. 12 |
| 12 | 《关于推进机器人检测认证体系建设的意见》 | 机器人 | 质检总局、国家发改委、工业和信息化部、国家认监委、国家标准委 | 2017. 01 |

资料来源：赛迪智库整理，2017 年 1 月。

## 第二节 中国高端装备制造产业重点领域分析

### 一、航空装备

#### （一）发展概况

航空装备技术体系完备，发展空间广阔。经过几十年的发展，我国已建立起较为完整的航空产业体系，正在进入航空制造业发展的快车道。在军用飞机、民用飞机、小型无人机和通航飞机等领域均取得较大进展，如ARJ－700、C919等。改革开放以来，我国雄厚的经济基础足以支撑航空装备制造业的发展，随着我国国民经济快速发展，综合实力不断提高，城市化进程不断推进，我国航空运输和通用航空服务将迎来不断增长的市场需求。从发展环境来看，近年来政府高度重视航空装备制造业。制造强国战略为航空装备制造业提供了有力保障，《中国制造2025》的发布实施为航空装备制造业的发展提供了良好的科技和工业支持。在这种机遇下，航空装备制造业的发展空间广阔，将在国际市场争取一席之地。

通航市场具有广阔的发展前景。尽管全球通用飞机交付量在近些年差强人意，但是中国的通航市场却不容小觑。截至2015年底，通航保有量达到2235架，较2014年增长了12.5%。成为全球通用航空最重要的新兴市场。2016年5月，国务院印发的《关于促进通用航空业发展的指导意见》提出，到2020年，全国将建成500个以上通用机场，通用航空器达到5000架以上，通用航空业经济规模超过1万亿元。此外，我国将致力于提升航空配套技术和产品的自主创新水平。工信部正在组建航空设备与系统创新中心，计划在2017年正式成立并投入运营。

#### （二）技术进展

为满足我国民用航空运输发展的需求，我国加速推进支线飞机和通用航空产业化工程的发展。目前支线飞机和通用航空产品技术能力已获得大幅度提升。我国对航空发动机等关键技术研究也非常重视，目前在军用飞机发动机领域取得较大进展。

1. 支线飞机

2008 年 11 月 28 日，中国商飞自主研发的 ARJ21－700 型支线飞机首飞成功，这是中国首架拥有自主知识产权的民用飞机。ARJ21－700 支线飞机主要用于满足中短途行程要求，能够适应高温、高海拔等复杂营运要求。其舒适性可与干线客机媲美，与其他竞争机型相比，具有较低直接使用成本和全寿命成本。

2. 航空发动机

我国航空发动机目前已获得较大进展。在小涵道比大推力军用涡扇发动机的研发方面，已经成熟的涡扇 10 太行发动机交付了 400 台以上，改进型涡扇－10B 型发动机已于 2015 年首飞；D30/涡扇 18 和涡扇 20 三种发动机将在运－20 上使用。CJ－1000AX 商用发动机于 2015 年完成交付，2016 年已进入初审；空天发动机取得重大技术突破，将于 2016 年挂飞。

目前我国正在加紧建设三代中等推力航空发动机生产线相关项目，计划 2017 年底前完成此项目建设。该项目主要发展中国国产的涡扇－13 系列发动机，包括非加力型 WS13A，减重增推加力型号 WS13E 等。此外，我国正在研制被称为 WS－17 的全新中等推力发动机，推力可达到 9.5 至 10 吨级，接近美国先进战斗机用发动机水平。

## 二、卫星及应用

### （一）发展概况

商业遥感卫星取得重要进展。近年来，随着高分一号、高分二号和高分四号等遥感卫星的成功发射，我国对地观测水平大幅提升，推动了国内商业遥感市场领域的快速发展。2016 年是中国商业遥感卫星的“元年”，国产商业遥感卫星开始进军亚米级领域，即将改变全球亚米级卫星数据的市场格局，并催生全球范围涌现更多新颖的遥感应用模式。

通信卫星产业稳步推进。我国通信卫星产业的发展经历了启动、运营、快速发展、资源整合四个阶段。2013 年，我国卫星应用产值约为 1160 亿元，在世界卫星运营商排名第六位，跻身全球卫星公司十强行列。2014 年，超大型卫星平台东方红五号研制成功，代表着东方红系列卫星公用平台和型谱化产品体系的完善。目前我国已成功研制并发射了20余颗通信卫星，现有13颗在轨通信卫星，进军世界一流卫星供应商行列指日可待。

**表6-2　我国当前在轨国产通信卫星统计**

| 型号名称 | 发射日期 | 平台 | 用户 |
|---|---|---|---|
| 中星22-A | 2006.9 | DFH-3 | 中国卫通 |
| 天链-1（01） | 2008.4 | DFH-3 | |
| 鑫诺-6 | 2010.9 | DFH-4 | 中国卫通 |
| 中星20-A | 2010.11 | DFH-3 | 中国卫通 |
| 鑫诺-5 | 2011.6 | DFH-4 | 中国卫通 |
| 天链-1号02星 | 2011.7 | DFH-3 | |
| 中星1A | 2011.9 | DFH-4 | 中国卫通 |
| 中星2A | 2012.5 | DFH-4 | 中国卫通 |
| 天链-1号03星 | 2012.7 | DFH-3 | |
| 中星11 | 2013.5 | DFH-4 | 中国卫通 |
| 亚太九号 | 2015.10 | DFH-4 | 亚太卫星（中国卫通子公司） |
| 中星2C | 2015.11 | DFH-4 | 中国卫通 |
| 天通一号 | 2016.8 | DFH-4 | 中国卫通 |

资料来源：中国产业信息网整理，2016年8月。

卫星导航具有较为完善的产业链。近年来，我国卫星导航产业已初步形成完整的产业链，改变了大量依赖进口的局面。其中上游包括芯片、模块、元组件等基础产品，中游包括整机终端、系统集成，下游包括服务产业。我国从事卫星导航与位置服务领域的企事业单位已超过13000家，拥有40万相关专业人员。行业内上市公司总数已达到21家，上市公司涉及卫星导航与位置服务的相关产值约占全国总产值的6%①。2015年，我国卫星导航与位置服务产业总体产值超过1900亿元。

通信卫星产业市场增量空间巨大。随着通信技术的发展，通信卫星的应用范围扩展，需求不断增加。我国正在加速通信卫星产业布局。随着天通一号01星成功发射，我国将大力发展长期稳定运行自主卫星移动通信系统，并继续发展大容量通信卫星，着力打通卫星移动通信系统终端设备市场。根据测算，未来5年，卫星移动通信终端每年市场空间将达50亿元量级，成为我

① 数据来源：《2014年中国卫星导航与位置服务产业发展白皮书》。

国卫星移动通信系统最大的增量市场。

卫星导航和位置服务呈现跨越式成长。得益于移动互联网的迅速发展和北斗系统的日益成熟，位置服务逐渐融入日常生活。2016 年，国务院新闻办发布了《中国北斗卫星导航系统》白皮书，指出发展目标是建设世界一流的卫星导航系统，满足国家安全与经济社会发展需求，为全球用户提供连续、稳定、可靠的服务。在国家相关扶持政策带动及市场逐步拓宽发展下，北斗系统的市场国际化和服务全球化将进一步发展。到 2020 年，我国卫星产业总产值达 4000 亿、对国内卫星导航市场的贡献率达到 60% 的目标①有望顺利实现。

#### （二）技术进展

我国北斗导航系统的进展显著。北斗卫星导航系统是继美国、俄罗斯之后的第三个成熟的卫星导航系统，包含 35 颗卫星，其中有 27 颗地球中轨道卫星、3 颗倾斜同步轨道卫星和 5 颗地球同步轨道卫星。北斗卫星导航系统具有包括定位、通信、授时，以及其他特定功能。其中短报文功能是我国北斗系统所独有功能，具有双向数字报文通信能力、进行多点对多点及一点对多点信息传输、实时传输等三大优点，方便位置报告及导航信息的交换，可解决复杂环境下的通信问题，为处理突发事件赢得宝贵时间，因此在军事、救援、搜索等领域具有巨大的应用价值。

### 三、轨道交通装备

#### （一）发展概况

国内轨道交通产业飞速发展。经历 60 多年的努力，我国轨道交通装备制造业已形成完善轨道交通装备制造体系，处于发展的黄金时期，呈现逐年高速增长的态势。2010 年，我国首次在轨道交通装备领域排名世界第一。根据德国 SCI Verkehr 公司发布的世界轨道交通装备企业排名状况，中国北车在 2011、2012、2013 年连续三年位居世界轨道交通装备行业的世界冠军。在北车与南车合并为中车集团后，2015 年，中国中车继续位居全球轨道交通装备

① 中国卫星导航系统管理办公室估计。

行业世界首位。目前，中国是全球最大的轨道交通装备市场，也是世界上高铁营业里程最长的国家。

轨道交通装备加紧海外布局。我国轨道交通装备不但要满足本国需求，更要加紧海外布局，占领国际市场。2015 年 5 月，中国、巴西、秘鲁三国成立联合工作组，共同修建“两洋铁路”，加速南美洲工业化进程，项目预算将高达 600 亿美元[①]；中国中车参与建设的土耳其安卡拉至伊斯坦布尔高速铁路二期顺利通车，这是我国在海外参与修建的第一条时速 250 公里高铁[②]。

我国轨道交通将迎来新一轮发展契机。首先，轨道交通装备是我国高端装备“走出去”的重要代表。当前，我国政府大力推行的“一带一路”倡议将辐射亚欧非大陆的多个国家，其中中南亚、南亚、中亚和西亚，乃至东欧、北非的一些人口密度较高的国家都迫切需要绿色环保的大运量交通建设。我国的轨道交通装备可以满足这些国家庞大的交通需求。其次，随着城市的不断发展，我国铁路装备需求将维持在高位。《中国交通运输发展白皮书》称，到 2020 年，高速铁路营业里程达到 3 万公里，覆盖 80% 以上的大城市；新改建高速公路通车里程约 3 万公里[③]。

国家战略部署推动轨道交通装备的发展。《战略性新兴产业十三五规划》指出，未来将推进轨道交通装备产业智能化、绿色化、轻量化、系列化、标准化、平台化发展，加快新技术、新工艺、新材料的应用，研制先进可靠的系列产品，完善相关技术标准体系，构建现代轨道交通装备产业创新体系，打造覆盖干线铁路、城际铁路、市域（郊）铁路、城市轨道交通的全产业链布局[④]。《中国制造 2025 重点领域技术路线图》对轨道交通装备提出了目标要求，到 2020 年轨道交通装备研发能力和主导产品达到全球先进水平，行业销售产值超过 6500 亿元。预计“十三五”期间全国新建铁路不低于 2.3 万公

① 环球网，《中国同巴西、秘鲁决定共同开展“两洋铁路”可行性研究》，2015 年 5 月，http：//world. huanqiu. com/hot/2015－05/6510072. html。

② 商务部，《土耳其安卡拉至伊斯坦布尔高速铁路二期工程顺利实现通车》，2014 年 8 月，http：//cafiec. mofcom. gov. cn/article/hyzc/tongjixuehui/201408/20140800682726. shtml。

③ 国务院新闻办公室，2016 年 12 月 29 日，http：//www. scio. gov. cn/zxbd/wz/Document/1537339/1537339. htm。

④ 国务院，2016 年 11 月 29 日，http：//www. gov. cn/zhengce/content/2016－12/19/content_5150090. htm。

里，总投资不低于2.8万亿元。

### （二）技术进展

我国轨道交通装备整体水平提高。秉承“先进、成熟、经济、适用、可靠”的技术方针，经过技术引进、消化吸收，直至再创新的发展过程，我国轨道交通装备制造业实现核心技术与关键设备国产化，整体研发能力和产品水平大幅提升，进而形成具有自主知识产权的轨道交通技术体系。

关键技术取得重大突破。现已初步掌握了高速动车组、大功率交流传动机车、重载和快捷货运列车、城轨车辆、大型养路机械等产品制造技术。大功率交流传动机车、高速动车组、城轨A型车等产品已批量投放市场并稳定运行①。2014年，我国成功研制世界首创的储能式100%低地板有轨电车，国内首条（国际第二条）8英寸IGBT芯片生产线成功投产。2014年11月，牵引电传动系统和网络控制系统实现完全自主创新，从此“高铁之心”和“高铁之脑”实现国产化。2016年，高铁时速200—350 km接触网及受电弓成套装备实现自主创新。目前，我国已成为世界上少数几个全面掌握高铁完整技术的国家之一。未来，中国中车将启动时速600公里高速磁浮与时速200公里中速磁浮列车项目，以及时速400公里跨国联运高速列车项目，将全面开启“中国磁浮”产业化运营模式。

## 四、海洋工程装备

### （一）发展概况

海工装备制造业进入快速发展阶段。我国海工装备业自20世纪60年代中期开始发展，重点在海洋石油资源开发利用。2000年以来，随着经济的快速发展，以及对能源需求的急剧增加，我国的海工装备制造业实力大幅提升。在海洋油气开发装备领域，珠三角、长三角、环渤海地区培育出一批具有国际竞争力的企业，形成良好的产业集聚态势。在浅水油气装备方面已基本实现自主设计建造，深海装备技术也取得一定突破，三一重工等部分海洋工程船舶品牌效应明显。

---

① 工业和信息化部：《轨道交通装备产业“十二五”发展规划》，2012年5月。

我国海工装备总装市场份额提升，依然难敌市场低迷。目前，中国与韩国、新加坡共同成为世界三大主要海工装备总装建造国。根据中船重工经济研究中心统计，2014 年，中国、韩国和新加坡承接海工装备订单金额分别为 147.6 亿美元、61.3 亿美元和 68.5 亿美元，分别占全球市场份额的 35.2%、14.6%和 16.3%，中国超过韩国和新加坡，市场份额全球第一①。2016 年上半年，中国未摆脱市场低迷影响，接单额为 3.2 亿美元，同比减少 83%。具体来看，虽然接获 14 艘海工船和 1 座自升式试采平台，但多为小型船，价值量较低。

国家战略推动海工装备转型升级。2016 年，国际船市新一轮大调整不断深入，散货船等常规船型需求乏力，海工装备和高技术船舶需求攀升。《战略性新兴产业"十三五"规划》提出，推动海洋工程装备向深远海、极地海域发展和多元化发展，实现主力装备结构升级，突破重点新型装备，提升设计能力和配套系统水平，形成覆盖科研开发、总装建造、设备供应、技术服务的完整产业体系。并提出重点发展主力海洋工程装备，加快发展新型海洋工程装备，加强关键配套系统和设备研发及产业化的具体目标。"十三五"时期，我国海洋工程装备制造业需要将转型升级与现实需求结合，提高发展效率。争取到 2020 年，形成一批核心竞争力强的世界级先进海洋工程装备制造企业；初步建成规模实力雄厚、创新能力强、质量效益好、结构优化的海洋工程装备工业体系，力争步入世界海洋工程装备制造先进国家行列②。未来我国海洋工程装备产业将重点关注如何摆脱价值链低端、设计和工程承包能力弱等突出问题，继续巩固在全球海洋工程装备市场的地位。

### （二）技术进展

海工装备向柔性和模块化方向发展。由于全球油价市场萎缩，深水海洋油气开发进程放缓，海工装备开始向经济实用方向转变，应用广泛的多功能柔性平台和模块化海工装备受到关注。我国充分发挥在海洋工程船、自升式

---

① 中国船舶报：《全球海工装备市场 2014 年回顾与 2015 年展望》，2015 年 2 月 19 日，http://www.cssc.net.cn/component_news/news_detail.php?id=18904。

② 辛国斌：《工信部："十三五"我国将形成世界级海工装备制造企业》，2017 年 1 月 5 日，http://finance.ifeng.com/a/20170105/15124119_0.shtml。

钻井平台、FPSO 改装和各类辅助平台方面的优势，在海工装备市场占据一席之地。

我国海工装备在核心零部件、钻井平台等领域取得新进展。在核心零部件研发方面，2016 年，大连重工成功研制全球回转直径和全冲程最大的 MAN 系列 7G80ME－C 曲轴，并正式形成批量化生产。让“船等机、机等轴”的瓶颈成为历史，对于我国加速实现世界第一造船大国的目标有着重要意义。在海洋装备技术方面，一些重点产品如半潜式钻井平台、钻井船、深海锚泊系统、起重船等关键系统和设备逐步发展成为我国主导产品。2014 年，中海油组织国内多家单位、历时近 6 年完成超深水半潜式钻井平台的设计研发工作，这是我国首座自主设计建造的超深水半潜式钻井平台，我国由此成为继美国、挪威之后世界上第三个具备超深水半潜式钻井平台设计、建造、调试、使用一体化综合能力的国家。2016 年，上海振华重工建造的 12000 吨全回转自航起重船吊起重达 13200 吨的驳船，创造了全球单臂架起重船起重量最新纪录，在海洋工程作业领域取得显著的经济和社会效益。

## 五、智能制造装备

### （一）发展概况

智能制造装备产业奋起直追。我国在智能制造装备领域发展较晚，相比发达国家，中国的起步晚了几十年。80 年代末，我国将“智能模拟”列入国家科技发展规划，国内企业真正开始发展智能制造装备要等到 2000 年以后。但是经过十多年的发展，我国在高端数控机床、增材制造、智能机器人等重点领域取得成果，相关产业也初具规模。近年来，部分国内企业坚持自主创新，着力提高研发技术水平，并与国外先进企业积极合作，智能制造装备开发生产水平迅速提高，并掌握机器人运动学、机器人感知、工业通信网络、数控技术与数字化制造系统、机器学习等关键核心技术，工业机器人、盾构机、高端加工中心等设备的研发制造也取得重大突破。

智能制造装备空间布局不断优化。目前，国内的智能制造装备主要分布在环渤海、长三角地区、珠三角和中西部地区。其中数控机床产业主要分布在北京、辽宁、江苏、山东、浙江、上海、云南、陕西等省市。工业机器人产业主要分布于辽宁、哈尔滨、北京、上海、广东、江苏等省市。关键基础零部件及通用部件产业主要分布在河南、湖北、广东等地区。

制造业对智能制造装备的需求愈发强烈。目前，我国制造业正在向高附加值的高端技术产业迈进，以往低精度、低可靠性、低效率的装备已经不能满足企业的加工要求。而智能制造设备具备自动化、集成化、信息化等特征，甚至可以个性化调整制造过程，可满足高精度、高效的先进加工需求。能够实现硬件、软件与应用技术的集成及设备的集成，以及在新能源、新材料等跨学科技术的集成。

国家战略部署智能制造装备。《战略性新兴产业“十三五”规划》对智能制造装备高端品牌的打造进行了部署，未来将加快推动新一代信息技术与制造技术的深度融合，大力发展具有信息深度自感知、智慧优化自决策、精准控制自执行等特征的智能制造系统。推动工业机器人、高档数控机床、智能加工中心等智能制造关键技术装备迈上新台阶。发展增材制造专用材料，搭建增材制造工艺技术研发平台，推广主流增材制造工艺装备、核心器件，大力推广增材制造技术应用，完善增材制造产业链。

### （二）技术进展

1. 增材制造

2016 年，我国增材制造技术取得多项进展，大幅推动了材料加工技术的发展。如中科院开发出了一款连续打印的数字投影（DLP）3D 打印机，速度相比立体光固化成型工艺（SLA）提高 100 倍；华中科技大学成功研制大型金属零件高效激光选区熔化增材制造关键技术与装备（激光 3D 打印技术），成为目前世界上效率最高、尺寸最大的高精度金属零件激光 3D 打印装备，可实现复杂金属零件的高精度成形，提高金属零件的加工效率，降低废品率，缩短装备研制周期。

2. 智能机器人

目前智能机器人行业的主流研究方向包括生机电一体化、人工智能、大数据分析、仿真模拟、自主学习等。我国在智能机器人技术领域也有显著进展。2015 年，中信重工研制出首台重型磨机换衬板智能机器人，可以准确地完成衬板输送、抓取、对位等高难度动作，最高可更换重达 2 吨的衬板。

3. 高端数控机床

数控系统是高端数控机床的核心部分。目前，全球知名数控系统生产商都将研究焦点集中在数控系统的开发上。如西门子公司开发了 840Dsl 和 828D 系统，日本发那科公司开发了用于高档复合化机床的多通道多轴纳米 CNC，三菱公司研制了 M700V 系列 CNC，我国数控机床龙头企业沈阳机床也推出了自主研发的 i5 智能化数控系统。这些数控系统代表了当前最先进的技术，具有模块化结构、可视化界面、网络集成、多通道多数控轴功能，适用于各种工艺。高端数控机床具备同样强大的硬件，采用最新芯片技术的超高速处理器和光纤传输技术大幅度提高了数控系统的运算和处理能力，能够完成更为复杂和精细的加工。

## 第三节 中国高端装备制造产业年度热点事件

### 一、我国自行研制的 ARJ21－700 支线客机正式投入运营

随着我国城市化进程的不断推进，二三线城市之间短途航空客运市场蓬勃发展，适合短途出行的支线飞机日益受到重视。特别是在西部山区等轨道交通运输不便的地区，支线飞机可以满足较大的客运量需求。目前我国通用航空集中在东部地区，但是未来中西部地区在“一带一路”“中部崛起”“西部大开发”等战略的带动下，对航空运输的实际需求将更加强烈，运营成本相对较低的支线飞机将更适合中西部的航空运输市场。

我国重视支线航空的发展。国务院发布《国务院关于促进民航业发展的若干意见》等政策，对于促进支线航空的发展提出了具体的要求。在政策推动下，2016 年 6 月 28 日，中国商飞公司自行研制的 ARJ21－700 新型涡扇支线客机在成都双流机场正式实现商业运营，代表着我国自主研发的民用飞机走上产业化道路。ARJ21－700 飞机以成都为基地，目前已有两架交付成都航空公司，投入航线运营。2016 年 6 月 18 日，中国民航局西南管理局批准成都

航空 ARJ21－700 飞机投入商业运营。2016 年 12 月 8 日，刚果（布）颁发了 ARJ21－700 飞机型号接受证，标志着刚果（布）民航局对我国民航局对 ARJ21－700 飞机进行的运行批准予以完全承认和接受，这也是 ARJ21－700 获得的首个国外型号认可证件。

## 二、我国自主研发的首架大型客机问世

作为世界上潜力最大的民用航空发展市场，我国在大型客机的研发制造方面落后于其他国家。我国制造大型客机，是几代人的梦想。早在 20 世纪 60 年代，政府便着手立项研制中国第一架大型喷气客机——“运 10”。但是出于各种原因，“运 10”项目的研制工作被搁置。随后的四十多年，我国自主研制大型客机的战略决策不断被提起。2007 年，国务院常务会议认为“研制大型飞机是党中央、国务院作出的重大战略决策，也是全国人民多年的愿望。我国航空工业经过 50 多年的发展，已经具备发展大型飞机的技术和物质基础。自主研制大型飞机，发展有市场竞争力的航空产业，对于转变经济增长方式、带动科学技术发展、增强国家综合实力和国际竞争力，加快现代化步伐，具有重大意义。”并批准大型飞机自主研制正式立项①。

2015 年 11 月 2 日，我国自主研制的首架大型客机 C919 在上海中国商飞公司正式总装下线。国家主席习近平、国务院总理李克强、国务院副总理马凯等党和国家领导人对此作出重要批示。C919 大型飞机于 2008 年开始研发，是我国首款拥有自主知识产权的干线民用飞机。C919 大型飞机大规模采用先进复合材料、机载新一代发动机 LEAP－X1C，将比 B737 和 A320 更具有优势。目前，C919 大型客机总订单已达 571 架，包括国内外的 21 家用户。

## 三、珠海航展顺利举办

珠海航展全称为“中国国际航空航天博览会”，是我国唯一由中央政府批准的国际性专业航空航天展览。珠海航展以实物展示、贸易洽谈、学术交流

① 国务院已经正式批准大飞机国家重大专项立项实施，2007 年 9 月 16 日，http：//www.gov.cn/zxft/ft59/content_ 750829.htm。

和飞行表演为主要特征。珠海航展于1996年首次举办，向世界展示了中国航空实力。此后，珠海航展每两年举办一届，至今已有二十年历史，逐渐发展为世界五大航展之一。珠海航展集贸易性、专业性、观赏性为一体，在二十年的发展过程中，参展国家和厂商不断增加，代表着当今国际航空航天产业最高发展水平。

2016年11月1—6日，第十一届珠海航展举办。此次航展恰逢中国航展20周年暨中国航天事业创建60周年，汇集了歼-20战斗机、运-20运输机、空警-500预警机等110余件高端航空装备，代表了我国航空技术和产品的最高水平，成为中国航空航天产业快速发展的见证。在珠海航展的六天展期中，共有来自42个国家和地区的700多家厂商参展，其中境外厂商占比45%。据悉，在本届航展前三天的专业日期间，各类签约总金额达400亿美元，比上届航展的234亿美元的额度大幅增长41.5%，创下历史新高。

## 四、我国首颗商业遥感卫星成功发射

随着人类在航天领域不断取得成就，卫星产业得到快速发展。特别是能够为农业、林业、国土、环保等领域提供检测数据的遥感卫星，得到极大的提升。我国于1975年首次成功发射遥感卫星，经过四十多年的发展，我国遥感卫星向深度应用、精细化方向发展，已成为国家重要的战略资源。在第四次产业革命的背景下，科技与产业不断深度融合，新的商业模式不断涌现，遥感卫星的市场化应用也是大势所趋。美欧等发达国家和地区早已开放商业遥感卫星市场，并取得较好的市场收益。

2015年10月7日，由长光卫星技术有限公司研发的光学遥感卫星“吉林一号”在酒泉卫星发射中心成功发射。这是我国首颗市场化运行、自筹资金、自主研发的商用遥感卫星，开创了我国商业卫星应用的先河，代表着我国航天遥感产业化迈出了重要的一步。“吉林一号”由四颗卫星组成，包括一颗光学遥感卫星、两颗视频卫星和一颗技术验证卫星，是我国首颗高分辨率对地观测光学成像卫星，可为土地、矿产、交通、农林、环境等各领域提供遥感数据支持。

## 五、我国首颗暗物质粒子探测卫星成功发射

在天文观测中，常规的方式是通过望远镜进行光学观测。而宇宙中暗物质和暗能量高达95%，无法通过光学手段探测，因此这一领域的研究基本处于空白。为了探寻宇宙暗物质和暗能量，各国纷纷开展暗物质探测相关研究，目前全球有24个科学小组正在进行暗物质探测工作，通过建造探测器、研究新技术等方式搜寻暗物质。但是目前的现有探测器并不理想，都存在各自的缺点和局限性，暗物质粒子的探测任务非常艰巨。

2015年12月17日，中科院微小卫星创新研究院等单位合作研发的暗物质粒子探测卫星“悟空”在酒泉卫星发射中心成功发射。我国发射的“悟空”卫星是目前世界上观测能段范围最宽、能量分辨率最佳的暗物质粒子探测卫星。作为中国空间科学卫星系列的首发星，“悟空”的顺利发射标志我国在探索暗物质的进程中又迈出重要的一步。

## 六、我国研制的世界首颗量子科学实验卫星进入太空轨道

随着信息技术的迅猛发展，信息和资源的电子化交换融入了社会经济生活中，通信网络成为信息交换的重要载体。这种发展一方面带来了巨大的经济价值，一方面带来了较高的安全风险。无论是企业还是个人，都有大量私密信息数据储存在通信网络中。而目前的通信网络安全情况堪忧，密钥安全性不足，如果加密系统被攻破，将会有大量数据外泄，带来的社会影响和经济损失无法估量。因此，对建设高级通信网络安全设施的需求日益强烈。量子密钥分配是经典通信的升级模式。基于量子力学原理的量子密钥分配成为目前最为安全的通信技术，其原理是运用不可分割的单光子作为量子密钥，形成绝对安全的密码。

2016年8月16日，中科院上海技术物理研究所等研究机构联合研制的世界首颗量子科学实验卫星“墨子号”在酒泉卫星发射中心发射升空，并进入太空轨道。由于可以从根本上解决信息安全问题，量子通信成为各国兵家必争之地。我国“墨子号”的成功研制将使世界上首次实现卫星和地面之间的量子通信，构建天地一体化的量子保密通信与科学实验体系，是量子通信技

术研发的重大突破。

## 七、我国高铁实现时速420公里交会和重联运行

我国高铁方面，经过十多年的建设已日趋成熟。目前，我国拥有世界上最大规模和最高运营速度的高速铁路网。同时，高铁在中国客运业务中已逐渐成为主流，四纵四横的高铁专线形成拉动了沿线地区的经济发展，对中国经济产生深远的影响。2016年9月10日，随着郑徐高铁正式开通运营，中国高铁运营里程突破2万公里，已超过世界其他国家高铁里程之和。由于里程限制，国外高铁的最高运行速度一般为210—300Km/h，国家铁路局也批准发布铁道行业相关标准，如《高速铁路设计规范》等，对高铁时速范围进行规定。

2016年7月1—15日，两列我国自行设计研制、全面拥有自主知识产权的标准动车组在郑徐高铁段进行了综合试验，成功实现时速420公里两车交会及重联运行的目标。这是拟运营高铁动车组列车在全世界首次实现时速420公里交会和重联运行，证明了我国高铁在整体技术性能上取得重要突破，标志着我国高铁技术在全世界处于先进水平，为我国高铁“走出去”打下了坚实的基础。

## 八、我国自主研制的无人潜水器成功完成万米级下潜应用

2016年8月23日，中科院深海科学与工程研究所研制的“海斗”号无人潜水器随“探索一号”科考船，在马里亚纳海沟挑战者深渊进行万米级深渊科考，并成功完成万米级下潜应用，创造了我国无人潜水器的最大下潜及作业深度纪录。使我国成为继日本、美国之后第三个拥有研制万米级无人潜水器能力的国家，代表着我国无人深潜、万米深潜技术的最新进展，证明我国实施制造强国、科教兴国战略取得显著成效。

科学家首期通过该潜水器共进行13个大生物诱捕实验，取样两千多个，同时也成功取得了深度序列完整的深海海底沉积物样本，为深入研究深渊环境科学打下了基础。利用潜水器做的以上科研活动能够为研究深渊生态环境变化、全球变化等提供难得的样本，促进我国深海深渊科学领域的发展。同

时获得完整的深海主动源地震剖面，为研究深海地质结构等提供了一手资料。开展大深度原位地球化学实验，为研究深渊元素的循环机制和深渊化学环境的演变提供重要数据。万米深潜试验的成功，标志着深海科考对我国而言不再是禁区。我国海洋探测技术由跟跑逐渐转为并跑，并向“弯道超车”努力。

## 九、第一届世界机器人大会在北京成功举办

近年来，我国工业机器人需求呈爆发态势。据 IFR 和中国机器人产业联盟联合统计，2015 年我国工业机器人市场规模继续保持世界第一，达到 6.8 万台，约占全球销量的 1/4。保有量增长至 25.8 万台。从应用领域来看，通用设备制造业和电子产品制造业的销售量市场占比最高。而国内自主生产的机器人远远不能满足国民经济各个领域的需求，特别是在高端机器人方面更多依赖进口。比如在工业机器人领域，有超过六成的国内产工业机器人应用在搬运与上下料领域，而这个领域的技术含量不高，利润也处于较低水平。因此如何发展我国机器人领域成为下一步的国家发展重点。基于此背景，2015 年 11 月 23—25 日，由中国科协、工信部、北京市人民政府主办的第一届世界机器人大会在北京国家会议中心成功举办。会议旨在贯彻落实习近平总书记在 2014 年两院院士大会上的重要讲话精神，围绕世界机器人前沿技术与应用，开展高水平的学术交流和成果展示。主要分为三个部分：世界机器人论坛、世界机器人博览会和世界青少年机器人邀请赛。超过 13 个国家、12 个机器人组织、100 多位机器人领域专家参会。

## 十、美的成功收购工业机器人巨头库卡公司

在“工业 4.0”的大背景下，传统产业转型升级迫在眉睫。在此背景下，我国工业机器人产业迎来强势爆发。国内涌现出沈阳新松、哈工大机器人、艾夫特等龙头企业。为了在庞大的工业机器人市场占据一席之地，不少企业也将发展方向往工业机器人制造领域延伸，家电巨头美的集团便是其中之一。

2017 年 1 月 6 日，美的公司成功收购德国工业机器人巨头库卡公司，最终持有库卡公司 94.55% 的股份。美的集团收购库卡公司的过程可谓阻碍重重。2016 年 5 月，美的集团在德国宣布将要收购库卡公司。经历了德国政府

以及库卡第一股东的反对，在2016年6月终于达成了一致意见。经历半年多时间，在通过中国、德国、美国等国的反垄断审查之后，美的集团完成要约收购交割工作，并支付全部款项。本次收购行为是近年来中国最大的海外收购交易之一。

## 第四节　中国高端装备制造产业重点企业分析

### 一、装备制造业百强企业

2016年，中国制造企业协会通过对超过11000家利润总额在4000万元至350亿元之间的中国大陆制造型企业进行了数据采集研究，基于对财务分析、行业分析、市场占有率分析确定候选企业，邀请100位企业高管、学者及官员对经资格审核符合要求的企业进行评选，评选出《装备百强》名单。如表6－3所示。

表6－3　装备制造业百强企业排名

| 排名 | 公司名称 | 所在地 | 排名 | 公司名称 | 所在地 |
|---|---|---|---|---|---|
| 1 | 上海汽车集团股份有限公司 | 上海 | 51 | 远东控股集团有限公司 | 江苏 |
| 2 | 中国第一汽车集团公司 | 吉林 | 52 | 杭州华东医药集团有限公司 | 浙江 |
| 3 | 东风汽车公司 | 湖北 | 53 | 传化集团有限公司 | 浙江 |
| 4 | 中国兵器工业集团公司 | 北京 | 54 | 红狮控股集团有限公司 | 浙江 |
| 5 | 中国航空工业集团公司 | 北京 | 55 | 精功集团有限公司 | 浙江 |
| 6 | 宝钢集团有限公司 | 上海 | 56 | 巨化集团公司 | 浙江 |
| 7 | 江苏沙钢集团有限公司 | 江苏 | 57 | 中策橡胶集团有限公司 | 浙江 |
| 8 | 中国铝业公司 | 北京 | 58 | 万丰奥特控股集团有限公司 | 浙江 |
| 9 | 江西铜业集团公司 | 江西 | 59 | 太原重型机械集团有限公司 | 山西 |
| 10 | 广州汽车工业集团有限公司 | 广东 | 60 | 福田雷沃国际重工股份有限公司 | 山东 |
| 11 | 中国船舶重工集团公司 | 北京 | 61 | 广西盛隆冶金有限公司 | 广西 |
| 12 | 鞍钢集团公司 | 辽宁 | 62 | 厦门金龙汽车集团股份有限公司 | 福建 |
| 13 | 浙江吉利控股集团有限公司 | 浙江 | 63 | 广西有色金属集团有限公司 | 广西 |

续表

| 排名 | 公司名称 | 所在地 | 排名 | 公司名称 | 所在地 |
|---|---|---|---|---|---|
| 14 | 华晨汽车集团控股有限公司 | 辽宁 | 64 | 江苏大明金属制品有限公司 | 江苏 |
| 15 | 铜陵有色金属集团控股有限公司 | 安徽 | 65 | 三角集团有限公司 | 山东 |
| 16 | 万向集团公司 | 浙江 | 66 | 浙江元立金属制品集团有限公司 | 浙江 |
| 17 | 陕西有色金属控股集团有限责任公司 | 陕西 | 67 | 华仪电器集团有限公司 | 浙江 |
| 18 | TCL 集团股份有限公司 | 广东 | 68 | 上海外高桥造船有限公司 | 上海 |
| 19 | 上海电气（集团）总公司 | 上海 | 69 | 沪东中华造船（集团）有限公司 | 上海 |
| 20 | 四川长虹电子集团有限公司 | 四川 | 70 | 山东创新金属科技股份有限公司 | 山东 |
| 21 | 徐州工程机械集团有限公司 | 江苏 | 71 | 永鼎集团有限公司 | 江苏 |
| 22 | 北京建龙重工集团有限公司 | 北京 | 72 | 上海胜华电缆（集团）有限公司 | 上海 |
| 23 | 三一集团有限公司 | 湖南 | 73 | 广西汽车集团有限公司 | 广西 |
| 24 | 中国重型汽车集团有限公司 | 山东 | 74 | 河南济源钢铁（集团）有限公司 | 河南 |
| 25 | 超威电源有限公司 | 浙江 | 75 | 天津市建筑材料集团（控股）有限公司 | 天津 |
| 26 | 长城汽车股份有限公司 | 河北 | 76 | 浙江东南网架集团有限公司 | 浙江 |
| 27 | 天能电池集团有限公司 | 浙江 | 77 | 广西柳工集团有限公司 | 广西 |
| 28 | 杭州汽轮动力集团有限公司 | 浙江 | 78 | 北方重工集团有限公司 | 辽宁 |
| 29 | 比亚迪股份有限公司 | 广东 | 79 | 邯郸市正大制管有限公司 | 河北 |
| 30 | 南京钢铁集团有限公司 | 江苏 | 80 | 海马汽车集团股份有限公司 | 海南 |
| 31 | 奥克斯集团有限公司 | 浙江 | 81 | 西林钢铁集团有限公司 | 黑龙江 |
| 32 | 江铃汽车集团公司 | 江西 | 82 | 天津恒兴钢业有限公司 | 天津 |
| 33 | 云南冶金集团股份有限公司 | 云南 | 83 | 庆铃汽车（集团）有限公司 | 重庆 |
| 34 | 中国东方电气集团有限公司 | 四川 | 84 | 华通机电集团有限公司 | 浙江 |
| 35 | 广西玉柴机器集团有限公司 | 广西 | 85 | 杭州金鱼电气集团有限公司 | 浙江 |
| 36 | 陕西汽车控股集团有限公司 | 陕西 | 86 | 方大特钢科技股份有限公司 | 江西 |
| 37 | 安徽江淮汽车集团有限公司 | 安徽 | 87 | 大连冰山集团有限公司 | 辽宁 |
| 38 | 新余钢铁集团有限公司 | 江西 | 88 | 沈阳鼓风机集团股份有限公司 | 辽宁 |
| 39 | 山东时风（集团）有限责任公司 | 山东 | 89 | 哈尔滨哈锅炉工程技术有限公司 | 黑龙江 |
| 40 | 郑州宇通集团有限公司 | 河南 | 90 | 河北立中有色金属集团 | 河北 |
| 41 | 重庆力帆控股有限公司 | 重庆 | 91 | 杭叉集团股份有限公司 | 浙江 |
| 42 | 重庆机电控股（集团）公司 | 重庆 | 92 | 河北前进钢铁集团有限公司 | 河北 |
| 43 | 创维集团有限公司 | 深圳 | 93 | 澳柯玛股份有限公司 | 山东 |

续表

| 排名 | 公司名称 | 所在地 | 排名 | 公司名称 | 所在地 |
|---|---|---|---|---|---|
| 44 | 奇瑞汽车股份有限公司 | 安徽 | 94 | 铜陵精达铜材（集团）有限责任公司 | 安徽 |
| 45 | 河北普阳钢铁有限公司 | 河北 | 95 | 大连重工起重集团有限公司 | 辽宁 |
| 46 | 广东格兰仕集团有限公司 | 广东 | 96 | 中国第一重型机械集团公司 | 黑龙江 |
| 47 | 河北新金钢铁有限公司 | 河北 | 97 | 山推工程机械股份有限公司 | 山东 |
| 48 | 青岛钢铁控股集团有限责任公司 | 山东 | 98 | 山东鲁北企业集团公司 | 山东 |
| 49 | 金东纸业（江苏）股份有限公司 | 江苏 | 99 | 广东众和化塑有限公司 | 广东 |
| 50 | 哈尔滨电气集团公司 | 黑龙江 | 100 | 安徽叉车集团有限责任公司 | 安徽 |

资料来源：中国制造企业协会，2016年8月。

## 二、航空制造重点企业

经过多年快速发展，在产品研发、系统综合集成和数字化生产等方面具有一定国际竞争力的航空企业正在逐步形成之中。

在通用飞机整机领域，龙头企业包括中航通用飞机有限责任公司、中国航空科技工业股份有限公司、哈飞航空工业股份有限公司、西安飞机国际航空制造股份有限公司、江西洪都航空工业股份有限公司、成都飞机工业（集团）有限责任公司、沈阳飞机工业（集团）有限公司等。

在航空发动机领域，2016年，由国务院、北京市人民政府、中国航空工业集团公司、中国商用飞机有限责任公司共同出资，注册资本500亿人民币，整合中航工业所属从事航空发动机及相关业务的46家企事业单位，成立中国航空发动机集团有限公司（中航发），这也是国内第十二家军工集团。中航发的建立是国务院为了实施“航空发动机及燃气轮机”重大专项所做出的战略部署，旨在研制具有“中国心”的航空发动机。

在无人机领域，2015年民用无人机市场规模逐渐扩大，竞争愈发激烈。其中大疆（DJI）成为消费级无人机市场的龙头。国内无人机十大品牌排名如下表所示，其中前五家公司均进入全球前十。

表 6－4 无人机企业排名

| 国内排名 | 公司名称 | 所在地区 |
|---|---|---|
| 1 | 大疆创新公司 | 深圳 |
| 2 | 零度智控公司 | 北京 |
| 3 | Xaircraft 公司 | 广州 |
| 4 | PowerViroment 公司 | 北京 |
| 5 | 北京航空航天大学研究所 | 北京 |
| 6 | 亿航智能技术公司 | 广州 |
| 7 | 普洛特无人飞行器科技公司 | 北京 |
| 8 | 中科遥感信息科技公司 | 北京 |
| 9 | 智能鸟无人机公司 | 武汉 |
| 10 | 爱生技术集团公司 | 西安 |

资料来源：中商产业研究院，2015 年 4 月。

## 三、轨道交通重点企业

自 2015 年中国南车和中国北车合并为中车集团以来，这两家国有铁路设备制造商创造了世界上第二大的工业企业，规模直逼世界第一大工业企业通用电气。目前，中车产品出口到全球 101 个国家和地区，覆盖六大洲的 11 个市场区域。中车集团下属龙头企业包括长春轨道客车股份有限公司、青岛四方机车车辆股份有限公司、株洲电力机车有限公司、大连机车车辆有限公司、齐齐哈尔铁路车辆（集团）有限责任公司、西安车辆厂、株洲车辆厂、戚墅堰机车有限公司、南京浦镇车辆厂、眉山车辆厂等。此外，上海阿尔斯通交通设备有限公司等在华外资企业也有很好的销售业绩。

## 四、中国港航船企市值排名

2016 年 1 月 5 日，《航运交易公报》发布了《2015 年中国港航船企市值排行榜》，列举了所有 74 家在中国大陆、香港和台湾证券市场上市的主营业务为航运、港口、船舶及相关行业的上市公司，并按照总市值大小进行排名。截至 2015 年 12 月 24 日，在上海、深圳、香港、台湾“两岸四地”上市的 74 家港航船上市企业市值共计 1.53 万亿元，自 2014 年以来再次突破万亿大关，与2014年的1.34万亿元相比，市值增加1851.71亿元，同比增长14.18%。各企业排名如下表所示。

表6－5 2015年中国港航船企市值排名表

| 排名 | 公司名称 | 市值（亿元） | 上年排名 |
|---|---|---|---|
| 1 | 中国船舶重工股份有限公司 | 1770 | 1 |
| 2 | 上海国际港务（集团）股份有限公司 | 1545 | 2 |
| 3 | 宁波港股份有限公司 | 1044 | 5 |
| 4 | 中国远洋控股股份有限公司 | 962 | 4 |
| 5 | 中海集装箱运输股份有限公司 | 372 | 9 |
| 6 | 中海油田服务股份有限公司 | 584 | 3 |
| 7 | 招商局国际有限公司 | 541 | 7 |
| 8 | 中国船舶工业股份有限公司 | 484 | 6 |
| 9 | 中国国际海运集装箱（集团）有限公司 | 455 | 10 |
| 10 | 海洋石油工程股份有限公司 | 411 | 8 |
| 11 | 中船海洋与防务装备股份有限公司 | 385 | 17 |
| 12 | 招商局能源运输股份有限公司 | 383 | 13 |
| 13 | 中海发展股份有限公司 | 362 | 15 |
| 14 | 营口港务股份有限公司 | 303 | 11 |
| 15 | 天津天海投资发展股份有限公司 | 265 | 37 |
| 16 | 大连港股份有限公司 | 235 | 21 |
| 17 | 上海振华重工（集团）股份有限公司 | 231 | 14 |
| 18 | 中远太平洋有限公司 | 210 | 16 |
| 19 | 日照港股份有限公司 | 205 | 23 |
| 20 | 北海港股份有限公司 | 202 | 22 |
| 21 | 东方国外（国际）有限公司 | 191 | 18 |
| 22 | 天津港股份有限公司 | 190 | 12 |
| 23 | 芜湖港储运股份有限公司 | 189 | 29 |
| 24 | 唐山港集团股份有限公司 | 185 | 20 |
| 25 | 中远航运股份有限公司 | 180 | 25 |
| 26 | 深圳市盐田港股份有限公司 | 164 | 19 |
| 27 | 中国外运股份有限公司 | 163 | 34 |
| 28 | 长航凤凰股份有限公司 | 153 | 57 |
| 29 | 秦皇岛港股份有限公司 | 151 | 59 |

续表

| 排名 | 公司名称 | 市值（亿元） | 上年排名 |
| --- | --- | --- | --- |
| 30 | 青岛港国际股份有限公司 | 131 | 26 |
| 31 | 江苏亚星锚链股份有限公司 | 121 | 46 |
| 32 | 深圳赤湾港航股份有限公司 | 117 | 28 |
| 33 | 海南海峡航运股份有限公司 | 116 | 47 |
| 34 | 锦州港股份有限公司 | 109 | 30 |
| 35 | 中海（海南）海盛船务股份有限公司 | 101 | 51 |
| 36 | 中船江南重工股份有限公司 | 101 | 44 |
| 37 | 台湾长荣海运股份有限公司 | 92 | 24 |
| 38 | 张家港保税科技股份有限公司 | 90 | 39 |
| 39 | 海丰国际控股有限公司 | 85 | 32 |
| 40 | 台湾万海航运股份有限公司 | 77 | 27 |
| 41 | 厦门港务发展股份有限公司 | 75 | 31 |
| 42 | 宁波海运股份有限公司 | 73 | 50 |
| 43 | 重庆港九股份有限公司 | 73 | 41 |
| 44 | 上海佳豪船舶工程设计股份有限公司 | 71 | 53 |
| 45 | 江苏连云港港口股份有限公司 | 70 | 35 |
| 46 | 天津港发展控股有限公司 | 60 | 40 |
| 47 | 渤海轮渡股份有限公司 | 59 | 42 |
| 48 | 珠海港股份有限公司 | 57 | 38 |
| 49 | 中远国际控股有限公司 | 53 | 52 |
| 50 | 中外远航运有限公司 | 49 | 43 |
| 51 | 阳明海运股份有限公司 | 49 | 33 |
| 52 | 裕民航运股份有限公司 | 45 | 36 |
| 53 | 中昌海运股份有限公司 | 44 | 61 |
| 54 | 珠海恒基达鑫国际化工仓储股份有限公司 | 42 | 58 |
| 55 | 厦门国际港务股份有限公司 | 41 | 64 |
| 56 | 南京港股份有限公司 | 37 | 56 |
| 57 | 慧洋海运集团 | 36 | 54 |
| 58 | 江苏舜天船舶股份有限公司 | 32 | 48 |
| 59 | 太平洋航运集团有限公司 | 28 | 49 |
| 60 | 中海船舶重工集团有限公司 | 23 | 68 |

续表

| 排名 | 公司名称 | 市值（亿元） | 上年排名 |
|---|---|---|---|
| 61 | 中国华荣能源股份有限公司 | 22 | 45 |
| 62 | 台湾新兴航运股份有限公司 | 21 | 55 |
| 63 | 珠江船务发展有限公司 | 21 | 65 |
| 64 | 台湾国际造船公司 | 21 | 60 |
| 65 | 仁瑞投资控股有限公司 | 14 | 74 |
| 66 | 龙翔集团控股有限公司 | 12 | 69 |
| 67 | 中国航运股份有限公司 | 10 | 63 |
| 68 | 台湾航业股份有限公司 | 10 | 62 |
| 69 | 四维航业股份有限公司 | 10 | 66 |
| 70 | 荣丰联合控股有限公司 | 8 | 70 |
| 71 | 勇利航业集团有限公司 | 8 | 72 |
| 72 | 台湾益航股份有限公司 | 7 | 67 |
| 73 | 金辉集团有限公司 | 4 | 71 |
| 74 | 中国基建港口有限公司 | 4 | 73 |

资料来源：《航运交易公报》，2016 年 1 月。

## 五、机床企业 20 强

经过多年的技术积累，我国机床行业涌现一批骨干企业。其中，沈阳机床等企业总产值超百亿元，研发投入达国际先进水平，产品外贸出口额不断增长，成为我国智能制造装备领域的先进代表。

**表 6－6　2016 年中国机床行业 20 强排名**

| 排名 | 公司名称 |
|---|---|
| 1 | 沈阳机床（集团）有限责任公司 |
| 2 | 陕西秦川机械发展股份有限公司 |
| 3 | 济南二机床集团有限公司 |
| 4 | 北京北一机床股份有限公司 |
| 5 | 株洲钻石切削刀具股份有限公司 |
| 6 | 南通国盛机电集团有限公司 |
| 7 | 宁波海天精工股份有限公司 |

续表

| 排名 | 公司名称 |
| --- | --- |
| 8 | 武汉华工激光工程有限责任公司 |
| 9 | 天水星火机床有限责任公司 |
| 10 | 瑞远机床集团有限公司 |
| 11 | 杭州友佳精密机械有限公司 |
| 12 | 重庆机床（集团）有限责任公司 |
| 13 | 广州数控设备有限公司 |
| 14 | 武汉重型机床集团有限公司 |
| 15 | 江苏亚威机床股份有限公司 |
| 16 | 安阳鑫盛机床股份有限公司 |
| 17 | 上海机床厂有限公司 |
| 18 | 天津市天锻压力机有限公司 |
| 19 | 江苏金方圆数控机床有限公司 |
| 20 | 山东威达重工股份有限公司 |

资料来源：中国制造企业协会，2016 年 1 月。

## 六、机器人企业排名

随着我国机器人产业的迅速发展，沈阳新松机器人等一批有实力的企业也脱颖而出。

**表 6－7　2016 年上半年中国科技机器人企业排名**

| 排名 | 公司名称 |
| --- | --- |
| 1 | 新松机器人自动化股份有限公司 |
| 2 | 大疆创新科技有限公司 |
| 3 | 深圳市汇川技术股份有限公司 |
| 4 | 富士康科技集团 |
| 5 | 宁波均胜电子股份有限公司 |
| 6 | 上海机电股份有限公司 |
| 7 | 哈尔滨博实自动化股份有限公司 |
| 8 | 上海新时达机器人有限公司 |
| 9 | 湖北华昌达智能装备股份有限公司 |
| 10 | 湖北三丰智能输送装备股份有限公司 |

资料来源：《互联网周刊》、硅谷动力编辑选择排行，2016Q2。

# 第七章 新能源产业

当前，新能源产业规模处于爆发式增长逐渐过渡到规模化发展阶段，我国风电、水电、光伏领域的装机容量已经成为世界第一大国。新能源领域的科研和应用成果日益丰硕，关键环节储能行业进入爆发式增长时期。从细分行业看，下游需求带动光伏行业高速增长，海外新兴市场快速崛起，产业集中度逐步提高；风能装机容量增长步伐有所放缓，但呈现区域不均衡现象。我国新能源产业虽然取得了上述进展，但依然存在限电弃电现象严重、政策性补贴依赖严重等问题。针对上述问题，2016 年全国能源工作会议明确了 2017 年能源发展工作要点，将重点解决弃风、弃光、弃水等电力供应和消纳不匹配等突出问题，并积极推进各类新能源展开规模化发展。

## 第一节 国内外新能源产业发展动态

### 一、国内外产业整体概况

#### （一）产业规模继续增长

随着世界范围共同推进清洁能源替代传统化石能源，过去几年中，各种新能源产业呈爆发式增长。我国 2016 年也取得快速发展，目前在风电、水电、光伏领域的发电装机容量已经成为世界排位第一大国。但是在 2015 年新能源投资峰值后，风电和光伏投资均有所减弱。一些发展中国家的光伏发电电价陆续下跌，包括秘鲁、摩洛哥、墨西哥、阿联酋印度等国家，其中智利更是下跌到 29.1 美元/兆瓦的历史低价。电价的下跌反映出新能源投资由强劲的投资爆发期逐渐进入规模化发展阶段，将会面临深度整合和整体效率的提升。新能源发电制造业也相应面临着较疲软的市场。

### （二）应用领域更加广泛

光伏发电全面进入规模化发展阶段，中、欧、美、日等传统光伏发电市场继续持续增长，拉美、非洲、中东等新兴市场也加速追进。太阳能热发电产业发展开始加速，一大批商业化太阳能热发电工程已建成或正在建设，应用领域在生活热水、供暖制冷和工农业生产中逐步普及。光伏发电成本快速降低，在欧、日等多个地区已经实现平价上网，在欧洲、美洲等地区太阳能供暖也具备了经济可行性。

### （三）科学技术研究成果丰硕

在储能领域，美国宾夕法尼亚大学开发出自发热的锂离子电池，能够在零下低温环境下仍能高效运行，突破了传统锂电子电池低温环境性能不稳定的瓶颈。MIT 开发出 2 微米超轻薄柔性太阳能电池，可用纺织品、塑料等非玻璃材料作为载体。

在氢能领域，斯坦福大学研究出钙钛矿太阳能电池驱动的光解水复合体系，使水制氢效率提高 2—3 倍。美国休斯敦大学联合加州理工大学发现高效分解水制氢的复合催化剂，使达到实用水平。俄美三所高校合作研发出可大幅提高碱性溶液电解水分解效率的催化剂。

在核电领域，俄罗斯仍然保持了全球领先的地位，全球最先进的首个“3 +”核反应堆 WWER - 1200 反应堆在新沃罗涅日核电站完成燃料装载并顺利启动，此反应堆拥有传统主动防护系统和额外被动防护系统双重安全防护，其最核心最关键的技术就是熔体捕捉器，这个熔体捕捉器位于反应堆壳体下，它的作用是可以捕捉放射性物质，杜绝放射性物质进入到外界环境。美国桑迪亚国家实验室开启了在“Z 机”中进行氘 - 氚受控核聚变实验，成为世界最强辐射源。MIT 的科学家在 Alcator C - Mod 托卡马克聚变反应堆试验中刷新了世界纪录，可控核聚变的关键因素，等离子体压强超过两个标准大气压。

在生物燃料能源方面，巴西作为世界最早使用且使用最多的国家之一，生物能源占能源消费结构比重超过 13% 。

### （四）储能产业迎来爆发式增长

作为电力系统各个环节中应用非常广泛的储能产业，其在削峰填谷、调峰调频等应用市场都颇具市场价值。2016 年欧洲、东亚、美国、澳大利亚等纷纷出台储能产业政策，全球电网级储能项目开始进入了大规模部署投运阶段。截止到2016 年第三季度，根据中关村储能产业技术联盟项目库的不完全统计数据，全球已经投运的储能项目累计装机规模达到 1425.7 兆瓦，同比增长 31%。2016 年，储能行业企业营业收入接近翻一番，更多的储能产业企业跃居全球新能源企业 500 强名单。这一现象是太阳能光伏发电发展需求的必然要求，同时也是新能源汽车井喷式发展联动效应的结果。

## 二、我国产业存在的问题

### （一）限电弃电现象严峻

从我国电力改革开始，弃水现象就比较严峻，经过新能源发电近些年的发展，目前我国风电和光伏发电装机规模世界范围排位第一，累计装机量迅猛增多，主要集中在我国西北部地区，然而，当地缺乏用电大户导致供需不平衡，新能源电力消纳能力有限，弃水、弃电、弃风、弃光现象仍然十分严重，由此导致的能源补贴需求很大。2016 年前三季度，我国平均的弃风率达 19%，其中甘肃弃风率为 46%，新疆为 41%，吉林为 34%，是弃风严重的地区，这与“十三五”期间 5% 的目标还有很大的差距。电力装机能力同消纳能力并不匹配，能源外输通道建设滞后，相关发电企业和地方政府的责任和义务并不明确，清洁能源的保障性收购落实力度不够等多方面原因严重影响了清洁能源的健康持续发展。局部地区电力外输能力，尤其是特高压线电网成为瓶颈。虽然近几年政府出台一些政策促进新能源优先上网，但仍难匹配新能源破竹之势的发展。

### （二）政策性补贴依赖严重

目前，风电、光伏等项目仍然很大程度依赖政策性补贴。风电、光伏补贴开始于国家性补贴，但地方政府为了支持地方电力产业发展，相应出台了的地方补贴政策，包括上海、北京、重庆、江苏、浙江、新疆、内蒙古、福建、海南、甘肃、黑龙江、湖南、吉林、河北、陕西、陕西、湖北、江西、安徽、广东、广西等地。“十三五”阶段，风力发电、光伏发电的主要任务就是产业升级、降低成本，增强电价市场竞争力，要实现规模扩张向质量效益提升的转变，最终实现脱离国家政策性补贴，在新能源电力市场中良性可持续发展。

### 三、我国产业政策动态

2016 年是“十三五”规划开局之年，2017 年则是推动落实“十三五”的重要一年。2016 年 12 月 27 日，全国能源工作会议在北京召开，会议上明确了 2017 年能源发展工作要点。新能源相关的发展目标，除了解决弃风、弃光、弃水等电力供应和消纳不匹配等突出问题，更将积极推进各类新能源展开规模化发展。一是积极发展水电建设，尤其是要加快大型水电基地的建设。二是稳步推进风电发展，新增电力规模将注重向我国中东部和南部倾斜，对限电严重、弃风率 20% 以上的省份暂停并严格限制新建风电规模，大规模加快推进海上风电开发利用项目的建设。三是加大力度发展太阳能，在光伏发电“领跑者”行动带动下，加强光伏发电成本的竞争力，对弃光率 5% 以上的省份暂停安排新建光伏发电规模；稳步推进首批光热发电示范项目，并适时启动第二批。四是安全发展核电，积极推进具备条件的核电项目建设，按程序组织核准开工。五是积极开发利用生物质能和地热能，推进产业化示范，加快相关标准体系建设。

## 第二节　中国新能源产业重点领域分析

### 一、太阳能光伏

#### （一）发展概况

一是下游需求带动光伏行业高速增长。在光伏发电上网电价下调等政策影响下，我国光伏行业保持强势增长。根据规定，2016 年之前已经备案并纳入年度规模管理的光伏发电项目，如果不能于 2016 年 6 月 30 日前完成并网发电，将会执行新的电价标准。因此受该政策影响，上半年部分下游的项目出现抢装现象，客观上推动整个行业规模的快速增长。根据光伏协会公布的数据，截至2016年底，我国光伏累计装机容量达到7742万千瓦，新增装机容量3454万千瓦，呈高速发展态势。2016年底，光伏电站累计装机容量达到6710万千瓦，占光伏总装机容量的86.7%；分布式累计装机容量达到1032万千瓦，占光伏总装机容量13.3%。2016年光伏发电量占全国总发电量的1%，达662亿千瓦时。目前我国光伏发电新增装机容量和累计装机容量均排在全球首位。

二是海外新兴市场快速崛起。根据中国光伏行业协会的数据分析，目前我国太阳能光伏电池产品出口主要国家仍然是日本、印度和美国。2016年前三季度，在我国光伏产品的出口市场份额中，日本占比达19%，印度占比16%，美国占比12%。与此同时，巴基斯坦、土耳其等新兴市场也正在加速崛起。具体光伏产品中，组件部分出口同比下降，电池片、硅片等则呈现上升趋势。其主要原因在于，为贴近消费市场、把握市场需求，国内很多企业纷纷在东南亚等地区投资设厂，既有效降低了企业生产、运输成本，又能避免了“双反”等限制。

三是产业集中度逐步提高。整体上国内光伏行业已经进入成熟期，已经出现了晶科能源等一批行业龙头企业，对行业技术发展、规模增速等方面都有着明显的带动和影响作用，竞争优势明显。而且，随着国家补贴逐渐降低，规模小、品牌知名度低、融资能力弱的中小企业逐步被淘汰，行业集中度逐步上升。据相关企业产量统计数据，排名前十家的光伏企业，产量占比超过72%，前五家企业产量占比超过54%；据产能利用方面统计数据，前十家企业的产能利用率在95%以上。

四是光伏发电应用逐步向中东部转移。国家能源局公布的数据表明，2016年新增光伏发电装机中，中东部地区的分布式光伏实现较大增长。相比西北地区在全国28%的占比，中东部地区占全国达到72%占比。其中，山东、河南、安徽、河北新增装机容量超过200万千瓦，江西、山西、浙江、湖北、江苏等地新增装机容量超过100万千瓦。其中浙江新增装机86万千瓦，居首位。其次山东新增75万千瓦居第二位，江苏、安徽、江西分别排名三、四、五位。

五是行业政策环境不断完善。2016年3月23日，国家发改委、国务院扶贫办、国家能源局、国家开发银行、中国农业发展银行等五部门联合下发了

《实施光伏发电扶贫工作的意见》，要求各地区应将光伏扶贫作为资产收益扶贫的重要方式。[①] 2016 年 6 月 3 日，国家能源局发布《2016 年光伏发电建设实施方案的通知》。通知提出全国新增光伏电站建设规模指标要求 2016 年建设 1810 万千瓦光伏电站。2016 年 12 月 16 日，国家能源局发布的《太阳能发展“十三五”规划》明确提出，“十三五”期间，太阳能产业发展的基本任务是产业升级、降低成本、扩大应用，实现不依赖国家补贴的市场化自我持续发展。[②] 2017 年 2 月 3 日，国家发改委、财政部、国家能源局联合发布《关于试行可再生能源绿色电力证书核发及自愿认购交易制度的通知》，提出自 2017 年 7 月 1 日起，绿色电力证书将正式开展认购工作。

### （二）技术进展

随着光伏市场应用逐步提升、企业竞争环境日益加剧，以及我国政府光伏领跑者计划等深入实施，我国光伏产业核心技术不断取得新的突破。根据中国光伏协会的研究报告，我国完全商业化的单晶硅电池效率达到 20. 5%，多晶硅电池则为 18. 5%，未来我国光伏电池的转换效率还将会得到进一步提升。同时，我国已经涌现出一批具有较深厚技术储备、市场竞争力较强的龙头企业，正通过加大技术创新投入，进一步拓展市场空间，增强产品的市场竞争力。例如，晋能科技的多晶电池平均效率从投产初期的 18. 01% 升高至 18. 7%，已超过光伏“领跑者”计划中先进技术产品应达到的平均指标。隆基股份及旗下子公司乐叶光伏率先在国内推出转换效率达到 20. 65% 的 PERC 单晶电池，已经达到了国际先进水平。

## 二、风能

### （一）发展概况

一是风电保持健康发展势头，但装机容量增长步伐有所放缓。2016 年，我国风电新增风电装机 1930 万千瓦，实现累计并网装机容量达到全部发电装机容量的 9%，1. 49 亿千瓦。发电量占总发电量 4%，达到 2410 亿千瓦时。

① 成思思：《2016 中国光伏蓄力起航》，《中国能源报》2016 年 12 月 26 日。
② 国家能源局：《太阳能发展“十三五”规划》，《太阳能》2016 年第 12 期。

2016 年，全国风电平均利用小时数同比增加 14 个小时，达到了 1742 小时。但是，2016 年中国风电总装机容量达 22.8GW，其中海上风电装机容量 0.6GW，陆上风电装机容量达 22.2GW，总体较上年降低了 21%。2017 年我国能源供给结构预期将会继续加强优化，将暂停安排弃风率超过 20% 以及弃光率超过 5% 的省份新建风电项目，加快清洁能源输送通道建设，上网收购力度，持续提升可再生能源的消费占比及消纳能力。

二是多项政策密集出台，助推风电行业快速发展。2016 年 3 月国家能源局发布《2016 年全国风电开发建设方案》，更好地指导推动风电发展的各项工作，切实调整能源结构，推动能源生产和消费革命。2016 年 12 月，国家能源局发布《风电发展“十三五”规划》，更好地指导并促进风电产业持续健康发展，加快建立清洁低碳、安全高效的现代风电能源体系。[①] 12 月《海上风电开发建设管理办法》由国家能源局与国家海洋局联合印发，根据我国海上风电开发所面临的新形式及持续健康发展的新要求，通过深化改革、简政放权等措施推动海上风电开发。进一步对规划编制、项目核准、海域使用、环境保护、施工及运行等多方面政策做出了优化调整，从政策上为我国海上风电更好更快地发展，顺利实现“十三五”海上风电规划目标提供了有力的保障。

三是风电发展呈现区域不均衡现象。风电装机容量增长高的地区与设备利用效率高的地区呈现空间分异，2016 年，全国风电装机容量前十的省份分别为内蒙古 2557 万千瓦、新疆 1776 万千瓦、甘肃 1277 万千瓦、河北 1188 万千瓦、宁夏 942 万千瓦、山东 839 万千瓦、山西 771 万千瓦、云南 737 万千瓦、辽宁 695 万千瓦、江苏 561 万千瓦。另一方面，全国新增并网容量较多的地区是云南 325 万千瓦、河北 166 万千瓦、江苏 149 万千瓦、内蒙古 132 万千瓦和宁夏 120 万千瓦。该年风电平均利用小时数最高的地区为福建，共计 2503 小时。其次是广西、四川和云南，风电平均利用小时数分别为 2365 小时、2247 小时和 2223 小时。然而，西北地区的新疆、甘肃和宁夏因为弃风限

---

① 国家能源局：《风电发展“十三五”规划》，2016 年 11 月 30 日，见 http://www.gov.cn/xinwen/2016-11/30/content_5140637.htm。

电的影响，平均利用发电小时数较低。①

四是国内新能源限电问题虽有明显改善，但多地弃风率较高的现象仍然存在。2016 年，我国全社会用电量增长 5%，较 2015 年的 0.5% 有了较大的增长。同时，国家出台多项政策，缓解与改善当前的新能源限电问题，如 2016 年 3 月，国家发改委和能源局发布《可再生能源发电全额保障性收购管理办法》及《关于做好风电、光伏发电全额保障性收购管理工作的通知》，同年 6 月，国家能源局发布《关于促进电储能参与“三北”地区电力辅助服务补偿（市场）机制试点工作的通知》及《可再生能源调峰机组邮箱发电试行办法》等文件。从 2016 年第二季度开始，国内新能源限电问题已经出现明显改善，国内风电弃风率相比前期明显下降，但该年上半年全国平均利用小时数 917 小时，仍同比下降 85 小时。需要关注的是，2016 年全国弃风较为严重的地区多为风电装机容量较大的西部等地区，由于新能源分布较为集中、电网调峰能力不足，外送通道建设与电源建设不匹配、电网送出能力有限，电网存在薄弱环节、部分区域受网架约束影响消纳等多方面原因，各地弃风限电现象仍十分严重：如甘肃省，弃风率高达 43%，弃风电量 104 亿千瓦时；新疆弃风率达 38%，弃风电量 137 亿千瓦时；吉林省弃风率达 30%，弃风电量 29 亿千瓦时；以及内蒙古自治区，弃风率达 21%、弃风电量 124 亿千瓦时。这些重点地区应该引起足够重视，着重给予调整改善。

### （二）技术进展

低风速风机技术通过降低设备对风速的最低要求，能够使风力资源条件较薄弱的地区实现风能的开发和利用，从而拓展了可利用风资源的地域范围，扩大了潜在市场容量。当前，超低风速机组 2MW－121 使得我国 30% 超低风速地区开发风能发电成为可能，是未来风能技术发展的主要趋势之一。

风电技术创新聚焦提升风能利用效率。风电技术不断创新，带动风能资源利用效率的提高。2015 年底，全球风电累计装机容量达到 432419MW，新增装机 63013MW，累计年增长率达到 17%。风电技术的创新包括风电机单机容量由小容量到大容量以提高风能利用效率，由风电齿轮箱传动到无齿轮箱

① 成思思：《2016 年中国光伏新增、累计装机均列全球第一》，《中国能源报》2016 年 12 月 13 日。

直驱技术以改善运行效率，风轮桨距由定桨距转向变桨距变速运行以保持最佳桨距角度。风电技术与互联网信息技术融合形成了智慧风能技术，如智慧风机、风场选址、风电机组产品优化、后期风场运行管理以及发电入网等，实现了风能源高效利用。

海上风电发展实现新突破。2017 年 1 月 16 日，由中车株洲电机有限公司制造的 6MW 半直驱永磁同步风力发电机样机成功下线。作为我国国内首台功率最大的海上半直驱风电机组，该样机的下线是我国海上风力发电机领域新添高端装备的重要标志。2016 年 3 月，在湘电风能实验室完成地面实验，同年 1 月，国家能源大型风电并网系统研发（实验）中心表示，由禾望电气自主研发的 HW8000 系列 5MW 全功率中压海上风电变流器，在张北实验基地顺利实现挂机并网发电，为中国风电行业竖起了新的里程碑，开创了中压大功率海上风电变流器的中国制造新纪元。

## 三、新型核能

### （一）发展概况

一是核电装机容量再创新高。我国大陆核电总装机容量位居世界第四，在建核电机组规模世界范围领先。2016 年，我国投运的核电机组达 7 台。2016 年底，我国共有 35 台已经投入商业运行的核电机组，运行装机容量（额定装机容量）达 33632. 16MWe，占全国电力装机的 2. 04% 左右。这些核电机组主要分布在我国东部沿海各省，包括广东 938 万千瓦、福建 762 万千瓦、浙江 657 万千瓦、辽宁 448 万千瓦、广西 217 万千瓦、江苏 212 万千瓦、海南 130 万千瓦。该年，核电累计发电量为 2105. 19 亿千瓦时，约占全国累计发电量的 3. 56%，比 2015 年同期上升了 25. 07%①。2017 年 1 月 17 日，发改委和能源局印发的《能源发展“十三五”规划》提出，安全高效发展核电，在采用我国和国际最新核安全标准、确保万无一失的前提下，在沿海地区开工建设一批先进三代压水堆核电项目。加快堆型整合步伐，稳妥解决堆型多、堆

① 成思思：《2016 年中国光伏新增、累计装机均列全球第一》，《中国能源报》2016 年 12 月 13 日。

型杂的问题，逐步向自主三代主力堆型集中。积极开展内陆核电项目前期论证工作，加强厂址保护。深入实施核电重大科技专项，开工建设CAP1400示范工程，建成高温气冷堆示范工程①。核电设备需求在国内三代核电项目进入快速建设期以及技术进步带动出口规模扩大的带动下，预期将会迎来较大的增加。《规划》中提出了我国已建和在建核电装机容量在2020年底将达到8800万千瓦的发展目标。二是核电投资下降，设备利用小时持续下降。核电投资同比下降10.5%；2016年，全国核电装机3364万千瓦，同比增长23.8%，发电量同比增长24.4%；设备利用小时7042小时，延续了连续3年下降的趋势，较去年下降361小时，其中，由于东北地区经济发展乏力，用电需求下降，电力过剩，同时近两年多台核电机组陆续投产，导致部分核电机组降负荷运行甚至停机备用，辽宁核电设备的利用小时为4982小时。

三是国际合作深入推进，成果不断涌现。2016年10月15日，中国核工业集团公司出口巴基斯坦的恰希玛核电厂3号机组首次并网成功；同年12月6日，该机组通过100小时可靠性示范运行试验，完成临时验收。2016年9月29日，中广核与EDF、英国政府在伦敦正式签署了英国新建核电项目一揽子合作协议和政府协议。根据协议，中广核将与EDF合作建设欣克利角C（HPC）、塞斯维尔C（SZC）、布拉德维尔B（BRB）三大核电项目。2016年11月9日，中英首个核联合研发与创新中心（简称“中英核研发中心”）揭牌。这是我国和西方发达国家共同建设的第一个核领域联合研发中心，由中国核电（英国）有限公司与英国国家核实验室（NNL）各占股50%，是落实国家“创新驱动”、“一带一路”建设和“核电走出去”发展战略的积极举措。2016年11月14日，中国广核集团公司与法国能源与原子能委员会（CEA）签署了《全面合作框架意向书》的核能合作协议，根据协议，双方将在第四代核电概念设计、严重事故、实验设施、核燃料循环和专业人才培养等领域开展合作，并尽快开展实质性项目。2017年1月10日，英国政府发布声明，正式受理华龙一号“通用设计审查（GDA）”申请，华龙一号落地英国迈出了关键一步。

---

① 国家发改委、国家能源局：《国家发展改革委 国家能源局关于印发能源发展“十三五”规划的通知》，见 http：//www. sdpc. gov. cn/zcfb/zcfbghwb/201701/t20170117_ 835296. html。

### （二）技术进展

核电产业在引进美、法等国先进技术的基础上，进行消化吸收再创新，自主研发核电装备技术，在核电工程设计领域也取得了新的突破。当前，我国基于第三代核电技术研发设计的装备在国际市场上已经具有很强的竞争力，已经达到了国际一线梯队水准。同时，正在高效安全稳定地推进第四代技术的研发和参与国际可控核聚变方面的基础研究。

1. 核裂变能发电

第四代核能技术可以实现更高的燃料利用率，并使废物最小化，因而具有更高经济性。同时该技术具有防核扩散的优势，使得安全性更高。主要包括超临界水堆（SCWR）、超高温气冷堆（VHTR）、钠冷快堆（SFR）、熔盐堆（MSR）、铅冷快堆（LFR）、气冷快堆（GFR）等六种堆型技术，该六种技术目前正处于开发阶段，预计 2030－2040 年前后有可能具备商业化应用条件。高温气冷堆具备固有安全特性，任何事故情况下都不会发生堆芯熔化事故，既能高效发电，又可给各种工业用户提供高温工艺热能，在诸多领域都具有较好的市场前景。2015 年初，在美国能源部召集分组研讨会上就有专家提出高温气冷堆是美国政府最期待验证、技术成熟的下一代核能装置。在日前发布的《中国制造 2025——能源装备实施方案》中，我国也将该堆型作为主攻方向。

2016 年，华能石岛湾核电厂吊装成功了高温气冷堆示范工程压力容器，上海电气核电设备有限公司自主研发制造的压力容器在此全球首家示范电站成功使用，填补了中国核电设备制造的一项空白，使我国在高温气冷堆示范工程建设和核电装备制造两方面均取得重大突破，也为高温气冷堆商业化推广提供了坚实保障。该电站拟于 2017 年底投产发电，对我国迈入核电强国具有重大战略意义，将促进核能技术进步、推进中国核电走出去的步伐，并使我国成为全球第一个拥有高温气冷堆商业核电站的国家。

不断提高安全性仍是未来核电技术发展的重要方向。福岛事故暴露出很多核电厂潜在的安全风险隐患，不仅包括外部事件防护和安全功能可靠性，同时在事故发生后的应急响应环节也需要引起重视。针对这些安全隐患，很多国家提出了技术改进方法建议，全面防御水淹威胁、制定更详尽完善的预警防御方案、加强电源以及最终热阱的可靠性等。未来提高核电安全性的方向主要包括实际消除大量放射性释放、保证四道屏障的完整性（特别是安全壳）、保证五层纵深防御系统的有效性、采用先进的堆型设计、提高安全措施的可靠性、放射性废物最小化、采用先进的智能仪控系统、延长操作员不干预时间和厂外支持时间等①。

2. 核聚变能利用

可控核聚变可为人类提供最清洁而又取之不尽的能源，我国各科研院所及企业都对这一技术展开积极探索。我国在核聚变反应堆材料领域取得新突破，由核工西南物理研究院自主研发制造的国际热核聚变核心部件在国际上率先通过高热负荷实验认证，这是我国对国际热核聚变实验堆计划（英文简称 ITER）的重大贡献。

## 第三节　中国新能源产业年度热点事件

### 一、我国太阳能光热发电示范项目及电价政策出台

新能源发展最大瓶颈之一的储能问题，有望通过太阳能光热发电解决，将明显改善电力输出的稳定性和可控性。2016 年 9 月 1 日，发改委发布《关于太阳能热发电标杆上网电价政策的通知》，核定全国统一的太阳能热发电标杆上网电价为 1.15 元/每千瓦时。目前此电价只适用于国家能源局所确定的太阳能热发电示范项目。9 月 13 日，国家能源局确定了第一批共 20 个太阳能热发电示范项目，计划 2018 年底前竣工投产，总计装机容量 134.9 万千瓦。

### 二、欣克利角 C 核电项目（HPC）投资协议在英国签订

2016 年 9 月，中广核集团、法国电力集团（EDF）牵头组成的中方联合体在英国伦敦正式签署英国新建核电项目一揽子合作协议，同时签署欣克利

① 朱学蕊：《压水堆主角地位近期仍将保持》，《中国能源报》2015 年 2 月 2 日。

角 C 核电项目政府性协议，标志着欣克利角 C 项目已经实现实质性的启动。欣克利角 C 核电站总装机 320 万千瓦，将满足英国 7% 用电需求。项目投资预算 180 亿英镑，成为“史上最贵的核电项目”，其中中方企业投资占比 33.5%，法国电力集团投资占比 66.5%。协议中还涉及中广核在塞斯维尔 C、布拉德维尔 B（BRB）两大核电项目上同法国电力集团的合作，其中 BRB 项目将由中方企业主导，采用中国自主研发的“华龙一号”三代核电技术，这一进展有望推动中国自主核电技术在国际市场的发展，以及中国核电装备走出去的步伐。该项目的签署标志着我国核电建设能力已经走出了国门，在国际市场上与国际核电巨头共同竞技，是中国核电由大国向强国转变的里程碑。

## 三、第六届全球新能源企业 500 强大会暨 2016 新能源发展高峰论坛在武汉举行

2016 年 12 月 6 日，第六届全球新能源企业 500 强大会暨 2016 新能源发展高峰论坛在武汉举行，会上同时公布 2016 年度的“全球新能源企业 500 强”名单。本次全球 500 强企业评选范围涵盖了太阳能、风能、地热能、储能、潮汐能、海洋能等领域的新能源产业，评选的主要参考指标为企业上一年度的营业收入。其中有 193 家中国企业入围，中国远超第二位的美国，成为上榜企业最多的国家。此次评选结果一定程度上表明，中国企业在全球范围的竞争力已经有较高的提升，新能源产业链的完整性更加全面，在新能源行业的龙头地位已经逐渐显现并有望确立。较之往年评选结果，今年上榜企业的营业收入有了较大的提升，首次突破 3 万亿人民币。上榜企业的门槛有较大的提高，所有的入围企业营业收入都在 7 亿人民币以上，比去年提高了两倍之多，一定程度上反映了新能源行业快速发展的现状。另一方面，中韩印巴等新兴市场在新能源领域入选企业数量首次与发达国家持平，总营业收入规模也首次与发达国家量级相同、差距缩小。未来，全球新能源领域的布局将会有较大的变化，竞争也将更加激烈。

## 四、全球首条新能源空铁在成都正式进行运行

11 月 21 日，全球第一条新能源空铁在成都正式投入运行。该新能源空

中悬挂式轨道列车是全球首创的以锂电池动力包为牵引动力的，同时也是一款由西南交通大学牵头，协同中车、中国中铁等7家企业共同研制开发的，中国拥有完全自主知识产权的新型现代交通系统。该新能源空铁没有电磁辐射和废气污染，并且噪声污染远低于普通的轨道交通噪音。新能源空铁的研发团队表示下一步研究计划是对空铁的运营进行考核，持续优化系统设计参数，从而进一步研制新能源空铁的技术标准，从而为在该领域的立足打下坚实基础。

## 五、中广核欧洲能源公司收购塞内加尔太阳能电站项目90%的股权

11月3日，中广核集团子公司中广核欧洲能源公司与意大利ChemtechSolar公司在达喀尔签约，正式收购塞内加尔Malicounda44MW太阳能电站项目90%的股权。该太阳能电站地处赤道，属于光照资源优越的地区，项目总装机容量预计达100兆瓦，预计2020年将达到10吉瓦。这是中广核集团首次进入非洲太阳能发电市场，拓展了我国太阳能领域的海外市场布局。

## 六、英国与中国成立中英核联合研发与创新中心

2016年11月9日，“中英核联合研发与创新中心”在伦敦举行揭牌仪式。该研发中心位于英国曼彻斯特，是我国与发达国家共建的第一个核领域联合研发中心，未来5年内将投入5000万英镑，在核能投资领域的基础上，加强科技、产业等多层次深入合作，力争打造具有行业影响力的核技术合作研发平台。

## 七、中控德令哈10MW熔盐塔式光热电站投入运行

2016年8月26日，浙江中控太阳能技术有限公司在德令哈举行媒体发布会，宣布了其10MW塔式熔盐光热电站项目正式投入运行的消息。德令哈熔盐塔式光热电站是我国首个投运的熔盐塔项目，是全球第三座正在运行的熔盐塔电站。该电站是在中控德令哈10MW水工质光热电站的基础上进行的熔盐系统改造工程，据中控太阳能此前发布的消息，8月20日，该电站一次性

打通全流程并成功并网发电，至 8 月 21 日，电站实现满负荷发电，经实测，熔盐内部换热器的各项参数指标均已完全达到设计值。据中控公司内部人员介绍，该电站采用了中控太阳能公司完全自主研发的并拥有多项自主知识产权的核心技术，所使用装备的国产化率超过了 95%。主要设备包括新型高精度智能定日镜及控制系统、熔盐吸热器、熔盐储罐、盐—水换热器，以及与之配套的仪表、阀门等。

我国首批光热发电示范项目即将正式启动，在此节点上，该项目的成功投入运行标志着我国完全自主研发的全流程熔盐储能塔式光热发电技术与装备都通过了规模化工程应用的实践验证，具备了大规模建造和推广的条件，为即将启动的第一批示范项目建设扫除了技术、装备与工程建设等方面的障碍。

## 八、上海电气成功引入西门子 6.0MW 海上风机

2016 年 8 月 26 日，“上海电气风电新产品（技术）研讨会”召开，通过引进德国西门子海上风电旗舰产品 SWT－6.0MW－154 海上风机，上海电气“海上第一”的发展战略又向前迈进了一大步。

上海电气风电集团总裁金孝龙表示，上海电气目前占中国海上风电市场份额的 60% 左右。上海电气通过国外技术引进、自行技术研发、自主知识创新，以及与西门子等跨国企业达成技术许可在中国风电领域继续合作等多种方式，逐步建立起上海电气集团自己的核心研发体系和全面质量管控运维系统。经过近十年的发展，上海电气已经成为了中国海上风电整机设备经验最足的供应商。上海电气从起初的海上风机国外引进到自主研发设计、再到全周期研发，上海电气在推动海上风电部件国产化、海上风电核心技术设备创新等方面做出了非常突出的贡献。上海电气 SWT　6.0MW　154 海上风机成功引入，是推进我国未来风电的发展方向上的重要一步，也将为中国海上风电发展起到推动作用。

## 九、三峡集团签署了《关于德国海上风电项目投资合作协议》

2016 年 6 月 13 日，三峡集团与美国黑石集团、德国稳达风电公司代表共

同签署了《关于德国海上风电项目投资合作协议》。该协议的签署，标志着三峡集团就收购德国 Meerwind 28.8 万千瓦海上风电项目 80% 股权与卖方达成一致；也标志着三峡集团在欧洲海上风电领域的又一次布局。

2015 年 2 月，并网运行发电的 Meerwind 海上风电项目总装机容量 28.8 万千瓦，地处欧洲北海海域离岸距离为 53 公里的德国湾附近，是德国目前已运行的最大的海上风电项目之一，并且是全球首个获得投资级信用评级的海上风电项目。此次黑石集团通过竞标方式转让其所持 80% 的股权。Meerwind 海上风电项目是国内能源企业首次在德国海上风电领域投资的项目，也是中国企业在德国风电行业的最大投资项目。通过收购，三峡集团获得了风电资产，还将获得具有负责 Meerwind 项目的开发、建设和运行专业团队的项目公司。三峡集团通过本次收购，成为我国第一家已投入运行的控股海外海上风电项目的企业，为将来开发其他海外海上风电项目积累了经验，提供了借鉴，搭建了平台，并成功引进了世界首级的项目团队和技术标准，为国内其他海上风电公司的发展提供了值得借鉴的经验。

## 十、中国海上风电首个“双十”项目如东海上风电项目全场投运

2016 年 9 月 8 日，中国在海上风电领域的首个“双十”项目——中广核如东海上风电项目全场投运，中国广核集团在召开的新闻发布会上宣布如东海上风电项目已经获得电力业务许可证，这标志着江苏如东 15 万千瓦海上风电项目即将投入正式的商业运行，在我国的海上风电发展史上，是一个具有历史意义的重大突破。

如东项目是我国第一个真正意义上符合“双十”标准的海上风电项目，即风电场距离海岸的距离大于或等于十公里、滩涂的宽度超过十公里，海域附近水深不少于十米，是目前我国建成投入运行的离岸最远、装机量最大的海上风电项目。“双十”海上风电项目开发的技术难度更大，对风机设备的要求更高，需要克服多个技术难题，比如海域施工、海水腐蚀、海上盐雾腐蚀、电缆远距离铺架等等，其中有些还是世界性的技术难题。据如东项目负责人表示，如东项目的年上网电量预计最高可达 4 亿千瓦时，与传统的燃煤电厂相比，每年能节约燃放 13.1 万吨标准煤，可以减少灰渣 4.9 万吨、减少烟尘

1.3 万吨、减少二氧化碳排放 26.7 万吨。此次如东项目作为我国第一个“双十”标准的海上风电项目，成功地实现了多项技术创新。

如东海上风电项目的建成投运，使我国跻身世界上少数几个具备海上风电核心建设能力的国家之一，同时也标志着我国已经基本掌握了海上风电场整体建设的核心技术。如东海上风电项目为我国海上风电的发展做出了重大的贡献，同时为我国积累了丰富的海上风电的设计、开发、建造、运维等成功经验，为我国海上风电的推广提供了重要参考。如东项目作为国家示范海上风电项目，将为我国海上风电行业的标准制定、上网电价确定等提供重要参考依据。中广核计划将持续提高海上风电项目的建设、运维等技术水平，促进海上风电产业链的发展和技术标准体系的成熟完善，推进我国海上风电领域的健康稳定发展。

## 第四节　中国新能源产业重点企业分析

### 一、全球新能源企业五百强

2016 年全球新能源企业 500 强是由《中国能源报》与中国能源经济研究院共同推出，根据新能源企业本年度营业收入作为评判标准，对全球新能源企业进行排名 。全球新能源企业 500 强最低营业收入即入围门槛逐年增高，由 2011 年的 1.02 亿元激增到 2016 年的 7.58 亿元，500 强企业的总营业收入则在 2016 年突破了 3 万亿元，反映出全球投资新能源产业的热情高涨与新能源企业的快速成长。500 强企业中，有多达 193 家企业来自中国，比去年增加了 25 家，占比达到 38.6%，以从事太阳能、风能、生物质能领域为主，其中协鑫集团、新疆金风、晶龙实业、天合光能、阿特斯阳光电科等位居榜单前列，晶龙实业已经连续 6 年荣登全球新能源 500 强。我国入选全球新能源企业 500 强的企业如表 7 – 1 所示：

**表7－1　我国入选全球新能源企业500强的企业及排名（前100名）**

| 序号 | 公司 | 排名 |
|---|---|---|
| 1 | 协鑫（集团）控股有限公司 | 2 |
| 2 | 新疆金风科技股份有限公司 | 12 |
| 3 | 晶龙实业集团有限公司 | 13 |
| 4 | 天合光能有限公司 | 19 |
| 5 | 阿特斯阳光电力科技有限公司 | 21 |
| 6 | 国电科技环保集团股份有限公司 | 24 |
| 7 | 天能国际集团 | 26 |
| 8 | 龙源电力集团股份有限公司 | 31 |
| 9 | 明阳新能源投资控股集团有限公司 | 32 |
| 10 | 招商新能源集团有限公司 | 33 |
| 11 | 超威集团 | 36 |
| 12 | 北京京能清洁能源电力股份有限公司 | 42 |
| 13 | 江苏爱康实业集团有限公司 | 46 |
| 14 | 晶科能源控股有限公司 | 48 |
| 15 | 通威集团有限公司 | 49 |
| 16 | 中利科技集团股份有限公司 | 51 |
| 17 | 华电福新能源股份有限公司 | 53 |
| 18 | 中国国际能源集团控服有限公司 | 55 |
| 19 | 晶澳太阳能控股有限公司 | 61 |
| 20 | 中国粮油控股有限公司 | 68 |
| 21 | 上海电气集团股份有限公司 | 72 |
| 22 | 新能源科技有限公司（中国香港） | 73 |
| 23 | 英利集团有限公司 | 84 |
| 24 | 中电控股有限公司（中国香港） | 86 |
| 25 | 新特能源股份有限公司 | 88 |
| 26 | 中国高速传动设备集团有限公司 | 90 |
| 27 | 特变电工新疆新能源股份有限公司 | 94 |
| 28 | 深圳市德赛电池科技股份有限公司 | 97 |
| 29 | 浙江昱辉阳光能源有限公司 | 99 |

资料来源：《中国能源报》2016年12月。

## 二、风电整机制造企业装机容量排名

2016年，我国共有33家风电整机厂商，包括新疆金风、国电联合、中国明阳、远景能源、湘电风能、上海电气、中国东方电气、中船重工海装风电设备（重庆）、浙江运达、华锐风电、大唐华创风能、中国航天万源、南车株洲电力机车、三一重型能源装备、华仪风能、北京京城新能源、太原重工、久和能源、许继风电科、山东瑞其能、江苏新誉重工、宁夏银星能源、沈阳中科天道、苏州航天特谱、江苏九鼎天地风能、南京风电、中科风电、中航惠德风电、南京重人能源、北车风电、锋电能源、银河风力、兰州电机。其中，金风科技、远景能源近几年来发展成绩突出，连续两年入围由风电行业著名杂志 Windpower Monthly 组织的2015年度、2016年度全球最佳风机评选，金风科技、远景能源分别荣获2016年度最佳陆上风电机组（2.9兆瓦以下）第6名和第9名，远景能源同时还荣获了2016年度最佳海上风电机组第8名和2016年度最佳大功率陆上风电机组第10名。根据2016年我国主要风电整机制造商的装机容量和市场份额的占比，我国主要的风电整机制造商排名如表7－2所示：

**表7－2 2016年我国主要风电整机制造商装机容量及市场份额**

| 序号 | 公司名称 | 2016年风电装机容量（GW） | 国内市场份额（%） |
|---|---|---|---|
| 1 | 金风科技 | 6.3 | 28 |
| 2 | 国电联合动力 | 2.0 | 9 |
| 3 | 远景能源 | 2.0 | 9 |
| 4 | 明阳风电 | 2.0 | 9 |
| 5 | 中船重工（重庆）海装 | 1.8 | 8 |
| 6 | 上海电气 | 1.7 | 8 |
| 7 | 湘电风能 | 1.2 | 5 |
| 8 | 东方电气 | 1.1 | 5 |
| 9 | 运达风电 | 0.7 | 3 |
| 10 | 其他（含外国整机制造商） | 4.1 | 18 |

资料来源：彭博新能源财经，2017年1月。

## 三、“北极星杯”十大光伏品牌企业

我国光伏企业主要分为光伏原材料及辅料、光伏组件、光伏逆变器、光伏零部件、光伏生产设备等六大类企业，2016 年，北极星太阳能光伏网根据企业经营细分领域对我国 200 余家光伏企业进行评选，最终筛选出 70 余家企业，荣获 2016 年“北极星杯”十大光伏品牌企业。其中，天津中环半导体、浙江弗沙朗、常熟福莱德、山东大海新能源、新特能源等获得 2016 年“北极星杯”十大原料及辅料品牌企业，晶澳、润峰、晶科、天合光能、阿特斯等获得 2016 年“北极星杯”十大组件（电池）品牌企业，阳光电源、上能电气、中天昱品、北京能高自动化、北京科诺伟业等获得 2016 年“北极星杯”十大集中式逆变器品牌企业，华为等企业获得 2016 年“北极星杯”十大组串式逆变器品牌企业，此外还有“北极星杯”十大地面电站工程总包品牌企业、十大光伏支架品牌企业、十大光伏电站运维品牌、十大分布式电站开发/承建品牌企业。以光伏组件领域为例，东方旭日发展较为突出，在 2016 国际太阳能产业及光伏工程展览会暨论坛（SNEC）上，东方旭日公司推出 1500V 系列光伏组件新品，能够以高效抗 PID 特性、强适应能力降低用点成本，还凭借在光伏电站建设及组件制造方面的卓越贡献成功入围由 PVP 365 网站公布的“全球光伏电站 20 强排行榜”，分别荣获“2016 中国光伏电站 EPC 总包企业 20 强 ”“2016 中国光伏电站企业 20 强”以及“2016 中国光伏组件企业 20 强第七名”三项荣誉称号，并荣登 PHOTON Consulting 发布的 2016 年第三季度光伏企业“铁人三项”第一梯队（共计全球 59 家光伏企业），东方旭日目前已成长为全球领先的高效光伏组件制造商和全方位发电解决方案提供商。

## 四、生物质能行业优秀企业 30 强

生物质能作为世界第四大能源，是全球各国新能源产业布局的重点。近几年来，我国生物质能产业发展较快，从事生物质能项目的企业不断增加，当前我国生物质能市场仍然以民营企业为主。在 2016 年召开的全球生物质产业链年度盛宴暨第五届亚太生物质能展（APBE）上，评选出了我国生物质能行业优秀企业 30 强（表 7 -3），同时颁发了我国生物质锅炉十大品牌、生物

质成型设备品牌十强、中国生物质优质燃料供应商20强等奖项。值得注意的是，ANDRITZ（上海申德）凭借其生物质颗粒成型设备、饲料机械设备的核心技术，居于生物质能行业优秀企业30强榜首，北京仟亿达公司通过生物质气化多联产技术将秸秆、稻草、林业废弃物、木屑等热解生产碳、热、气、电、肥，实现了生物质五联产，提高了农作物的附加值，生物质能企业的技术水平正在不断提升。

表7－3 生物质能行业优秀企业30强

| 排名 | 企业名称 |
| --- | --- |
| 1 | ANDRITZ（上海申德机械有限公司） |
| 2 | 江苏正昌粮机股份有限公司 |
| 3 | 北京仟亿达科技股份有限公司 |
| 4 | 杭州霍普曼农业新能源设备有限公司 |
| 5 | 江苏五洲机械有限公司 |
| 6 | 北京热华能源科技有限公司 |
| 7 | 河北天太生物质能源开发有限公司 |
| 8 | 无锡市特能机电有限公司 |
| 9 | 普拉克环保系统（北京）有限公司 |
| 10 | 沈阳远大科技实业有限公司 |
| 11 | 广东宝杰环保科技有限公司 |
| 12 | 绿威（中国）生物质能源有限公司 |
| 13 | 广州绿鼎能源科技有限公司 |
| 14 | 东莞市淳元通用机械设备有限公司 |
| 15 | 惠州元威机械科技有限公司 |
| 16 | 广州博恩能源有限公司 |
| 17 | 广东达万喜节能技术有限公司 |
| 18 | 佛山市浩宝金属制品有限公司 |
| 19 | 佛山市迈雷特数控技术有限公司 |
| 20 | 靖江万泰机械制造有限公司 |
| 21 | 河北农乐生物质资源利用有限公司 |

续表

| 排名 | 企业名称 |
|---|---|
| 22 | 济宁市田农机械有限公司 |
| 23 | 河南巨烽生物能源开发有限公司 |
| 24 | 成都天一元机械设备有限公司 |
| 25 | 河北薪火新能源科技有限公司 |
| 26 | 广西南宁市友建重工机械有限公司 |
| 27 | 德州大河生物燃料机械有限公司 |
| 28 | 溧阳市齐发机械有限公司 |
| 29 | 山东省邹平县宏鑫机械制造有限公司 |
| 30 | 邹平鸿源机械制造有限公司 |

资料来源：中国家电市场网，2016 年 9 月。

# 第八章　新材料产业

2016年，新材料产业领域技术创新持续活跃，新型先进半导体材料、稀土材料、生物医用材料等均有诸多重大科技突破，如华为推出业界首个石墨烯增强电池等，给所在业界带到巨大震动。国家支持新材料产业发展的政策持续发力，我国已批准设立的129个国家级新材料产业基地在新材料产业发展中的引领带动作用日渐突出。龙头企业对行业的带动领跑作用依然明显，如石墨烯行业内的常州第六元素材料科技股份有限公司，稀土领域的北京中科三环高技术股份有限公司等，均是业内科技和产值的标杆。

## 第一节　国内外新材料产业发展动态

### 一、国内外产业整体概况

#### （一）国际新材料产业发展特征

随着全球经济的高速发展和一体化进程的加速，资源、能源和环境问题越来越受到普遍关注，发展新材料产业成为各国抢占未来经济发展制高点的重要途径，诸多受益于新材料研究的上市公司应运而生，如杜邦、道康宁、拜耳、巴斯夫等。目前，发达国家在新材料领域的发展有以下几个趋势：

第一，规模高速扩张，专业化、复合化、精细化趋势更加明显。全球新材料市场需求一直保持增长态势，进入新世纪以来年均增长速度都在10%以上，其中新能源材料包括太阳能电池材料、生物医用材料、航空航天材料、节能环保新材料等重点领域市场规模均达到数百亿美元到数千亿美元，目前北美和欧洲是最大的市场，发展比较成熟，能深入微观层次有目标地研究和开发新材料，功能材料不断取得突破性进展，新材料产业走向更专业化、复合化、精细化的方向。

第二，新材料产业具备优质的工艺和设备基础，产业化进程加快，形成了“设备/工艺——材料——新兴技术”产业链的良好循环。发达国家将加速新材料研究成果转化和产业化作为政策重点，促进新材料市场的发展，并以新材料技术带动下游产业链的发展。如美国的国家实验室可以用自己的研究经费与工业界合作进行新材料的研究与开发；德国偏重于从政策上引导科研院所和大学向中小企业转让新材料技术，促进二者之间的交流合作。

第三，更加重视与生态和资源的协调发展，研发与实际应用联系得更加紧密。可持续发展已成为当代人类共同的理念和追求，而新材料作为现代高新技术的基础，正是实现可持续发展的关键突破口，世界各国都更加注重新材料与资源、能源和环境的可持续发展，也更加重视新材料从生产到使用的全过程的资源利用与保护问题。

第四，确定重点领域的战略性发展规划，加大资金投入，集中经费开展研发。美国、欧洲、日本等发达国家和地区都把发展新材料作为科技发展战略的重要组成部分，纷纷制定相关发展规划，投入大量资金，予以重点支持。

### （二）中国新材料产业发展概况

在国家政策的大力扶持下，我国新材料产业发展迅速，截至2016年底，我国已批准设立129个国家级新材料产业基地，全国新材料企业超12000家。

在空间布局方面，根据地域特点、矿产资源、产业基础、人才、区位及市场等因素，我国基本形成了“东部沿海集聚，中西部特色发展”的区域布局。西部地区依托其天然的能源、资源优势，主要承担上游原材料生产功能；中、东部地区依托其雄厚的原材料工业基础，主要承担次级原材料加工功能；环渤海地区是全国科技创新资源最为集中的地区，长三角是我国最大的制造业基地，珠三角新材料产品主要集中在电子信息行业，外向型特点突出，这三个地区主要承担研发和高端制造等功能。

在产业规模方面，国家对战略性新兴产业的不断支持以及一系列国民经济和国防建设重大工程的实施，为我国新材料产业的发展提供了广阔的空间，新材料产业规模一直保持稳步增长。我国新材料产业总产值由2010年的0.65

万亿元增至2015年的近2万亿元，年均增速达24%，其中，稀土功能材料、先进储能材料、光伏材料、有机硅、超硬材料、特种不锈钢、玻璃纤维及其复合材料产能居世界前列。2016年，在国家政策的大力扶持下，新材料产业产值继续保持稳定增长。

在产业技术方面，一些前沿性新材料、新技术不断取得突破，我国的纳米材料技术的研发和应用处于国际先进水平，石墨烯材料的应用水平迅速提高，超导材料、低温材料、超硬材料、高性能纤维等的研究和产业化水平也逐渐赶超发达国家。以纳米材料为例，山西中兴环能科技有限公司于2015年在“煤层气催化裂解零排放制备纳米碳材料”技术上取得重要进展，突破了国际上从煤层气提取高石墨化程度纳米碳只停留在克级水平的局限，成功生产出公斤级的纳米碳材料。

## 二、我国产业存在的问题

我国新材料产业存在亟待解决的三大难题：

第一，自主研发能力相对薄弱。经过近几年的高速发展，我国新材料产业已初具规模，但是与发达国家相比，仍存在生产能力不足、产品工艺不高、产品规格少等缺点，许多高附加值的关键产品仍依赖进口，核心技术缺乏，难以实现产业化应用。工信部的相关调研指出，130种国民经济需要的关键材料，32%是完全依赖进口的，只有14%能完全自给，其余54%国内可以生产，但性能不足。

第二，资源利用能力不高。以稀土资源为例，我国稀土资源丰富，但这些宝贵的资源并没有得到有效的利用，矿区采易弃难、采富弃贫现象严重，包头的稀土伴生矿，利用率仅达到了6%，开采量90%以上的稀土资源都没有得到有效利用。

第三，产业集聚度低，资源整合能力差，缺少国际型领军企业。我国新材料企业呈现的突出问题是分散、重复的中小型企业居多，这些企业融资难，发展受到局限，而大型企业占据垄断地位，长期获得资金支持，创新动力差。反观一些大型跨国集团，如波音、道康宁、拜耳等，企业定位明确，地位和作用突出，研发投入大，创新能力强，上下游产业链结合好，科研成果可直接在公司内实现产业化，其经验十分值得我国企业借鉴。

## 三、我国产业政策动态

### （一）成立“国家新材料产业发展领导小组”

为贯彻实施制造强国战略，进一步推进新材料产业的发展，国务院成立了国家新材料产业发展领导小组，主要负责审议推动新材料产业发展的总体部署、重要规划，统筹研究重大政策、重大工程和重要工作安排以及协调解决重难点问题。2017 年 1 月 9 日，领导小组召开了第一次会议，国务院副总理马凯在会上进一步强调了新材料产业重要性，并指出，加快新材料产业发展是建设制造强国的迫切需要，是党中央、国务院作出的重要战略部署。为加快推动新材料产业快速健康发展，应坚持以下四项原则：第一，坚持需求牵引，战略导向。聚焦国家重大战略急需和产业发展瓶颈，加快发展一批关键基础材料和前沿新材料。第二，坚持创新驱动、重点突破。启动实施重点新材料研发及应用重大工程，建设国家新材料创新中心，研发一批、储备一批、应用一批。第三，坚持产用结合、军民融合。加快测试评价等平台建设，强化应用研发对接，抓好初期市场培育，深化军民双向转移。第四，坚持市场主导、政府推动。发挥企业主体作用和市场对发展方向、路线和资源配置的导向作用。政府在简政放权、知识产权保护、市场秩序、标准建设、人才培养等方面为新材料产业发展营造良好环境①。

### （二）印发《“十三五”国家科技创新规划》

2016 年 8 月，国务院印发了《“十三五”国家科技创新规划》，将重点研制碳纤维及其复合材料、高温合金、先进半导体材料、新型显示及其材料、高端装备用特种合金、稀土新材料、军用新材料等列入“科技创新 2030 重大项目”，并对新材料产业的发展提出了具体思路：第一，发展先进结构材料技术。第二，发展先进功能材料技术。第三，发展变革性的材料研发与绿色制造新技术。

① 《加快推进新材料产业发展》，《人民日报》2017 年 1 月 10 日。

### （三）印发《“十三五”国家战略性新兴产业发展规划》

2016 年 11 月，国务院发布了《“十三五”国家战略性新兴产业发展规划》，进一步明确了新材料产业的关键地位，并提出了具体的发展思路。第一，提高新材料的基础支撑能力。加强前沿材料布局，以需求为导向，为新材料产业化及应用提供良好环境，不断提高应用水平，力争到 2020 年使若干新材料品种进入全球供应链，在重大关键材料方面，自给率达到 70% 以上。第二，推动新材料产业提质增效。如高强轻合金、高性能纤维、特种合金、动力电池等新材料，要根据其在航空航天、轨道交通、电力电子、新能源汽车等产业的需求，不断提升产品质量，扩大规模化应用范围。第三，以应用为牵引构建新材料标准体系。以企业为主体，建立产学研用结合的研发体系，加强新材料产品标准与下游行业设计规范的衔接配套，不断推动标准体系的国际化进程。第四，促进特色资源新材料可持续发展。在特色资源新材料的开采、冶炼分离、深加工等环节，要推广应用智能化、绿色化生产设备与工艺，建立专业化的回收利用基地，使特色资源新材料实现可持续发展。第五，前瞻布局前沿新材料研发。鼓励创新投入，实现石墨烯产业化应用技术突破，拓展纳米材料的应用范围，着力研发极端环境所需新材料。

### （四）加紧出台《新材料产业“十三五”发展规划》

新材料从研发到正式推广应用需要长时间的考核，因此我国新材料产业亟待解决的问题就是突破应用瓶颈的制约，加大新材料产业化的力度。面对国家宏观经济下行压力，材料领域也受到了不同程度的影响，特别是传统材料领域，产能过剩压力很大，这就产生了一个现象，基础原料供应充足，但下游开发新产品的能力跟不上，新材料产业急需找到新的发展方向。目前，新材料产业“十三五”发展规划的编制已基本结束，正处在报备过程中，力求在“十三五”期间全面提升新材料的保障能力，一方面要鼓励企业真正落实新材料的使用，另一方面要开展实施新材料应用示范工程，通过上下游合作，对新材料的性能进行提升。

# 第二节　中国新材料产业重点领域分析

## 一、先进半导体材料

半导体材料是电导率介于金属与绝缘体之间的材料，一般情况下其电导率随温度的升高而增大。半导体材料是制作晶体管、集成电路、电力电子器件、光电子器件的重要材料，支撑着通信、计算机、信息家电与网络技术等电子信息产业的发展，所有电子元器件都是经过对半导体材料的加工而成为实物的。因此，半导体材料对于现代信息化产业具有举足轻重的地位，半导体材料产业是信息化产业的基础产业。

### （一）发展概况

半导体材料发展至今可分为三代。第一代半导体材料主要是指硅（Si）、锗元素（Ge）半导体材料，在集成电路、电子信息网络工程、电脑、手机、电视、航空航天、各类军事工程和迅速发展的新能源、硅光伏产业中都得到了极为广泛的应用。第二代半导体材料主要是指化合物半导体材料（如砷化镓（GaAs）、锑化铟（InSb））、三元化合物半导体（如GaAsAl、GaAsP）、固溶体半导体（如Ge－Si、GaAs－GaP）、玻璃半导体（又称非晶态半导体，如非晶硅、玻璃态氧化物半导体）和有机半导体（如酞菁、酞菁铜、聚丙烯腈）等，主要用于制作高速、高频、大功率以及发光电子器件，是制作高性能微波、毫米波器件及发光器件的优良材料，广泛应用于卫星通讯、移动通讯、光通信和GPS导航等领域。

目前，最先进的半导体材料是第三代半导体材料，主要是以碳化硅（SiC）、氮化镓（GaN）、氧化锌（ZnO）、金刚石、氮化铝（AlN）为代表的宽禁带（Eg＞2.3eV）半导体材料。这些先进半导体材料被广泛应用于光电子器件、电力电子器件等领域，其优异的半导体性能在各个现代工业领域发挥重要革新作用，应用前景和市场潜力巨大。特别是随着碳化硅生产成本的降低，碳化硅半导体正凭借其优良的性能逐步取代硅半导体，打破硅基由于材料本身性能所遇到的瓶颈。

相对于硅，碳化硅的优点很多：有10倍的电场强度，高3倍的热导率，宽3倍禁带宽度，高1倍的饱和漂移速度。因为这些特点，用SiC制作的器件可以用于极端的环境条件下。微波及高频和短波长器件是目前已经成熟的应用市场。42GHz频率的SiCMESFET用在军用相控阵雷达、通信广播系统中，用碳化硅作为衬底的高亮度蓝光LED是全彩色大面积显示屏的关键器件。

在碳化硅中掺杂氮或磷可以形成n型半导体，而掺杂铝、硼、镓或铍形成p型半导体。在碳化硅中大量掺杂硼、铝或氮可以使掺杂后的碳化硅具备数量级可与金属比拟的导电率。掺杂Al的3C－SiC、掺杂B的3C－SiC和6H－SiC的碳化硅都能在1.5K的温度下拥有超导性，但掺杂Al和B的碳化硅两者的磁场行为有明显区别。掺杂铝的碳化硅和掺杂B的晶体硅一样都是II型半导体，但掺杂硼的碳化硅则是I型半导体。

氮化镓是氮和镓的化合物，此化合物结构类似纤锌矿，硬度很高。作为时下新兴的半导体工艺技术，提供超越硅的多种优势。与硅器件相比，GaN在电源转换效率和功率密度上实现了性能的飞跃。氮化镓具备出色的击穿能力、更高的电子密度及速度和更高的工作温度。氮化镓的能隙很宽，为3.4电子伏特，广泛应用于功率因数校正（PFC）、软开关DC－DC等电源系统设计，以及电源适配器、光伏逆变器或太阳能逆变器、服务器及通信电源等终端领域。氮化镓是极稳定的化合物，又是坚硬的高熔点材料，熔点约为1700℃，GaN具有高的电离度，在Ⅲ—Ⅴ族化合物中是最高的（0.5或0.43）。在大气压力下，GaN晶体一般是六方纤锌矿结构。它在一个元胞中有4个原子，原子体积大约为GaAs的一半。因为其硬度高，又是一种良好的涂层保护材料。氮化镓的电学特性是影响器件的主要因素。未有意掺杂的GaN在各种情况下都呈n型，最好的样品的电子浓度约为$4 \times 1016/cm^3$。一般情况下所制备的P型样品，都是高补偿的。

我国政府高度重视先进半导体材料的研究与开发，从2004年开始对第三代半导体领域的研究进行了部署，启动了一系列重大研究项目，2013年科技部在863计划新材料技术领域项目征集指南中明确将第三代半导体材料及应用列为重要内容。

目前我国在发展先进半导体材料时遇到的最大瓶颈就是原材料。我国碳化硅原材料的质量、制备问题亟待破解，对碳化硅晶元的制备尚为空缺，大多数设备靠国外进口。国内开展碳化硅、氮化镓等材料和器件方面的研究工作比较晚，与国外相比水平较低。国内先进半导体材料领域的科研院所和相关生产企业大都急功近利，难以容忍长期“只投入，不产出”的现状。因此，先进半导体材料产业的原始创新举步维艰。

不过，随着国家战略层面支持力度的加大，特别是在节能减排和信息技术快速发展方面所具备的较好的产业基础，我国将有望集中优势力量一举实现弯道超车，占位领跑。

### （二）技术进展

目前，碳化硅材料的应用领域十分广泛。在高铁领域，碳化硅材料可节能20%以上，并减小电力系统体积；在新能源汽车领域，碳化硅材料可降低能耗20%；在家电领域，碳化硅材料可节能50%；在风力发电领域，碳化硅材料可提高效率20%；在太阳能领域，碳化硅材料可降低光电转换损失25%以上；在工业电机领域，碳化硅材料可节能30%—50%；在超高压直流输送电和智能电网领域，碳化硅材料可使电力损失降低60%，同时供电效率提高40%以上；在大数据领域，碳化硅材料可帮助数据中心能耗大幅降低；在通信领域，碳化硅材料可显著提高信号的传输效率和传输安全及稳定性；在航空航天领域，碳化硅材料可使设备的损耗减小30%—50%，工作频率提高3倍，电感电容体积缩小3倍，散热器重量大幅降低。

## 二、稀土材料

我国稀土功能材料发展日益加快，受技术、材料价格等因素影响，产业发展的长效机制还不完善，难以满足一些新兴产业尤其是高端新兴产业的发展需求。下一步应以工业机器人、节能环保、新能源汽车、新材料等终端应用需求，作为稀土功能材料技术研发和产品产业化的主攻方向，不断开发和提升稀土材料的新功能，促进中高端应用功能新材料的新发展。

### （一）发展概况

稀土磁性材料。稀土磁性材料被广泛应用于机械、电子、仪表等领域，主要包括稀土永磁材料、磁致冷材料、磁致伸缩材料等。以稀土永磁材料为例，近年来，新能源汽车、机器人等领域的快速发展，使这些行业对钕铁硼材料的需求增长迅猛。根据中国汽车协会的相关统计，2016 年，我国新能源汽车的生产量为 51.7 万辆，销售量为 50.7 万辆。其中，纯电动车占 81%，混合动力车占 19%。假设混合动力汽车驱动电机所需的钕铁硼磁性材料为 1 至 3 千克/辆，纯电动汽车驱动电机所需的钕铁硼磁性材料为 5 至 10 千克/辆。2016 年，我国新能源汽车产业发展对钕铁硼材料的需求量约为 0.22 至 0.45 万吨。

稀土发光材料。由于发光谱带窄、光吸收能力强、转换效率高、发射波长分布区域宽、物理和化学性能稳定等特性，稀土发光材料被广泛应用于电光源照明、电视机显色材料、X 射线荧光粉、发光涂料等领域，其中最为主要的应用是电光源照明领域。处于上游的稀土荧光粉对于白光 LED 的显指、色彩还原起到至关重要作用。稀土节能荧光灯具有高频化、高显色、高光效等特性，又具备高稳定性、低光衰、色漂移小、寿命较长等特点。2016 年“高品质全光谱白光 LED”列为国家“十三五”重点专项的首批科技计划，这将助推稀土荧光粉产业的进一步发展。

稀土光谱转换材料。目前，包头稀土院通过自主创新，成功研发出具有市场应用价值的稀土光谱转换材料及制备工艺，在工业条件下研制的转光膜可初步满足户外太阳能电池应用试验的要求，该产品正处于应用评价试验阶段。

稀土催化材料。从全球市场份额看，我国稀土尾气净化催化生产企业仅占全球市场 10%，德国 BASF、英国 JohnsonMatthey、比利时 Umicore 等占比约 90%。从国内市场份额看，我国汽车尾气净化稀土催化剂企业仅占国内市场约 27%。截至 2016 年底，全国机动车保有量达 2.9 亿辆，汽车年产量超过 2800 万辆，当前国Ⅴ排放标准已在全国范围内全面实施，国Ⅵ排放标准计划于 2020 年开始分阶段实施，这将引发对机动车尾气净化催化剂的需求迅速增长，也将给稀土催化材料在机动车尾气净化中的应用带来新的发展机遇。

### （二）技术进展

稀土磁性材料。我国自主研发的永磁驱动技术已成功应用于高铁，并向新能源汽车等应用方向发展。例如，2016 年 8 月，长沙市轨道交通 1 号线永磁牵引系统列车正式投入载客运营，采用永磁牵引系统的列车较传统的异步牵引系统列车，其牵引能耗可降低约11.5%。同月，由中车株洲电机公司研制的盾构机永磁同步电机装载试运行，相比于传统同功率异步电机，该永磁同步电机的效率约高出10%，每小时平均能够节约电能100千瓦时。4月，中车株洲电机公司成功研制出我国第二代新能源汽车轮边永磁驱动系统，该系统并未采用传统新能源汽车所采用的中央电机集中驱动，而是采用由安装在电动汽车车桥两侧的永磁轮边电机进行驱动，该系统的最高效率可达96%，电机控制器的输出频率达到600赫兹。

稀土发光材料。以直流电为驱动的LED照明光源，在工作时需要通过交、直流电源转换，增加了能源成本，并且散热较差。长春应用化学研究所与四川新力光源有限公司针对LED直接被交流电驱动时发光频闪问题，创新研发出交流LED技术，推动了我国交流LED尤其是稀土交流LED发光材料产业发展。

稀土光谱转换材料。稀土光谱转换材料通过利用稀土离子的光学跃迁特性，可将紫外和红外光转换为光伏电池能够有效响应的可见光，进而提高光伏电池的光电转换效率。如果将稀土光谱转换材料应用于硅基太阳能电池组件，其电池组件的发电功率可增加1.88%至2.38%。

稀土催化材料。净化机动车尾气的环保催化产品的需求量与日俱增。当前，市面上的机动车尾气净化催化剂种类繁多，其中，贵金属催化剂在活性和净化效率方面较好，但其材料成本也较高。而在汽车尾气净化器中加入稀土催化材料可以有效降低催化剂中的贵金属用量，并且仍具备较好的净化效率。2016年2月，东北大学与日本物质材料研究机构合作研发出了高性能汽车尾气催化剂纳米多孔NiCuMnO，如汽车尾气净化采用该材料，可使材料成本大大降低。

## 三、生物医用材料

### （一）发展概况

生物医用材料产业是医疗器械产业的基础和重要组成部分，主要包括医用的高分子、金属和合金、陶瓷、组织工程、支架、生物衍生、复合材料等。

产品涵盖品类众多的基础医疗器械产业，如一次性医疗器具，还包括直接植入人体或与生理系统结合使用的材料等高端产品，如人造血管、骨修复和替换材料、牙科材料等。我国生物医用材料市场需求量大，产业发展呈现以下几个发展特点。一是产业增速较快但产业链整体处于低端环节。总体来看，我国医疗器械市场10多年来以近20%的年增长率持续增长，生物医用新材料的复合增长率高达30%，我国逐渐成为全球第二大生物医用材料市场。但目前我国90%以上的高端医疗器械产品依赖进口，市场竞争力相对较弱。我国高值耗材市场除了支架类产品实现国产化外，大部分被进口产品垄断。生物医用材料产业基础十分薄弱，原材料供应厂商和生产基地严重缺乏，产业整体处于低端环节，企业多为生产一次性用品和一般性基础器械的中小型企业，技术含量较低。从市场份额看，2016年的医疗器械市场规模约3800亿元，占全球的市场份额不到10%，其中，医用材料是植入器械的上游，医用植入医疗器械占医疗器械的比例约为13%。二是国家重大专项重视对生物医用材料的部署。在《国家中长期科学和技术发展规划纲要》人口与健康的优先主题中，其中一项是先进医疗设备与生物医用材料，提出"研究纳米生物药物释放系统和组织工程等技术，开发人体组织器官替代等新型生物医用材料"。2015年，国家863计划生物和医药技术领域中提出"组织再生型系列3D打印技术和装置研究""引导组织再生的智能生物材料技术"等研究方向。2017年1月，《新材料产业发展指南》中将生物医用材料列为关键战略材料的重点方向，实现产业的规模化、市场化。三是生物医用材料应用市场集中在骨科和心血管领域。从全球植入医疗器械市场分布看，骨科和心血管领域市场份额分别为38%、36%，伤口护理和整形外科所占份额分别为10%左右。我国骨科植入医疗器械市场规模约为60亿元，进口品牌占据超过50%的市场份额。四是跨国企业对国内企业投资并购活跃，国内市场地位不断强化。近年来，我国部分优秀企业先后被美国、德国等跨国医疗器械公司收购。如骨科创伤类器械公司江苏控股被美国Stryker公司收购；康辉医疗被美敦力公司收购，康辉医疗是国内重点骨科植入医疗器械公司，产品涵盖创伤、脊柱和人工关节等领域；北京蒙太因被Zimmer公司收购，原为生产骨科植入材料和人工器官（如人工关节）的优秀企业。未来，我国医疗器械市场规模将不断扩张，重点产品的研发和投入将不断增多，骨科和心血管所需的植入材料、人工器官等高附加值的产品将迎来快速增长机遇。

### （二）技术进展

近年来，生物医用材料的研发热点集中在骨科、心脑血管和矫形外科等领域，生物医用材料的功能趋势正在向实现人体自我康复能力的方向发展，通过赋予材料生物功能，使得被损坏的组织、器官恢复和增进其功能，实现病变或缺损组织、器官的永久康复。目前新型技术和新型材料的开发与应用使行业不断取得新进展。一是，3D 打印生物医用材料方面取得重大突破。3D 打印的医学骨替代品、植入物，还有齿科和矫形假体已经广泛应用。2016 年我国 3D 打印血管、全降解血管支架、人工椎体等产品创下了全球多个首例。如国家“863”计划 3D 生物打印技术促进人工血管内皮化研发项目，3D 打印的血管在猴体中实验成功，属于全球首创；3D 打印的多节段胸腰椎植入物替代切除的恶性脊椎肿瘤椎体取得成功，是获得 CFDA 批准注册的我国第一个也是全球首个 3D 打印人工椎体产品。二是具有诱导组织再生生物功能的新型医用材料及植入器械成为重要研究领域。通过生物技术赋予材料生物结构和生物功能，诱导组织或器官再生对行业的影响和改变越来越大。如近期用于刺激牙齿再生的一种生物材料已经研制，将用于替代传统补牙填充物，这种新型材料会刺激牙齿干细胞再生，未来病患也将无需再忍受根管治疗的痛苦。三是具有生物活性物质传递系统的载体材料及相关器械处于研发起步阶段。目前已有科学家研制出微型机器人，植入到肿瘤区域附近的皮肤表层下，再通过磁铁引导，将药物运送到指定的位置。这款微型机器人由 3D 打印制成，目前只在老鼠体内得到测试，未来目标是运用到治疗人体肿瘤等疾病当中。此外，还有纳米技术、纳米生物医用材料、医学诊断分子、生物分离系统的材料、石墨烯的医疗应用等领域也是生物医用材料的重要研究方向，在发展趋势上将更加关注材料的生物相容性、生物安全性以及材料的复合功能性。我国生物医用材料拥有巨大的临床需求和市场优势，随着材料科学、生物技术、纳米技术、信息技术、医药技术等的融合和发展，我国行业发展将迎来重大历史机遇。

## 四、先进有色金属材料

### （一）发展概况

有色金属行业是我国的基础性行业之一，重点包括铜铝镁铅锌等十大重点有色金属冶炼以及深加工等。2016 年是“十三五”的开局之年，有色金属及其合金工业等正处在深度调整发展的关键时期，中央提出的供给侧结构性调整在这个领域体现的最为充分。2016 年，有色金属行业调整首先体现在增长速度的换挡上，行业增速由“十二五”时期的 10% 左右，大幅下降到 2015 年的 5.8%，近乎下降一半，而 2016 年全年增速也在 1% 左右，增速换挡一方面是自主适应的结果，另一方面也是下游市场不景气被迫调整的结果。

**表 8－1 2010—2015 年有色金属产量**

| | 2015 年 | 2014 年 | 2013 年 | 2012 年 | 2011 年 | 2010 年 |
|---|---|---|---|---|---|---|
| 十种有色金属产量 | 5155.82 | 4828.81 | 4412.13 | 3696.97 | 3435.44 | 3120.98 |
| 精炼铜产量 | 796.20 | 764.37 | 664.45 | 575.73 | 524.02 | 458.65 |
| 原铝（电解铝）产量 | 3141.00 | 2885.79 | 2543.81 | 2314.14 | 1961.39 | 1577.13 |
| 氧化铝产量 | 5897.90 | 5239.91 | 4774.96 | 3769.89 | 3417.20 | 2893.02 |

资料来源：国家统计局网站。

从行业应用和产品发展水平来看，目前我国有色金属及其合金工业距离战新产业发展规划提出的到 2020 年 70% 的关键材料自给率还有相当大的差距，材料对战新产业的基础保障能力还有待大力加强，特别是在国防科工和汽车机械等主导产业领域，高强轻合金和高温合金方面与国外先进国家还有非常大的差距。因此上述领域也是国家推进先进有色金属材料的重点领域，在“十三五”战略性新兴产业发展规划中，也是重点规划引导发展的领域，目的是通过这一领域建设，加快从材料大国向材料强国发展转变。在有色金属领域，2016 年国家重点关注的工作还包括三个，一是有色金属生产的智能化，二是有色金属生产的绿色化，三是有色金属生产的国际化。受环境关注的影响，有色金属生产中出现的环境污染治理和温室气体排放等问题，不但受到国内冶金城市及其周边城市的关注，也受到国外矿山和绿色投资东道国的关注，这一领域关系到材料供应和产品销售，因此国家《有色金属工业

“十三五”规划》中对环境指标有明确要求，包括氧化硫排放总量污染累计减少15%，赤泥综合利用率超过10%，等等。两化融合指标提出：关键工艺数控化率超过80%、综合集成企业比例从当前的12%提升到20%、管控集成企业比例从当前的13%提升到18%、产供销集成企业比例从当前的16%提升到22%。

高温合金方面，高温合金是我国高精尖工业品发展的重要瓶颈，如在航空发动机中，高温合金材料占发动机重量的比重约为50%，燃烧室、涡轮叶片和涡轮盘等都是高温合金材料，多年以来正是由于高温合金材料发展滞后，才造成我国航空发动机工业发展受限。不单在军工领域，在民用领域，高温合金材料应用也非常广泛，目前占比为20%。在高温合金中比较重要的包括镍基单晶高温合金、镍基超塑性高温合金等。在国际上，美国、日本、俄罗斯、法国等发达国家，高温合金材料工业发展比较发达，特别是一批涉及军用领域的材料，长期以来都是限制对外出口的，因此，发展高温合金工业，必须自力更生。2016年全球镍基合金主要应用在国防、石化、电子、航空航天等领域，其产品具有耐高温、耐腐蚀等优良特性，2016年全球镍基合金产量超过30万吨。欧洲和日本是最大和最重要的两个生产地区和国家，其中日本镍基产品在电子方面应用比较广泛。另外一个重要的高温合金是钛合金，钛合金与钼、钒等金属合金，既能够生成高温合金，也可以生成耐蚀合金以及低温合金，钛合金不但具有耐高温性能，还有很好的机械加工性能，能够在高温环境下工作，是很好的发动机材料，被广泛应用于军工和航空航天领域。目前我国钛合金年产量在5万吨左右，消费主要集中在电力和化工民用产业领域，未来随着航空航天的大发展，预计消费会大幅增加。但目前航空领域所生产的高端钛合金材料水平与国外有差距，因此造成我国高端钛合金消费占比有限。

高强轻合金方面，高强轻质合金从应用规模来看，主要包括铝合金和镁合金。近年来随着汽车轻量化和航空航天产业的大发展，高强轻质合金的需求越来越大。目前我国铝合金产量约700万吨，增速远超过有色金属行业的平均水平。“十三五”期间受供给侧结构性改革和消费市场变化的影响，预计建材类铝合金消费所占比例会逐渐下降，航空航天、轨道交通、汽车领域所消费的高端铝合金产品所占比重会持续增加。此外，还有一个值得注意的消费领域是铝合金电缆行业，随着电网改革和“一带一路”倡议的推进，预计铝合金电缆行业会发展成为千亿级别的大行业，目前主要问题是合金配比、材料应用、回收再制造等方面存在技术和体制障碍，一旦解决，会迎来大发展。镁合金方面，镁合金主要应用在航空航天领域以及汽车家电领域等，目前我国镁合金产量约45万吨，消费量约30万吨。由于具有较强的刚度和耐冲击能力，而且能够实现循环再利用，预计未来在消费电子和汽车领域，镁合金产品还将被大幅使用，目前汽车对镁合金压铸件的需求量年均复合增长率达到80%。

### （二）技术进展

2017年世界有色合金技术进展主要体现在不断开发出现新的合金材料，具有优越的耐热、耐蚀、高强等特性，同时为了加快这些新材料的应用，发达国家材料企业还开发了相应的应用工艺技术。在耐热材料方面，如英国为满足F35B舰载隐身飞机的需要，开发出了据称能够耐1500摄氏度高温的甲板用合金涂层。应用工艺方面，如英国哈金森航空技术公司开展了加速钛合金激光焊接技术理论研究，并向市场推出相关产品。此外，像3D钛合金打印技术及其在军工等领域的应用，在中国都有了新的进展，目前达到世界领先水平，而日本在2016年也研制出了可3D打印的高强度、耐腐蚀高熵合金技术。在一些特殊合金性能研发方面，美国密歇根大学研究发现，由三种以上金属元素组成的金属合金，抗辐射能力比纯金属高100倍，未来预计这一发现将给核能、航空等产业带来巨大影响；在记忆合金方面，德国基尔大学研究人员新发明了一种镍钛铜记忆合金，其变形次数可以达到千万次。随着新能源汽车的兴起，汽车轻量化技术突飞猛进，目前美国铝业公司的小型轧机（Micromill）可以生产新一代汽车铝板带，所生产的汽车合金的成形性比现行铝合金的高40%以上，而强度性能则大30%；与此同时，2016年日本研制出了一种高温不燃镁合金技术，为汽车工业利用镁合金提供了方便。

## 第三节　中国新材料产业年度热点事件

### 一、国内首个新材料主题社群“新材智库”正式运营

“新材智库”是国内唯一一家以“新材料”为主题的企业家社群，把新

材料产业的商业领袖们聚到一起，彼此学习、彼此受益，推动新材料产业的进步、进行有价值的链接是新材智库建立的初衷。“新材智库”采取严格的实名制、会员制和邀请制，会员必须是从事新材料行业不少于三年，且公司年销售额亿元以上的董事长、总经理或合伙人。“新材智库”旗下分“产业社”“行业社”“区域社”和“兴趣社”四个小社群，以满足企业家们的不同交流需求，另外，“新材智库”还组建了由第三方构成的“智库咨询委员会”，为内部人士提供相关咨询服务。“新材智库”的成立意味着新材料产业在“学”和“产”之间又搭建了很好的桥梁，有利于新兴材料在产业化方面迈上新的台阶。

## 二、既抗菌又能净化空气的新材料面世

2016年3月，一种新型空气净化专用抗菌型熔喷非织造材料问世，这种材料由海宁市卫太生物科技有限公司自主研发，并在北京成功通过了科技成果鉴定，这是全球首家研发的具有抗菌功能的低阻、高效熔喷非织造材料，其制备工艺达到国际先进水平，具有独创性，经国家劳动保护用品质量监督检验中心、中科院理化所抗菌检测中心等权威机构的检测认定，这种新型材料不但能高效过滤空气中的有害物质，还具有良好的抗菌性，能有效抑制细菌在材料表面滋生，有利于保护公众身体健康，也为空气净化过滤材料的研发发展提供了一个新方向。近年来，大气污染日益加重，雾霾天气频发，口罩作为个人防控产品已成为生活必备，但传统的熔喷非织造材料尚不具备抗菌功能，新材料的问世为个人防护产品提供了更好的原材料基础，目前，以这种材料为核心的防雾霾口罩已成功生产并投入市场。

## 三、我国研制出大尺寸高精度金属零件3D打印装备

2016年5月，“激光3D打印技术”在湖北省科技厅顺利完成成果鉴定。金属零件激光3D打印技术是各种3D打印技术中难度系数最大的，也是国内外研究的热点领域之一，而武汉光电国家实验室（筹）的这套装备采用4台激光器同时扫描，突破了精密金属零件在材料结构功能一体化及减重方面等技术瓶颈，实现了复杂金属零件高精度成形，并在成型效率和装备研制周期等方面有了很大改善。此前，我国在基于自动铺粉的激光选区熔化成形技术

（简称 SLM）领域与发达国家有很大差距，武汉光电国家实验室研究团队率先在国际上提出并研制出成形体积为 500×500×530（毫米）的 4 光束大尺寸 SLM 增材制造装备，攻克了多光束无缝拼接、4 象限加工重合区制造质量控制等众多技术难题，实现了大型复杂金属零件的高效率、高精度、高性能成形，标志着我国在该研究领域达到世界领先水平。

## 四、北理工在有机小分子光伏材料领域取得重要进展

2016 年 7 月，北京理工大学发布了其在有机小分子光伏材料领域的最新成果，北京理工大学化学学院王金亮教授课题组联合华南理工大学吴宏滨教授课题组、美国伯克利劳伦斯国家实验室刘烽博士，利用基于氟代苯并噻二唑作为缺电子单元，引达省（IDT）作为富电子单元，联二噻吩作为封端单元的寡聚物材料和与富勒烯衍生物共混获得高达 9. 1% 的光电转化效率和高达 0. 77 的填充因子的有机太阳能电池器件。相比于其他太阳能电池，有机太阳能电池具有低成本、质量轻等诸多优点，但在光电转化效率方面还是不够理想，现有的有机小分子/寡聚物材料能在一定程度上优化这个问题，但整体上还是劣于基于高分子材料的器件。王教授团队这一领域取得了突破进展，其高达 9. 1% 的光电转化效率是目前基于 IDT 模块构筑的有机太阳能电池的给体材料中的纪录，高达 0. 77 的填充因子也是目前有机太阳能电池中的最高纪录。

## 五、华为推出业界首个石墨烯增强电池

2016 年底，华为公司中央研究院瓦特实验室在第 57 届日本电池大会上宣布推出业界首个高温长寿命石墨烯基锂离子电池，华为公司在 2015 年 10 月份开始石墨烯应用项目研究，此电池的推出是石墨烯基锂离子电池领域的重大突破。相关实验显示，基于石墨烯材料的锂离子电池的耐高温上限比普通锂离子电池要高 10℃，使用寿命也提高了一倍。本次技术突破主要来自以下三方面：第一，在电解液中加入特殊添加剂，除去痕量水，避免电解液的高温分解；第二，电池正极选用改性的大单晶三元材料，提高材料的热稳定性；第三，利用石墨烯材料的特性，实现锂离子电池与环境间的高效散热。华为公司有意将这项新技术运用在处于高温极端环境下的移动网络基站，以增加基站的使用寿命。

## 六、我国光伏玻璃技术取得新突破

中国电子彩虹集团公司日前公布了其在光伏玻璃技术方面取得的新突破，该公司生产线采用的全氧燃烧窑炉工艺及产业化技术，在国际上均处于领先水平。传统空气窑炉能耗高、污染严重，为克服这些缺点，中国电子彩虹集团专门成立了光伏玻璃及装备研究院，重点研发光伏玻璃、新型玻璃等技术及产品，全氧燃烧窑炉工艺及产业化技术是我国大型全氧燃烧光伏玻璃生产工艺技术取得的新突破，具有低能耗、低污染、高能效、高熔化率、高产能等优点。集团计划建立三套这样的配套生产线，建成后年光伏玻璃产量将达到7600万平方米，建成后，彩虹光伏玻璃产业规模将在2017年跃居全球第二，综合竞争力进一步增强。

## 七、合肥工大研发出可清除持久性水污染物的新型复合材料

工业生产中产生的持久性有毒污染物一直是水污染治理领域的一大难题，2016年8月，合肥工大化学与化工学院姚运金副教授及其课题组以三聚氰胺为原料成功制备出了一种新型硼氮改性铁包覆碳纳米管磁性复合材料催化剂，利用新型类芬顿催化氧化反应体系，通过实验证明了这种新型复合材料对持久性有毒污染物具有显著的去除功能，且与传统方法相比，对污染物的分解速度提高了10到100倍。新型类芬顿催化氧化反应体系温和、设备简单，易开展规模化应用，为有毒污染物的治理提供了崭新的思路和技术支撑。

## 八、联想公司推出可以玩游戏的3D智能跑鞋

联想在2016 Tech World大会上推出了一款3D智能跑鞋，鞋子里装满了传感器、LED和专门针对可穿戴产品研发的英特尔Curie芯片。鞋子功能方面，可以发光、计步、记录卡路里燃烧量，鞋垫可通过3D打印技术专门定制，还能通过无线对鞋子进行充电，更为突出的是，这款跑鞋还能用作手机游戏的控制器，用脚控制游戏中奔跑者的前进或后退，这是3D智能跑鞋领域的又一大创新。

# 第四节 中国新材料产业重点企业分析

## 一、中国新材料业上市公司市值排行

随着国家政策的大力扶持，我国新材料产业发展迅速，总产值由2010年的0.65万亿元增至2015年的近2万亿元，年均增速达24%。从2015年新材料相关企业市值排名来看，规模较大的企业主要包括磁性材料、聚氨酯、耐火材料、其他金属新材料如非金属新材料五类，而耐火材料和聚氨酯未能进入前十名（见表8－2）。

表8－2 2015年新材料业上市公司市值排行榜（前十）

| 序号 | 新材料企业名称 | 总市值（亿元） |
|---|---|---|
| 1 | 格林美股份有限公司 | 221.23 |
| 2 | 方大炭素新材料科技股份有限公司 | 215.07 |
| 3 | 科力远新能源股份有限公司 | 203.28 |
| 4 | 河南黄河旋风股份有限公司 | 200.56 |
| 5 | 湖南江南红箭股份有限公司 | 175.44 |
| 6 | 北京中科三环高技术股份有限公司 | 149.45 |
| 7 | 银基烯碳新材料股份有限公司 | 135.23 |
| 8 | 深圳市沃尔核材股份有限公司 | 130.50 |
| 9 | 天通控股股份有限公司 | 122.00 |
| 10 | 正海磁材股份有限公司 | 116.98 |

资料来源：中商情报网。

## 二、石墨烯行业领跑企业

“奇迹材料”石墨烯自发现以来就受到了科学界的极大关注，并且由于其特殊的纳米结构和优异的物化性能也受到了产业界的广泛关注，已被大规模应用到锂电子电池、超级电容、导电油墨、触摸屏、软性电子、散热、涂料、传感器等领域。2015年中国石墨烯市场规模为5亿元左右，一些大型企业功不可没，如表8－3：

表 8-3 2015 年中国石墨烯领航企业盘点

| 序号 | 2015 年中国石墨烯领航企业盘点（排名不分先后） |
|---|---|
| 1 | 南京先丰纳米材料科技有限公司 |
| 2 | 常州第六元素材料科技股份有限公司 |
| 3 | 厦门凯纳石墨烯技术有限公司 |
| 4 | 方大炭素新材料科技股份有限公司 |
| 5 | 南京吉仓纳米科技有限公司 |
| 6 | 北京莹宇电子科技有限公司 |
| 7 | 中科炭纳米科技有限公司 |
| 8 | 格雷菲尼（北京）科技有限公司 |
| 9 | 常州二维碳素科技有限公司 |

资料来源：中国报告大厅。

## 三、稀土功能材料领先企业

经过多年的发展，我国已建立起较为完整的稀土功能材料研发体系，在稀土采选、冶炼、分离等领域开发了多项具有国际先进水平的技术，稀土产业实现了稳步发展，2011 年国务院发布的《关于促进稀土行业持续健康发展的若干意见》中明确提出要加快稀土行业整合，调整优化产业结构。2016 年 10 月 18 日，工信部发布了《稀土行业发展规划（2016—2020 年）》，为正在实施以稀土为重心战略转型的包钢“十三五”稀土产业指明了方向，与此同时，中国稀土产品价格仍在历史低位徘徊。

表 8-4 2014 年中国十大稀土公司排名

| 序号 | 中国稀土行业领先企业 |
|---|---|
| 1 | 江西铜业股份有限公司 |
| 2 | 中国铝业股份有限公司 |
| 3 | 五矿发展股份有限公司 |
| 4 | 中国有色金属建设股份有限公司 |
| 5 | 内蒙古包钢稀土（集团）高科技股份有限公司 |
| 6 | 厦门钨业股份有限公司 |
| 7 | 北京中科三环高技术股份有限公司 |
| 8 | 安泰科技股份有限公司 |
| 9 | 宁波韵升股份有限公司 |
| 10 | 横店集团东磁股份有限公司 |

资料来源：前瞻产业研究院整理。

# 第九章　节能与新能源汽车产业

2016年，国家继续推动新能源汽车产业健康发展，发布实施了一系列产业政策，公布了节能与新能源汽车技术路线图，进一步严格规范了新能源汽车的产业准入条件、产品性能和质量安全、安全运行监管、补贴政策执行等，政策监管整体上呈现趋严态势。新能源汽车整车产销规模继续保持较快增长，技术创新平台和产品研发取得突破，各地新能源车推广应用取得明显成效，跨界造车风潮兴起。但动力电池的技术突破不显著、基础设施建设滞后、部分企业钻政策空子进行“骗补”等问题仍然突出，资本对新能源汽车的追逐急功近利，产业秩序混乱可能危及产业安全。

## 第一节　国内外节能与新能源汽车产业发展动态

### 一、国内外产业整体概况

#### （一）整车产销规模继续保持较快增长

从全球看，2016年11月全球新能源乘用车，包括纯电动汽车、插电式混合动力汽车的市场销量创历史第二好水平，交付量近8万辆，比去年同期增长39%，预计12月销量将达到12万辆，2016全年的销量将有望达到78万辆，比2015年增加40%。分国别看，美国11月的新能源乘用车销量超过13000辆，同比增长26%，预计12月销量可能突破2万辆，全年销量接近16万辆。德国11月新能源乘用车销售2600余辆，同比持平，市场份额为0.74%，略低于2015年。法国新能源乘用车销售2190辆，同比下降幅度较大，减少了20%，市场份额为1.7%，高于2015年同期的1.41%。挪威的新能源乘用车销量11月份获得大幅增长，达到4358辆，比去年同期增加40%，市场份额提高到32.5%。

从国内看，据中国汽车工业协会的数据，2016年生产新能源汽车51.7万辆，同比增长51.7%。其中，纯电动汽车生产41.7万辆，同比增长63.9%；插电式混合动力汽车生产9.9万辆，同比增长15.7%。全年销售新能源汽车50.7万辆，同比增长53%。其中，纯电动汽车销售40.9万辆，同比增长65.1%；插电式混合动力汽车销售9.8万辆，同比增长17.1%。我国新能源汽车销量占全球销量仍保持在40%以上，进一步奠定在全球新能源汽车市场的领先地位。节能汽车方面，1.6升及以下乘用车持续快速增长。根据中国汽车工业协会的数据，2016年，1.6升排量及以下乘用车销量1760.7万辆，同比增长21.4%，占乘用车总销量的72.2%，同比提高3.6个百分点。①

### （二）技术创新平台和产品研发取得突破

国家动力电池创新中心成立。2016年6月30日，我国首个国家制造业创新中心——国家动力电池创新中心成立，该创新中心由国联汽车动力电池研究院组建，以北京有色金属研究总院、天津力神电池、一汽、东风、长安、上汽、北汽、华晨等股东单位为主体，汇集了国内科研单位、动力电池生产企业和整车制造企业等创新资源，是一个由动力电池需求方、技术研制方、产品制造方共同组合形成的产业技术协同创新平台。创新中心聚焦关键材料、动力电池及系统等共性关键技术的研究开发，以研发设计、测试验证、中试孵化和行业服务为主要任务，通过广泛开展国际合作，积极推动科技成果产业化，加快实现动力电池技术革命性突破，推动新能源汽车产业健康可持续发展。

新能源汽车产品研发取得重要进展。目前的技术研发体现了能源低碳化、动力电动化、车身轻量化、整车智能化、交通网联化的方向。这些技术方向在具体车型上得到体现，2016年新车型频出，消费者有了更多的选择。如本田雅阁混动版车型，在动力系统方面采用i-MMD混合动力系统，包括了2.0L阿特金森循环发动机、电CVT、高功率电机以及大容量锂离子电池，使其能够在纯电动行驶、混动行驶、发动机直联式行驶等三种模式间自由转换。

---

① 工业和信息化部网站：2016年汽车工业经济运行情况，2017年1月20日，http://www.miit.gov.cn/newweb/n1146312/n1146904/n1648362/n1648363/c5466622/content.html。

别克全新君越30H全混动车型，搭载了HEV混合动力系统，采用了通用最新一代模块化智能电驱系统、高性能三元锂离子电池组和1.8L缸内中置直喷发动机。比亚迪秦EV300车型，电动机的输出功率约为160kW（217Ps），扭矩输出高于混动版电机的250Nm，电池组容量达到47.5kWh，满电情况下的续航里程可达到300km左右。

### （三）各地推广应用取得明显成效

2016年，全国多地发布了新能源汽车推广应用的实施方案和具体财政补贴政策，推广应用政策实施取得积极进展。上海市2016年全年新能源汽车的新上牌数为45060辆，新能源汽车累计推广达到了10.27万辆。杭州市2016年1—11月新增新能源汽车10440辆，分别完成省、市下达任务的156.1%和139.2%，杭州主城区运营的新能源和清洁能源公交车占比超过了90%。湖南省1—11月推广应用新能源汽车4145辆，折合标台数29180辆，同时还建起了一定规模的充换电站和交直流充电桩。到2016年上半年，北京市重点在出租、环卫、公交、物流、驾校等领域推广新能源汽车总量超过6万辆，超过了2015年的总数。

### （四）新能源汽车跨界造车风潮兴起

2016年，汽车产业与互联网产业融合的趋势更加明显，一些多元化企业开始进军新能源汽车制造业，形成了一波跨界造车的潮流。4月6日，由易车网等为创始人的蔚来汽车与江淮汽车达成战略合作协议，将在电动汽车领域开展技术交流、供应链优化共享、先进制造体系、创新营销服务、产业链资本合作等进行全面战略合作，整体合作规模将达到100亿元。格力电器也宣布制造新能源汽车，通过对珠海银隆进行收购，格力推出的整车产品将进军SUV领域。2015年初，乐视即提出要造“超级汽车”的构想，2016年4月，正式对外发布了全新的LeSEE概念车，并宣布LeSEE计划。此后，FF（乐视合作伙伴）在北拉斯维加斯投资建厂，一期产能可达到10万—15万辆，乐视成为一个拥有互联网汽车制造工厂的企业。百度推出车载互联产品，并与比亚迪等车企合作，比亚迪宋车载系统CarLife可以将用户的智能手机与车载系统无缝结合，通过手机功能在导航仪上的使用，实现“人、车、手机”的互联互通。

## 二、我国产业存在的问题

新能源汽车发展问题的解决是一个长期过程。目前来看，动力电池的技术突破不显著，解决续航里程问题仍存在较大困难，公众对新能源出行的接受程度还不高，资本对新能源汽车的追逐也存在急功近利的现象等等。近期看，以下两个问题值得特别注意。

### （一）产业秩序混乱可能危及产业安全

新能源汽车是《中国制造 2025》确定的重点领域，国家政策支持力度大，成为近年来国内产业发展的热点。一些产业资本和非产业资本蜂拥而至，纷纷进入新能源汽车行业转型造车、跨界造车。但是，部分新能源汽车生产企业存在“重量轻质”的浮躁现象，为了搭上财政补贴的便车，不注重实质性的技术研发，致使新能源汽车中全正向开发车型少，半正向开发车型也不多，多是利用传统汽车的外壳、新能源车的动力进行车型开发，一些低品质动力电池也匆匆配备上车，个别企业甚至不惜违规骗补。这些浮躁现象使产品质量不过关、检验检测不过关等问题凸显，带来比较严重的消费者安全问题，不利于新能源汽车产业的有序、健康、可持续发展。

### （二）基础设施建设滞后的问题仍然突出

目前，新能源汽车的基础设施问题已经被各级政府提上日程，建设进度在加快，但是受到多种因素的影响，进展并不令人满意。充电设施总量与产业发展仍不匹配，新能源汽车的充换电需求仍然不能满足。基础设施建设的利益协调机制还不够理顺，随着电动汽车充电市场对全社会的放开，设施的建设单位、电力供应部门、城建主管单位、社会资本等多方利益的协调将变得更为复杂。老旧小区等存在车位紧张、电网容量小、物业协调难等问题，充电桩安装的数量不能满足需要。

## 三、我国产业政策动态

基础设施建设政策。住房和城乡建设部发布《关于加强城市电动汽车充电设施规划建设工作的通知》，提出要在以使用者居住地为主建设电动汽车充电设施，同时辅之以在公共建筑停车场、临时停车位、社会停车场等建设充电设施，另外建设集中式充换电站，形成一个布局合理的充电设施体系。[①] 8月10日，国家发展改革委、国家能源局、工信部、住建部等共同发布通知，对居民区的充电设施建设进行规范，明确了电动车主、电动汽车企业、供电公司、物业、开发商等各方职责，并要求引导业主委员会支持建设充电设施建设，从而避免电动汽车消费者单打独斗安装充电桩的状况。

行业标准规范政策。2016年，针对整车尤其是新能源汽车动力电池行业的规范管理，有关部门相继发布了一系列政策。工信部编制了《促进汽车动力电池产业发展的指导意见》，对《新能源汽车生产企业及产品准入管理规定》进行了修订，发布了《企业平均燃料消耗量与新能源汽车积分达标并行管理暂行办法》，印发了《锂离子电池行业规范公告管理暂行办法》《新能源汽车废旧动力蓄电池综合利用行业规范条件》《新能源汽车废旧动力蓄电池综合利用行业规范公告管理暂行办法》《汽车动力蓄电池行业规范条件》企业目录等；对1.6升及以下排量乘用车实行购置税减征、对新能源汽车给予补贴等政策。国家发展改革委、工信部等五部门联合印发了《电动汽车动力蓄电池回收利用技术政策（2015年版）》，对电动汽车动力电池的设计生产、回收主体、梯次利用及再生利用等进行了具体规定。国家标准化管理委员会对《四轮低速电动乘用车技术条件》国家标准立项公开征求意见。工信部组织研究制定了《电动汽车远程服务与管理系统技术规范》、《电动客车安全技术条件》等。

推广应用政策。各地加大新能源汽车的推广应用力度，相继出台各项财政补贴政策。工信部印发通知，加强新能源汽车推广应用安全监管，提出建立国家、地方、企业三级安全运行监测体系。河北省把9类新能源车列入公共服务领域，进一步提高补贴比例，对充电设施配套电网建设与改造项目在用地保障、廊道通行、财政补贴等方面给予支持。江苏省发布补贴细则，省财政按照总额不超过汽车售价（扣除国家补贴）的60%给予补贴，按充电桩充电功率对公共充电设施运营单位给予补贴。深圳出台新能源公交车示范推

---

① 网易新闻：住房城乡建设部关于加强城市电动汽车充电设施规划建设工作的通知，2017年1月9日，http://news.163.com/16/0115/11/BDC8VKG400014SEH.html。

广期运营补贴办法，最高补贴每辆每年45万元。云南按照与中央财政1∶1补助标准对省内推广的新能源汽车进行补贴。

## 第二节　中国新能源汽车产业重点领域分析

### 一、驱动电机

新能源汽车用驱动电机产业继续保持多样化发展趋势，与整车技术配套的自主研发的永磁同步电机、交流异步电机和开关磁阻电机等随着整车产销量的增长持续提高。

一是电动汽车用驱动电机系统标准更加完善。2016年10月，工信部公示机械、汽车、轻工行业标准，其中两项涉及电动汽车驱动电机。《电动汽车用异步驱动电机系统》规定了电动汽车用异步驱动电机系统的要求、试验方法、检验规则、标志与标识，适用于电动汽车用异步驱动电机系统。《电动汽车用永磁同步驱动电机系统》规定了电动汽车用永磁同步驱动电机系统的技术要求、试验方法、检验规则、标志与标识，适用于电动汽车用永磁同步驱动电机系统。

二是驱动电机行业产品结构发生一定变化。目前乘用电动汽车的首选电机是永磁同步电机，市场份额在逐步加大，驱动电机系统功率多处于单套30KW—50KW之间。交流异步电机也是主流乘用电动汽车装载的主要电机之一，市场份额处于比较稳定的水平，将在较长的时期内保持主流地位，但也在受到永磁同步电机和其他电机份额增长的市场挤压。无刷直流电机的市场份额大幅下降，2015年全年减少到14.8%，2016年上半年的市场份额还不到1%。混合励磁同步电机的市场份额逐步提高，2015年增加0.1%，2016年可达到1.3%左右的水平。

三是驱动电机的技术发展趋势日益明显。从驱动电机5至10年的中长期发展趋势来看，驱动电机技术向永磁化、集成化、数字化的发展方向已经明确。电机控制及集成技术是企业竞争的焦点，在关键的IGBT芯片封装技术上，以及第三代碳化硅（SiC）IGBT的研发等方面，中国仍有世界先进水平有较大差距，是下一步的研究重点。目前主要有集中驱动和轮毂驱动两种方式：集中电机驱动是目前主流电机驱动方式，容易控制成本，适于批量生产。轮毂电机及控制系统或可能成为下一代电机及电控系统，由于在自重小、效率高等的优势，轮毂电机已经在一些混动车型得到应用。日本富士电机、安川电机，美国 Protean Electric 等是轮毂电机的行业领先者，我国部分车企也在加快该项技术的研发。

## 二、充换电设施

里程问题对于新能源汽车发展至关重要，充电基础设施是否完善，消费者能否方便快捷地享受充换电服务，在一定程度上制约着新能源汽车的推广应用。2016 年，国内新能源汽车充电设施建设速度进一步提高，各地出台了建设充换电设施的意见，提出了建设目标，针对该领域的投资也在继续加大，但总体上看，仍不能满足新能源汽车产销增长的需要。

一是新能源汽车充电基础设施增长迅速。2016 年我国电动汽车充电公共桩增长迅速，据国家能源局的统计，充电公共桩累计数量从年初低于 5 万个，增加到年末 15 万个，当年新增数达到了 2015 年新增数的 6 倍。根据汽车销售厂商的数据，私人乘用车的充电桩安装比例已超过了 80%。城际快充站继续扩大建设，目前已经覆盖服务 1.4 万公里的高速公路，形成了四横四纵两环格局，站间平均距离小于 50 公里。①

二是电动汽车用电商业化模式有创新。新能源汽车充换电设施推广的核心难题有技术方面的因素，更重要的在于如何协调多方利益，建立科学的合作机制。年内，我国一些地方在商业模式创新方面进行了探索。2016 年，北汽新能源公司与中石化、奥动新能源、上海电巴等合作，建立开放协同、利益共享的机制，建成了全球最大的出租车充换电站集群，首批 10 座充换电站正式交付使用，全年将建成 50 座充换电站，可满足约 6000 辆新能源出租车的换电需求。群充电、众筹充电等模式不断出现并日益推广，免费充电、互联互通等互联网建设思路在基础设施建设中越来越多地应用。

① 国际能源网：新能源充电设施建设提速商业模式有待创新，2017－01－22，http：//www.in－en.com/article/html/energy－2259046.shtml。

# 第三节　中国新能源汽车产业年度热点事件

## 一、查“骗补”

自2009年至2015年的6年里，中央财政累计安排334亿余元的新能源汽车补助资金，同时，很多省市按照中央地方1∶1的标准给予多层补贴，导致部分车企在利益驱动下，通过“有牌无车”“有车缺电”“标示不符”“关联交易闲置”等行为，骗取高额补贴。2016年初，工信部会同发改委等四部委联合发布《关于开展新能源汽车推广应用核查工作的通知》，对新能源汽车推广应用实施及财政资金使用管理情况进行了专项核查。被调查的93家企业中，涉及“骗补”的共计72家，一汽、东风、北汽、上汽等国内主流车企几乎全部在内。“骗补”最明显的是“有牌无车”，客车（公交）上牌不是全部将全部车辆开到车管所，而是采用开去样车的方式，企业报多少辆，牌照就上多少，8米以上的客车补贴50万元、8米以下的补贴30万元，再按照中央地方1∶1进行补贴，1辆客车的补贴几乎在60万—100万。涉及“有牌无车”的企业主要是苏州吉姆西在内的4家客车生产商，工信部对“骗补”严重的苏州吉姆西处予“取消整车生产资质”的处罚；对深圳五洲龙责令停止生产销售问题车型、暂停新能源汽车推荐目录申报资质、责令进行为期6个月整改的处罚。

“骗补”行为曝光后，国家对新能源汽车的财政补贴政策进行了调整，从针对车辆补贴调整为鼓励技术进步，计划引入碳交易机制，由市场推动新能源汽车商业化发展，设置了中央和地方的补贴上限，拨付款改为事后清算，加强了资金申请报告审核和推广情况核查。但由于涉及面广，中央和地方对政策的调整和制定都因谨慎变得极为缓慢，正规乘用车企业资金处于紧绷状态。

## 二、跨界造车

传统汽车对发动机、变速器等必需的核心零部件技术要求很高，产品或整车生产企业需要投入大量成本，进行本企业的技术研发和攻关，生产企业的准入条件相对严格；而对于新能源汽车来说，其核心零部件只有电机、电池、电控，供应链体系相对开放，技术门槛不高，生产企业准入条件相对偏低。因此，“跨界造车”风潮随着新能源汽车市场井喷式发展而兴起。除传统车企、改造后转产新能源汽车、传统车零部件生产或设计公司外，互联网企业（如腾讯、乐视）、家电企业（如格力、富士康）、通信设备制造企业（如中兴）也开始进军新能源汽车的研发、生产、销售。

在智能制造、互联网＋、云计算、大数据等兴起的当口，传统汽车行业里的确需要融入新元素，改变陈旧、复杂、较为封闭的供应链体系，为汽车行业注入新鲜血液。但新能源汽车并不是手机、家电、通信设备，不是简单的拼装就可以上市销售的，截至目前，仅有北汽新能源、奇瑞新能源、万向集团在内的七家企业获得了纯电动乘用车生产资质；新能源汽车也不是生活必需品，如何保持、开拓市场，生产出消费者需要的产品，这也是新能源汽车生产企业必须要考虑的问题之一；此外，充电设施等基础条件的配备，也需要国家和其他行业统筹布局，并不是车企可以单独解决的。

## 三、三元锂电池暂停令

2016 年初，工信部暂停了三元材料电池客车列入新能源汽车推广应用推荐车型目录，表示将组织开展对三元材料电池的安全性进行风险评估。消息一出，引起轩然大波。部分学者认为，三元材料的推广应用是动力电池发展的趋势，“十一五”之前倡导磷酸铁锂，“十二五”重点研发三元材料，而如果现在暂缓在商用车上使用三元材料电池的话，会给新能汽车行业带来冲击，转战三元材料电池的企业可能面临巨额亏损；同时，如果以磷酸铁锂来主导我国客车发展方向，在产品技术上我国会变得过于单一，与日韩美形成较大差距。

车载动力电池中，磷酸铁锂和三元材料的技术路线之争由来已久。三元材料因其能量密度更大、稳定性和一致性更好而被日韩美等国际大牌新能源汽车生产商使用。而在我国，三元材料电池研究起步较晚，ATL、比亚迪、力神等大型电池生产厂商在三元材料方面的研究不过两三年，且电控和电池间相互协调的技术水平尚未达到较高要求，使得三元材料电池的安全性技术壁垒没能突破，加之我国新能源汽车中客车占比远高于轿车，磷酸铁锂在能量密度上虽低于三元材料，但其安全性较高，适用于客车，所以其占比远高于三元材料。

## 四、无人驾驶

目前，全球有近20家汽车和互联网企业涉足自动驾驶领域，包括奔驰、宝马、奥迪、丰田等汽车业界巨头和谷歌等互联网公司。奥迪的“自动驾驶（piloted driving）”技术实现了从加州硅谷至拉斯维加斯全程近900公里无人操控；奔驰的Future Truck 2025卡车也在德国高速公路实现自动驾驶；谷歌全自动驾驶汽车到2015年底已累计完成42万英里的自动驾驶测试；丰田、日产、本田联合电装、松下等汽车电子企业也投入巨资进行自动驾驶技术研发。我国的北汽、广汽、上汽、长安、比亚迪等车企以及百度等互联网企业，也开始在自动驾驶领域进行布局。2016年4月17日，长安汽车完成了为期6天、长达2000公里的高速公路无人驾驶测试，成为我国首个长距离无人驾驶的汽车企业。

无人驾驶是智能网联汽车的重要表现形式之一，科技大国已经开始争抢智能网联汽车制高点。麦肯锡公司发布的“展望2025：决定未来经济的12大颠覆技术”研究报告中，智能汽车排名第六，并预估其在2025年的潜在经济影响为2000亿—19000亿美元。随着高级辅助驾驶技术、自动驾驶技术的不断成熟，智能网联汽车将迎来一个快速发展时期。美国、欧洲、日本相继推出了与智能汽车相关的科技规划或技术路线，从技术标准、法律法规、基础设施等方面提前布局发展智能网联汽车技术。我国也应抓住机遇，加强顶层设计和统筹协调，促进产业协同突破感知、通信、控制等关键核心技术，形成系统与芯片等核心软硬件自主可控的产业化能力。

## 五、低速电动车标准开始制定

2016年10月，国家标委会公布了《2016年第三批国家标准制修订计划的通知》，共计191项计划制定或修订的标准。其中也包括“四轮低速电动车技术条件”。通知中明确规定，四轮低速电动车技术条件项目周期为24个月，主管单位为工业和信息化部，起草单位为中国汽车技术研究中心和上海机动车检测中心。低速电动车因其价格便宜、制造成本低廉、驾驶者无需考取机动车驾驶牌照等诸多优点，在我国三四线城市具有大规模市场空间，但由于没有生产方面的性能参数标准，产品质量良莠不齐，存在严重的安全隐患。标委会此次发布的该项通知，意味着对四轮低速电动车的生产技术开始进行严格要求，切实做好“升级一批、规范一批、淘汰一批”。

但制定四轮低速电动车技术条件，并不等于允许低速电动车“上路”。2016年底，公安部对山东省交通警察总队的《关于山东省德州市开展四轮低速电动车规范管理试点有关问题的请示》做出了答复，认为“生产、销售低速电动车违反法律法规及国家机动车生产管理制度；对违法生产的低速电动车实行治安登记管理违反《道路交通安全法》；观光车属于特种设备，不得违规生产、使用和上路行驶；立即向省公安厅汇报低速电动车违法生产销售问题，提请省政府开展违法生产销售低速电动车治理。”四轮低速电动车虽然有着巨大的国内市场，但是“上路”仍要以安全为先，制定技术条件只是规范目前市场混乱局面的一个措施，并不意味着能够获得上路许可。

## 六、对平均燃料消耗和碳积分并行管理的质疑

自2016年起，新能源汽车补贴力度逐步减小，为确保政策扶持力度不断档，财政部拟效法美国加州推出碳积分交易制度。9月，工信部发布《企业平均燃料消耗量（CAFC）与新能源汽车积分（NEV）并行管理暂行办法（征求意见稿）》，提出对国内乘用车企业的平均燃料消耗量与新能源乘用车生产情况进行分别考核，实现平均燃料消耗和碳积分并行管理。但业内对此质疑较大。

CAFC管理机制主要以传统燃油车节能技术提升为核心，以降低油耗为目标，但如果与NEV并行管理的话，对于既生产传统汽车又生产新能源汽车的企业来说，两者积分相抵，企业实际油耗没有提升的情况一定会普遍存在。而对于新能源汽车生产者来说，NEV正积分可以卖给NEV负积分企业，也可以卖给CAFC负积分企业，其获利十分明显，能够驱使市场更多的投资于新

能源汽车生产，但实际上从目前来看，消费者对新能源汽车的接受度远低于生产企业的生产劲头。

## 七、节能与新能源汽车技术路线图正式发布

2016年10月，节能与新能源汽车技术路线图正式发布。路线图由中国汽车工程学会组织逾500位行业专家共同编制完成，提出总体目标是“至2030年，汽车产业碳排放总量先于国家提出的‘2030年达峰’的承诺和汽车产业规模达峰之前，在2028年提前达到峰值，新能源汽车逐渐成为主流产品、汽车产业初步实现电动化转型，智能网联汽车技术产生一系列原创性科技成果，并有效普及应用，技术创新体系基本成熟，持续创新能力和零部件产业具备国际竞争力。”具体时间节点目标为：“至2020年，乘用车新车平均油耗5.0升/百公里，商用车新车油耗接近国际先进水平，新能源汽车销量占汽车总体销量的比例达到7%以上，驾驶辅助/部分自动驾驶车辆市场占有率达到50%。至2025年，乘用车新车平均油耗4.0升/百公里，商用车新车油耗达到国际先进水平，新能源汽车销量占汽车总体销量的比例达到20%以上，高度自动驾驶车辆市场占有率达到约15%。至2030年，乘用车新车油耗3.2升/百公里，商用车油耗同步国际先进水平，新能源汽车销量占汽车总体销量的比例达到40%以上，完全自动驾驶车辆市场占有率接近10%。”

## 八、首批新能源汽车牌照发放

从2016年12月1日起，上海、南京、无锡、济南、深圳5个城市率先试点启用新能源汽车专用号牌，新能源汽车直接发放新号牌，已经登记的新能源汽车，按照自愿换领的原则，由车主自主选择是否换领新式号牌。新能源汽车号牌式样整体体现了“绿色环保”之意，“D”代表纯电动汽车，“F”代表非纯动电车。其中，小型新能源汽车号牌中的“D”或“F”位于号牌序号的第一列，而大型新能源汽车号牌中的“D”或“F”位于号牌序号的最后一列。

# 第四节　中国新能源汽车产业重点企业分析

## 一、2016 年新能源汽车企业销量排名

据乘联会发布的数据显示，2016 年我国新能源汽车（含纯电动和插电式混合动力汽车）销量为 32.4 万辆，同比增长 84%，其中，纯电动销量 24.2 万辆，同比增长 116%，插电式混合动力销量 8 万辆，同比增长 26%。从车企看，比亚迪汽车占据市场 20% 份额，旗下三款车型 e5、e6、秦年销售 4.7 万辆；其次是北汽新能源占据市场 17% 份额，旗下三款车型共销售 4.2 万辆；第三名是众泰汽车，占据市场 15% 份额，旗下四款车型累计销售 3.7 万辆。

表 9－1　2016 年新能源汽车销量排名

| 序号 | 整车企业车型 | 销量（辆） | 市场指导价（万元） | 补贴后价格（万元） |
|---|---|---|---|---|
| 1 | 比亚迪 e6 | 20605 | 30.18－35.88 | 约 21.4－21.8 |
| 2 | 北汽 EV 系列 | 18814 | 17.69－24.69 | 约 9－16 |
| 3 | 北汽 EU 系列 | 18805 | 23.99－25.69 | 约 14.69 |
| 4 | 帝豪 EV | 17181 | 22.88－24.98 | 约 11.88－13.98 |
| 5 | 云 100 | 16417 | 15.89－16.99 | 约 4.89 |
| 6 | 奇瑞 EQ | 16017 | 15.99－16.49 | 约 6.98－7.48 |
| 7 | 比亚迪 e5 | 15639 | 22.98－24.98 | 约 11.98－13.98 |
| 8 | 众泰 E200 | 13154 | 18.18 | 约 5.98 |
| 9 | 知豆 D1 | 11201 | 15.88 | 约 4.28 |
| 10 | 江淮 iEV4 | 10799 | 15.28－15.48 | 约 6.28－6.48 |

资料来源：全国乘用车市场信息联席会公开数据。

## 二、世界 500 强中国 6 大上榜车企新能源汽车路线

2016 年 7 月，《财富》世界 500 强排行榜发布，我国共有 6 家汽车制造企业上榜，分别是上汽、一汽、东风、北汽、广汽、吉利。

上汽集团以约 1067 亿美元（2015 年数据）的销售收入成为国内车企第

一。目前上汽已推出荣威550插电式混合动力、荣威E50、荣威950插电式混合动力等多种新能源汽车车型；2010年世博会期间，上汽投入的1125辆新能源汽车累计运送游客2亿人次，行驶里程1242万公里；2015年，上汽与阿里巴巴集团合作打造“互联网汽车”。集团计划在五年内，对新能源汽车领域投资200亿元，投放30款以上全新的新能源汽车车型，2020年累计销量计划达到60万辆（自主品牌20万辆）。

东风集团销售收入约828.167亿美元（2015年数据）。集团先后开发了混合动力汽车、纯电动汽车等整车产品，申请了电机、电池管理系统等核心技术370余项，未来集团将围绕新能源汽车构建发展体系，包括运用模式、技术和产品平台、电池电机共性资源平台等。

一汽集团以约628.524亿美元（2015年数据）的销售收入排名国内车企第二。一汽集团计划到2020年完成插电式混合动力和纯电动动力平台，实现6个新能源整车平台、16款车型的产业化准备，拥有东北、西南、华南、华东、华北五大生产基地，具备年产300万辆的生产能力。为完成任务，一汽分别制定了两个阶段化目标，一是到2016年初步形成电机、电池系统的产业化，完成重点车型商品化开发；二是到2018年，实现四阶段燃油限值目标。

北汽集团销售收入约549.329亿美元（2015年数据）。北汽新能源是由北汽集团控股，联合北京工业发展投资管理有限公司、北京国有资本经营管理中心、北京电子控股有限责任公司共同设立的新能源汽车产业发展平台，拥有国内最先进的纯电动汽车生产和研发技术。北汽新能源计划到2020年实现80万辆的产能、50万辆的销售目标，成为国内拥有新能源汽车领域新技术和新商业模式的先行者。同时，公司还提出蜂鸟计划以及在海外建立研究院的布局，重点在北上广深四大城市建设充电桩，配合新能源汽车的推广应用。

广汽集团销售收入344.403亿美元（2015年数据）。计划“十三五”期间，全部汽车销售目标中新能源汽车销售份额达到10%。集团未来瞄准于混合动力、增程式混合动力、纯电动三大领域，斥资20亿元成立新能源分公司，研发、推广新能源汽车。

浙江吉利控股集团有限公司是我国内资汽车企业十强中唯一一家民营轿车生产企业，2015年销售收入263.038亿美元。公司从2007年起开始研发混合动力技术，2010年开始研发纯电动汽车车型，2012年开始研发插电式混合动力车型，2014 年吉利曾公布未来五年新能源汽车战略规划，提出要大力发展纯电动和混合动力车型，并分别与康迪科技公司、新大洋机电集团合资组建了电动车公司。2015 年广州车展前夕，帝豪 EV 发布上市，“蓝色吉利行动”作为吉利新能源汽车发展战略被正式发布，其中明确提出了新能源汽车销售量破百万的目标。

## 三、锂动力电池企业出货量排行榜

锂动力电池是新能源汽车的核心零部件。据 EVTank 发布的 2016 年我国锂动力电池研究报告中数据所示，我国锂动力电池企业出货量合计达到 30.5GWh，同比 2015 年增长 79.4%。其中，纯电动客车占比 59.1%，成为锂动力电池最大消耗领域，纯电动乘用车占比约为 25.4%。从市场集中度看，前十家企业合计出货量达到 23.8GWh，约占全部出货量比重的 78%，特别是前三家企业，出货量高达 17GWh，约占整体比重的 55.8%。

**表 9－2　2016 年锂动力电池企业出货量排名**

| 序号 | 企业名 | 出货量（MWh） | 序号 | 企业名 | 出货量（MWh） |
|---|---|---|---|---|---|
| 1 | 比亚迪 | 8229.76 | 6 | 中航锂电 | 828.77 |
| 2 | CATL | 6261.81 | 7 | 深圳比克 | 698.24 |
| 3 | 沃特码 | 2533.64 | 8 | 万向 | 646.22 |
| 4 | 国轩 | 1928.12 | 9 | 光宇 | 482.65 |
| 5 | 力神 | 1742.73 | 10 | 中信国安 | 452.78 |

资料来源：EVTank《2016 年中国锂动力电池研究报告》。

# 热 点 篇

# 第十章　当前工业经济持续下行的特征和原因分析

目前，我国经济正处在调结构、转方式的关键时期，工业发展也处于转型升级、爬坡迈坎的紧要关口。随着国内外发展环境的深刻变化，近年来我国工业经济呈现持续下行态势，产业规模和利润总额双双呈现“阶梯式”下降，多数工业行业增速均呈明显下滑态势，原材料及能源矿产开采业下滑幅度尤其较大；同时，东中西部地区全面下行，但东北地区增速最低、东部地区波幅最小。导致我国经济持续下行的主要原因：一是“三驾马车”增速大幅下滑使得有效需求增长乏力短期难有较大改观；二是产能过剩、结构失衡导致供给面约束不断增强；三是要素成本率和行业利润率“一升一降”导致实体经济发展环境不容乐观。鉴于此，建议着力树立产业发展新理念、打造产业竞争新优势、塑造产业发展新引擎、构建产业发展新生态。

## 第一节　当前我国工业经济下行的主要特征

### 一、从总体运行看，产业规模和利润总额双双呈现“阶梯式”下降

近年来，我国工业经济增速呈逐年下滑态势。2011 年，全部工业增加值增速仍保持在 10. 8% 的水平，2013 年降至 7. 6% 、2014 年为 7% ，2015 年为 6. 1% ，2016 年仅为 6% 。主营业务收入下降幅度更为明显，2011 年规模以上工业企业实现主营业务收入增速达 27. 2% ，2013 年降至 11. 2% 、2014 年为 7% ，2015 年仅为 0. 8% ，2016 年为 4. 9% 。在经济持续下行的同时，企业利

润增长也在持续下降。2011 年规模以上工业企业利润总额增速仍保持在 25. 4%，2013 年降至 12. 2%、2014 年进一步降至 3. 3%，2015 年转为负增长（-2. 3%），2016 年回升为 8. 5%。

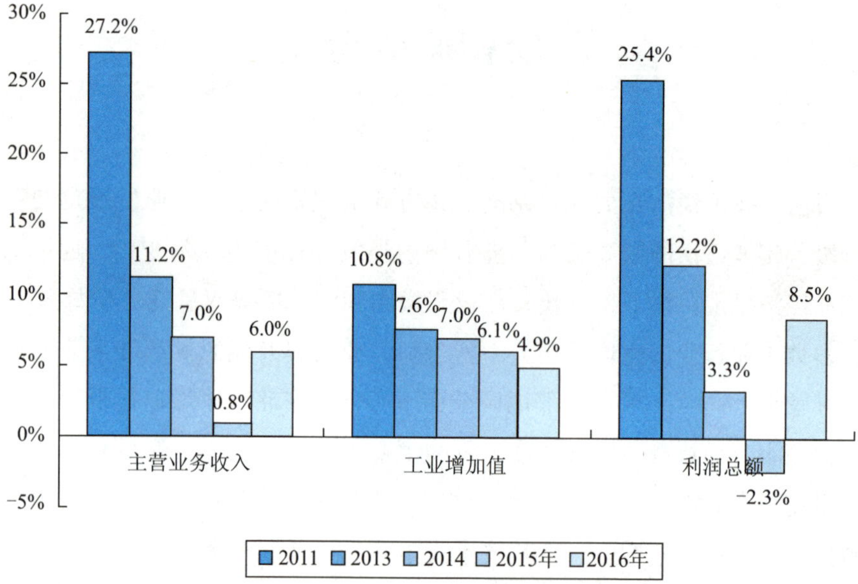


**图 10－1　近年来工业经济主要指标运行情况**

资料来源：赛迪智库根据国家统计局数据整理，2016 年 12 月。

## 二、从行业角度看，多数工业行业增速均呈明显下滑态势，原材料及能源矿产开采业下滑幅度尤其较大

2016 年，石油、煤炭等开采业、黑色金属矿采选业等资源性行业下行压力较大，而汽车、家具、医药、计算机和其他电子设备制造等行业增长较快。如石油和天然气开采、黑色金属矿采选、开采辅助活动主营业务收入分别下降了 16. 8%、7. 7% 和 19. 1%。与 2011 年相比，在 41 个行业门类中有 28 个行业增速下滑 10 个百分点以上。其中，石油和天然气开采业、黑色金属矿采选业、煤炭开采和洗选业、石油加工、炼焦和核燃料加工业增速分别下降了 38. 1、40、34. 7 和 27. 7 个百分点。

表 10－1 各行业主营业务收入增速变化情况（%）

| 行业分类 | 2011 年 | 2016 年 | 变化情况 |
| --- | --- | --- | --- |
| 石油和天然气开采业 | 21.3 | －16.8 | －38.1 |
| 黑色金属矿采选业 | 32.3 | －7.7 | －40 |
| 煤炭开采和洗选业 | 33.1 | －1.6 | －34.7 |
| 石油加工、炼焦和核燃料加工业 | 27.2 | －0.5 | －27.7 |
| 黑色金属冶炼和压延加工业 | 21.0 | －0.7 | －21.7 |
| 化学纤维制造业 | 32.4 | 3.7 | －28.7 |
| 有色金属矿采选业 | 28.5 | 6.4 | －22.1 |
| 有色金属冶炼和压延加工业 | 26.4 | 5.5 | －20.9 |
| 化学原料和化学制品制造业 | 26.7 | 5.6 | －21.1 |
| 非金属矿物制品业 | 25.7 | 5.4 | －20.3 |
| 农副食品加工业 | 26.5 | 6.0 | －20.5 |
| 酒、饮料和精制茶制造业 | 28.5 | 6.3 | －22.2 |
| 开采辅助活动 |  | －19.1 | －19.1 |
| 非金属矿采选业 | 24.6 | 1.4 | －23.2 |
| 专用设备制造业 | 22.3 | 4.9 | －17.4 |
| 燃气生产和供应业 | 27.9 | 2.4 | －25.5 |
| 食品制造业 | 24.6 | 8.0 | －16.6 |
| 其他制造业 | 26.2 | 6.4 | －19.8 |
| 医药制造业 | 26.9 | 9.7 | －17.2 |
| 电力、热力生产和供应业 | 16.1 | 1.1 | －15 |
| 木材加工和木、竹、藤、棕、草制品业 | 22.9 | 6.0 | －16.9 |
| 通用设备制造业 | 16.7 | 2.9 | －13.8 |
| 烟草制品业 | 18.5 | －7.1 | －25.6 |
| 电气机械和器材制造业 | 19.0 | 6.3 | －12.7 |
| 造纸和纸制品业 | 15.7 | 6.5 | －9.2 |
| 金属制品业 | 16.9 | 4.9 | －12 |
| 橡胶和塑料制品业 | 16.3 | 5.0 | －11.3 |
| 仪器仪表制造业 | 18.1 | 9.1 | －9 |
| 纺织业 | 14.9 | 3.9 | －11 |
| 铁路、船舶、航空航天和其他运输设备 | 14.7 | 0.9 | －13.8 |
| 废弃资源综合利用业 | 11.1 | 6.5 | －4.6 |

续表

| 行业分类 | 2011 年 | 2016 年 | 变化情况 |
|---|---|---|---|
| 计算机、通信和其他电子设备制造业 | 15.1 | 8.4 | -6.7 |
| 皮革、毛皮、羽毛及其制品和制鞋业 | 13.0 | 3.5 | -9.5 |
| 家具制造业 | 14.9 | 8.6 | -6.3 |
| 纺织服装、服饰业 | 10.2 | 4.6 | -5.6 |
| 印刷和记录媒介复制业 | 9.1 | 4.5 | -4.6 |
| 文教、工美、体育和娱乐用品制造业 | 2.4 | 4.5 | 2.1 |
| 汽车制造业 | - | 14.1 | - |
| 水的生产和供应业 | 2.1 | 9.4 | 7.3 |
| 金属制品、机械和设备修理业 | - | 4.1 | - |
| 其他采矿业 | - | 17.8 | - |

资料来源：赛迪智库根据国家统计局数据整理，2016 年 12 月。

## 三、从区域角度看，东中西部地区全面下行，但东北地区增速最低、东部地区波幅最小

2015 年 1—10 月，中部地区规上工业主营业务收入增速最高（3.8%）；东部地区利润总额增长最快（3.8%）；而东北地区主营业务收入和利润均呈现负增长，增速分别为 -12.2% 和 -31%。与 2011 年相比，东北地区主营业务收入增速和利润总额增速分别下降了 33.4 和 46 个百分点。从各省看，2015 年西藏、贵州、重庆 3 个省市规上工业主营业务收入保持两位数增长，辽宁、山西、黑龙江等 17 省区为负增长。

**表 10-2　不同区域规上工业企业增速指标变化情况（%）**

| 地区 | 2011 年 | | 2015 年 1—10 月 | | 变化 | |
|---|---|---|---|---|---|---|
| | 主营业务收入 | 利润总额 | 主营业务收入 | 利润总额 | 主营业务收入 | 利润总额 |
| 东部地区 | 15.6 | 10.5 | 1.6 | 3.8 | 14.1 | 6.7 |
| 中部地区 | 32.8 | 23.2 | 3.8 | 1.2 | 29 | 22 |
| 西部地区 | 27.8 | 26.5 | 1.7 | -14.9 | 26.1 | 41.5 |
| 东北地区 | 21.3 | 15 | -12.2 | -31 | 33.4 | 46 |

资料来源：赛迪智库根据国家统计局数据整理，2016 年 12 月。

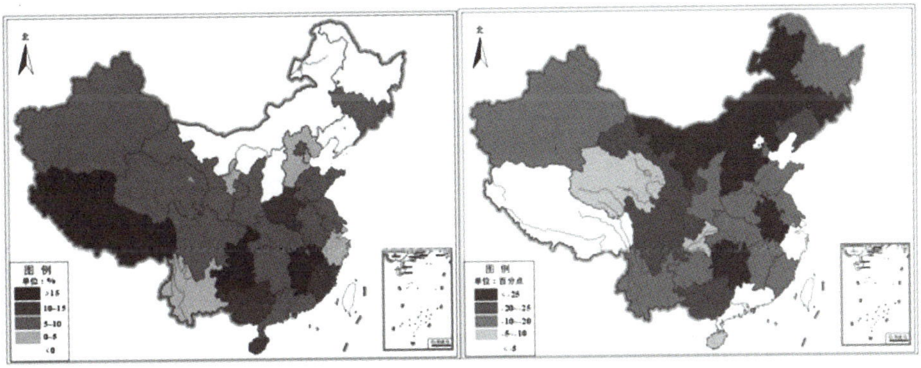


**图 10－2　各省市规模以上工业企业主营业务收入增速情况**

资料来源：赛迪智库根据国家统计局数据整理，2016 年 12 月。

# 第二节　工业经济持续下行的原因分析

## 一、从需求因素看，“三驾马车”增速大幅下滑使得有效需求增长乏力短期难有较大改观

从出口看，我国外贸出口增速由 2000 年近 30% 逐步下降到 2011 年的 20.3%、2013 年 7.8%、2014 年 4.9%，2015 年转为 －1.8%，2016 年为 －2.0%，过去 5 年间外贸出口增速下滑了 22.3 个百分点。从投资看，制造业固定资产投资增速由 2011 年的 15.9% 下降至 2014 年的 13.5%，2016 年进一步降为 8.1%。从消费看，消费品零售总额增速由 2011 年的 17.2% 下降至 2014 年的 12%，2016 年降至 10.4%。出口、投资和消费全面疲软，使得有效需求增长乏力成为今后一个时期我国工业面临的巨大压力。

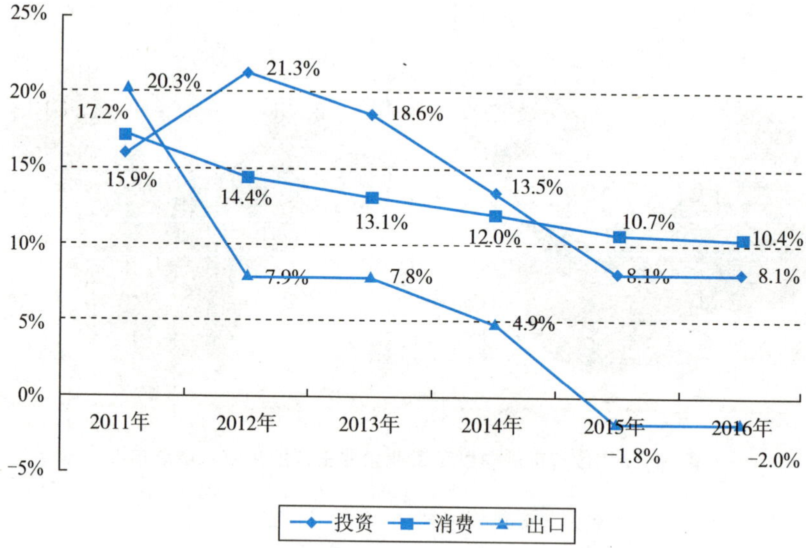


**图 10－3　近 5 年来三驾马车增速变化情况**

资料来源：赛迪智库根据国家统计局数据整理，2016 年 12 月。

## 二、从供给因素看，产能过剩、结构失衡导致供给面约束不断增强

表面上看工业经济持续下行是由三驾马车全面疲软引起的，进一步分析可知，投资需求疲软根本在于沿袭传统产业结构扩大投资受到产能严重过剩硬约束，投资者难以找到有效投资机会；消费增长乏力根本在于收入分配失衡，导致低端消费倾向下降而中高端消费受制于供给不足。不少中国游客去日本都要抢购马桶盖等家庭用品。为何要去日本购买？原来这是具有可冲洗、抗菌、瞬时加热等功能的智能马桶盖，国内还不能供给。因此，扼制经济下行根本上要从供给侧入手。

## 三、从发展环境看，要素成本率和行业利润率“一升一降”导致实体经济发展环境不容乐观

2016 年，规上工业每百元主营业务收入中的成本为 85.52 元，2015 年 85.68 元，2014 年 85.64 元，2013 年 85.27 元，2012 年 84.77 元，2011 年

84.71 元。在要素成本中，又以人力成本较为突出。根据国际劳工组织数据，2013 年我国工人月平均工资约 699 美元，相当于越南的 3.6 倍、印尼的 4 倍，英国的 1/5、日本和韩国的 1/4，已与美国较为接近；最近五年间中国月平均工资增长了 77%，而美国和日本分别下降了 24% 和 12%。同时，规上工业主营业务收入利润率则呈逐年下降之势，2016 年为 5.97%；2015 年 5.76%；2014 年 5.91%；2013 年 6.11%；2012 年 6.07%；2011 年 6.47%。要素成本率和行业利润率的"一升一降"，使得制造业的投资回报率大幅下降，实体经济的发展环境持续恶化。

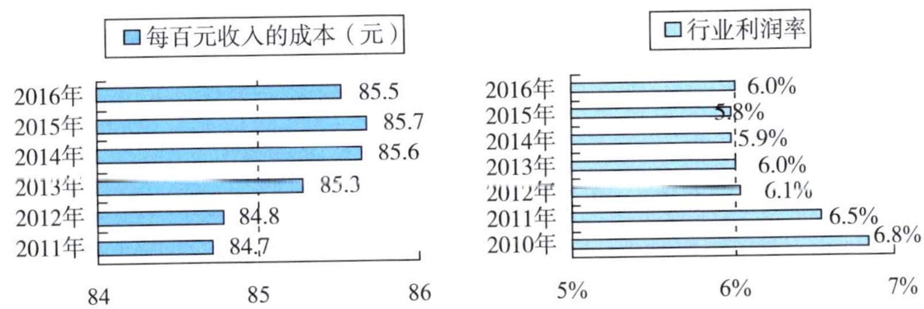


**图 10-4　近年来我国工业要素成本和行业利润率变化情况**

资料来源：赛迪智库根据国家统计局数据整理，2016 年 12 月。

**表 10-3　各国工人月平均工资变化情况（单位：美元）**

| | 中国 | 越南 | 印尼 | 巴西 | 美国 | 英国 | 日本 | 德国 | 韩国 |
|---|---|---|---|---|---|---|---|---|---|
| 2009 | 394 | 114 | 139 | 609 | 1018 | 3462 | 3314 | 5167 | 2347 |
| 2013 | 699 | 195 | 173 | 649 | 776 | 3536 | 2904 | 5135 | 2929 |
| 变化 | 305 | 81 | 33 | 40 | -242 | 74 | -410 | -32 | 583 |

资料来源：赛迪智库根据国际劳工组织数据库整理，2016 年 12 月。

# 第三节　思考和建议

## 一、保持战略定力，树立产业发展新理念

为什么近年来我国劳动生产率增速持续下行？工业增加值率不升反降？

行业利润率不断下滑？转变发展方式的目标每每落空？根本原因就在于发展理念和制度安排都是指向速度规模扩张，而不是效率效益提升。要利用好经济下行的倒逼效应，以提高劳动生产率和工业增加值率为指针，更新发展理念，重构制度安排，推动产业升级和发展方式转变取得实效。尽管工业增加值率指标有这样或那样的缺点，但对一个国家、地区或行业的纵向比较是适用的，有利于引导企业、行业和地区向高端、高效和高附加值方向转变。在这当中，还要注重行业差异性和区域差异性，尽量减少一刀切的政策或措施。

## 二、聚焦特色优势领域，打造产业竞争新优势

扼制经济下行根本上要从供给侧入手。从供给角度看，产能全面过剩背景下一定要摈弃传统的发展模式，聚焦特色、厚植优势，打造“旗舰”型优势产业。在这方面，上海、深圳、北京等先发地区又一次走在了全国前列。比如，深圳重点打造以航空航天、生命健康、海洋产业为核心的“未来产业”，着力塑造新的竞争优势；北京重点发展创新前沿、关键核心、集成服务、设计创意和名优民生 5 类产品，加快构筑高精尖产业体系。各地制定“十三五”规划过程中，应充分借鉴这些做法，突出特色优势、聚焦发展重点，着力打造出几个在全国甚至全球具有举足轻重地位的优势行业来。

## 三、依靠创新驱动发展，塑造产业发展新引擎

提高产业创新能力，关键是要打通科技成果向现实生产力转化的通道。目前，我国 90% 以上的研发机构设立在企业、70% 以上的企业研发经费由企业执行、60% 以上的发明专利由企业申请。但企业仍然不是创新的主体，原因就在于需求不是企业产生的。要建立以企业需求为基础的技术创新计划管理体制，吸纳企业参与国家科技计划的决策和实施，让企业真正成为创新的主体。同时，原有工业部门科研院所转制后，共性技术研发不断弱化，科技到产业之间出现了断层。必须采取新机制新模式，扶持和培育一批产业共性技术研究院，重组国家制造业创新体系。

## 四、坚定制造强国信念，构建产业发展新生态

美国的“先进制造伙伴计划”提出，制造业始终是支撑美国经济增长和社会就业的重要力量。“英国制造 2050”提出，无论过去、现在还是未来，制造业都将是英国经济获得成功的关键。反观国内，随着工业经济持续下行和工业占比不断下降，不少人对制造业的地位和作用产生了动摇。要认识到工业是国民经济的主体，也是保持经济运行在合理区间的压舱石。必须坚定不移地把工业作为支撑经济增长、社会稳定和现代化建设的核心关键，着力为工业发展营造良好的生态环境。近期而言，就是要加快落实《中国制造 2025》，抓好标志性项目和试点示范的推进，让大家尽快看到中国制造 2025 的样板工程和实施效果，引导形成全社会重视制造业发展的良好局面。

# 第十一章　推动新兴产业发展需聚焦三类创新

新兴产业是我国乃至全球经济复苏振兴的关键。事实上，国际金融危机产生的一个重要原因就是全球新兴产业发展乏力，一方面旧的产品供给过剩，另一方面新的产业发展不足，从而导致全球经济发展低迷。我国供给侧结构性改革中补短板的核心就是要发展新兴产业，新兴产业大规模出现往往是新一轮经济周期的开始。发展新兴产业必须进行创新领域的体制机制改革，重点关注积木式创新、渐进式创新、颠覆性创新。同时，需要为创新和新兴产业发展提供稳定的外部环境，正确处理政府与企业的关系、大企业与中小企业的关系，保障人才资源、资金资源，重点打造投资信息咨询平台、成果中介服务交易平台、科技攻关平台，加快各类产业园区功能转型。

## 第一节　中国新兴产业发展亟待创新领域的供给侧结构性改革

### 一、创新驱动的新兴产业大规模出现往往是新一轮经济周期的开始

创新是推动经济周期循环往复的重要力量，当创新不足或缺少新兴产业时就会带来经济危机。2008 年国际金融危机爆发时，全球几乎没有能够带来巨大消费和就业的新兴产业，直到苹果手机问世并带来手机产业的颠覆，全球电子信息消费才略有起色。其他新兴产业，比如核能利用，从二战原子弹爆炸后就没有多少颠覆性进步；生物医药、新材料产业甚至连清晰的产业边界都没有；航天领域自美国几十年前登陆月球后鲜有开创性发展。世界经济发展历程表明，只有出现大规模的创新和新的产业，才能重启新一轮经济增

长。最先创新的企业或个人，往往是颠覆性创新，之后，由于技术外溢，会有更多的企业进入这些行业，并开始渐进式创新；遇到瓶颈后，一些相关大企业会消亡，行业随之衰落，从而等待下一轮创新带来新的经济发展周期。

### 二、发展新兴产业必须进行创新领域的体制机制改革

德国工业 4.0 等战略的本质是加快开启新一轮创新周期。为了应对经济危机，德国制定了工业 4.0 战略，美国计划发展工业互联网，日本、韩国等也都有类似的发展战略，其实质是意欲通过商业模式创新和技术创新，加快开启新一轮的经济周期。这些国家历史上曾经过多轮经济周期洗礼，因此，创新发展新兴产业有经验也有体制保障，而我国则存在明显的短板，亟待创新领域的体制机制改革。在 2008 年国际金融危机之前，我国制造业发展的主旋律是“引进 + 吸收 + 再创新”，由于是跟随发达国家发展，因此对创新制度安排要求并不太紧迫，虽然国家设立了“863”“973”等科技攻关，但存在较多与市场脱节的现象。当前全球各国处于一个创新竞赛的局面，我国急需实现创新体制的市场化转变，只有市场体制下，创新活力才可能被激发，创新动力才能源源不断。

## 第二节　创新领域供给侧结构改革应重点关注三大类型

### 一、积木式创新

强调创新的协同性、拼插性，需要打通技术、组织、商业、资本之间的分割与壁垒。正如《制造业创新中心建设工程实施指南》（以下简称《指南》）中提到的那样，当前创新载体从单个企业向跨领域多主体协同创新网络转变，创新流程从线性链式向协同并行转变，创新模式由单一技术创新向技术创新与商业模式创新相结合转变。这种情况在电子信息产业领域最为明显，对创新更强调其集成能力。如乔布斯的苹果手机，所有的技术之前就已经具

备，乔布斯做了创新集成，像搭积木一样把各种看似无关的创新集成在一起。特斯拉汽车也是这种情况。对于这类创新重点是搭建集成创新平台，把有资金的和各个有技术创新能力的人聚集在一起，采用市场化的运作方式，明确未来各自的收益，提高各个参与人参与创新的积极性。

## 二、渐进式创新

强调稳扎稳打、步步为营，需要区分行业共有技术难题和行业“私有”技术难题。渐进式创新是经济发展周期中必不可少的阶段，它需要一步一个脚印，不断突破制约行业发展的各种关键技术和瓶颈技术。这种创新在机械装备行业领域最为明显，所以有专家称在这种行业内不存在弯道超车。例如，在航空航天、汽车、机械等行业都会用到的橡胶密封件，只能不断突破，不断增加创新投入，企业才能在全球竞争中取得先机。对于这类创新，从创新管理的角度来说，应该严格区分共有技术难题和“私有”技术难题。对于共有技术难题，国家可以组织攻关，而一旦攻关成功，同类产品进口价格会随之大幅度下降，从而可以惠及国内整个产业链条。对于“私有”技术难题，应该让企业自己去解决，谨慎补贴，避免造成市场中的不公平竞争。

## 三、颠覆性创新

能够对行业组织结构、产品结构等带来巨大影响，需要宽容失败，需要军民融合。当前，很多颠覆式的创新想法，往往会招来各种非议，且缺乏一种“容忍”颠覆式创新的氛围。未来在全球新一轮经济周期竞争中，如果不能为颠覆式创新提供包容的环境，我国可能很难胜出。一般而言，颠覆性创新往往会首先在军工领域完成，比如互联网等技术最早就服务于军事用途。该领域具有需求倒逼创新的特征，可见，军民融合是推动颠覆性创新的重要阵地，但在我国军转民、民参军目前仍存在一定障碍，需要更多的制度创新。

# 第三节 加快体制机制改革，激发新兴产业创新活力

## 一、为创新和新兴产业发展提供稳定的外部环境

在城市化和工业化发展中，不可避免地产生了大量的结构性矛盾，致使投机盛行、脱实就虚现象突出，非常不利于企业创新和新兴产业发展。例如当前一些所谓的新兴产业投资基金，很多并没有投入到产业发展和成果研发中，而是进行了市场投机。如果不对投机行为进行合理管制，我国创新大业和抢占新一轮科技革命的国家战略就会被不断延后，形成不了全社会创新发展的合力，在国际创新竞争中必然会落败。

## 二、要处理好两大关系

一是要正确处理政府与企业的关系。未来，除了涉及国家重大战略的技术研发，或者具有行业公共技术难题性质的研发之外，对于企业的创新活动政府不应干预，特别是不应对“私有”性质的技术难题进行所谓的补贴，以避免不公平竞争产生。建议成立新兴产业专家委员会，甄别哪些是共有技术难题。

二是正确处理大企业与中小企业的关系。大企业是行业龙头，创新投资能力强，我国很多关键性的技术突破往往要靠大企业。除了需要增加投资外，创新能够成功的一个重要因素就是可以不断试错，比如，电子新材料制作工艺除了配比正确外，对温度、研磨次数等都有特定的要求，这些窍门很多都是在试错中发现的。大量中小企业分摊了创新试错的成本与风险，对我国中小企业发明专利贡献度接近 70%。日本上世纪就制订了类似于税收累进的制度，倒逼大企业分离出更多的中小企业，德国有很多中小企业，成就了隐形冠军。未来我国既要鼓励大企业采取资本运作等方式，充分利用中小企业的创新成果，又要防止大企业利用资本优势对中小企业不正当竞争。

## 三、要保障两大资源

一是人才资源。受新一代技术进步影响，新时期人才需求和就业形势正在发生剧烈变化。为了适应工业 4.0，欧盟提出了“工作 4.0”概念，用以建立新的人才库。在工业 4.0 时代，人才不仅要有跨领域协作能力，还应具有大数据分析能力，我国应在这方面加强就业指导。在调研中发现，不少地方创新人才“引不来、留不住”，其主要原因就是缺少产城融合，产业园区生活不方便；有不少国有企业因为缺乏激励机制，致使人才流失。

二是资金资源。鼓励金融创新，打击投机。改善中小银行的经营环境（如实现中小银行全国联网，异地跨行取款等）；支持直接融资，包括发行企业债券，中小板、创业板上市等；降低资金投资风险，发展投资担保、再担保业务等；鼓励各种产业基金，如新兴产业发展基金，中小企业发展基金等。

## 四、打造三大功能平台

各地落实《指南》应重点把握制造业创新中心的三大功能平台。一是投资信息咨询平台。在当前的新兴产业投资中，存在政府没钱投、银行不愿投、很多民间投资者不敢投的现象，原因在于缺少客观的投资信息支撑，建立科学公正的投资信息平台势在必行。二是成果中介服务交易平台。不少研究成果被卡在最后一公里，其重要原因就是，优秀的研发人员不了解资本投资，而投资者也不了解哪些是优秀的科研成果和科研工作者。因此，要建立中介服务平台，把研究成果推向市场。三是科技攻关平台。要依托各种技术中心、研发机构，成立各种科技攻关平台。这种平台既可为国家重大项目攻关，也可通过收费等方式，为个体企业提供工艺改进攻关等服务。

## 五、加快各类产业园区功能转型

我国各类产业园区大多是改革开放后为追赶世界工业发展建立起来的，具有时代特征，总体上以扩大产业规模、招商引资、发展高技术产业为目的。经过多年的发展，产能出现过剩，不少传统产业园区的历史使命已经完成，迫切需要加快功能转变，从之前靠低廉要素招商发展转向今后的凝聚资源创新发展。在这一过程中，根据产业特点和区域特点的不同，应坚持优化创新资源配置这一主线，自下而上发挥各地的创新活力。在廊坊等地，产业园区新兴产业发展采用了产城融合的模式，园区招商管理交给了地产商，而地产商在利益驱动下也乐于发展高新产业，并建立创新中心。再如，在不少装备产业园内，往往具有“大企业 + 中小企业”集群发展的特征，中小企业创新的难题是买不起检验检测设备，而大企业提供公共服务平台中小企业又担心技术被窃取，而这类创新难题一旦得到解决，就会激发整体的创新活力。同样，在生物医药等领域，实验设备非常昂贵，北京周边一些园区提供了这类公共试验设备，已吸引到一些生物医药领域的创新创业人才和企业。

# 第十二章 分享经济新业态的监管方式亟须创新

以优步、空中食宿、淘工厂等企业代表的分享经济模式正在生产生活各领域兴起。这些新的经营模式在快速发展的同时，也逐渐显露出自身存在的一些问题，主要表现在分享经济平台与劳动供给方的关系模棱两可、课税对象、适用税种及税率尚不明确、用户对平台保护隐私数据的能力缺乏信任，由此给行业监管带来新的挑战，如难于界定分享经济平台的法律主体地位、难于兼顾分享经济与传统行业竞争者的利益、难于建立隐私数据监督保护机制等，为此，对于监管部门来说，应从不断创新监管理念，探寻在税收、信息共享等领域的契合点，根据资源、交易行为及个体属性特征，动态把握平台与供需方关系，完善信任机制以防范安全风险几个层面，构建适合其发展特征的监管思路与体系，促进分享经济的健康与长远发展。

## 第一节 分享经济发展过程中存在的主要问题

### 一、分享经济平台与劳动供给方的关系模棱两可

分享经济平台整合众多碎片化、未充分利用的劳动资源产生经济价值，它能带给劳动者更多自主权。但平台中的劳动供给方是界定为雇员还是独立承包商仍不明确，这导致劳动者承担额外运营风险、缺乏劳动保障等问题。如 2013 年美国加州的“优步”司机诉诸法律要求认定其劳动者身份，最终“优步”以 1 亿美元补偿金与 38.5 万名司机达成和解，和解后的“优步”司机的身份是独立承包商。如果“优步”平台与司机被认定为雇佣关系，司机

能够获得与正常劳动者相同的劳动保障，但会导致平台运营成本大幅增加。

### 二、课税对象、适用税种及税率尚不明确

在分享经济模式中，需求方通过第三方支付平台将资金返回给平台企业，扣除平台收入后余下部分进入到供给方账户。从资金的流向来看，第三方支付平台、平台企业、供给方都应是纳税主体，然而当前我国税收制度对分享经济商业模式的纳税主体没有具体规定。分享经济平台企业多注册为科技类创新型企业，缺乏在专业领域的合法运营资质，也没有法律法规对其应缴税种进行规范。

### 三、用户对平台保护隐私数据的能力缺乏信任

由于分享经济中的闲置资源供给方通常是由数目庞杂的不确定的个人或组织构成，分享经济平台利用“上帝视角”实时地调配资源，以达到资源的最优配置，但平台也可以通过“上帝视角”记录用户信息及活动数据（包括用户地理位置、账户日志、应用活动、移动设备信息、电话记录、网络连接信息等）。分享经济平台获取了大量用户相关信息，但缺乏平台内部及外部的监管机制，存在用户隐私侵犯及数据滥用的隐患。

## 第二节　分享经济监管面临的挑战

### 一、难于界定分享经济平台的法律主体地位

2014 年新修订的《消费者权益保护法》第 44 条已规定了网络交易平台提供者的民事责任，但分享经济平台与网络交易平台是存在交集的两个不同范畴。对于分享经济平台，我国尚未有明确的法律法规定义其法律地位，缺乏追责依据。一些平台企业打着非交易平台的幌子，实质上从事商业性的资源分享活动。例如，微商平台已存在资源分享和交易行为，但消费者在微商平台上购买了问题产品，微商平台以仅作为社交平台而不是交易平台为由，

不负担或仅负担极少的责任。

### 二、难于兼顾分享经济与传统行业竞争者的利益

现行法律法规没有规定分享闲置资源的经营模式应承担和传统竞争行业相同的税费负担和社会责任。分享经济平台决定了交易的方式和条件，并能够对交易价格产生影响。如果平台滥用这种影响力，通过控制价格等方式来操控市场，打压传统行业竞争者，很可能造成不正当竞争。由于难以兼顾分享经济、传统行业竞争者及公共利益，地方政府往往联合传统行业竞争者反对分享经济的发展，并以现行法律对其经营合法性提出质疑。

### 三、难于建立隐私数据监督保护机制

目前，关于个人数据管理的法律体系还不完善，法律仅规范信息公开，停留在鼓励和倡导数据开放的层面，数据开放过程中还没有建立起有效的隐私数据保护机制，缺乏数据开放的细则，如个人隐私和信息如何保护的规则并不明确。目前，大多数企业靠自身定的规则来承诺对隐私数据的保护，鉴于技术和企业管理的原因，单凭企业的公信力，并不能真正保护个人隐私数据。要建立起完善的隐私数据监督保护机制仍需时日。

## 第三节　分享经济的监管方式探讨

### 一、对分享经济应持包容态度，不断创新监管理念

分享经济的兴起有其自身的经济和社会合理性，如对技术、基础设施等资源的充分利用，并体现了社区交互、任务协作、权力分散等特征。政府对分享经济应持有宽容的态度，政策导向应该是发挥分享经济的优点、修正其发展缺陷，而不是采取封杀手段遏制其存续发展。应制定鼓励分享经济发展的产品、服务及安全标准，倡导行业自律和社会监督，强化平台型企业的平台管理责任，推动形成完善高效、全社会共同参与的多元监管体系。

## 二、探寻在税收、信息共享等领域的契合点，深化政府与分享经济的合作

通过政府采购服务等方式，引导分享经济平台承担部分社会责任，深化地方政府与分享经济平台之间的合作，将分享经济逐步纳入政府监管范围。例如，“空中食宿”替美国加州政府代为收取资产占用税、观光税、酒店税、增值税等税种。美国加州政府利用“优步”平台收集的交通信息数据，利用该数据进行城市交通状况实时分析，从而更好地服务于城市交通管理。平台企业也应积极寻找与政府的契合点，充分发挥在解决就业、缓解交通拥堵、有效利用闲置资源等方面的优势，积极履行纳税义务和守法义务。

## 三、根据资源、交易行为及个体属性特征，动态把握平台与供需方关系

应抓住分享经济的本质特征，实现分享经济与传统经济的错位监管。例如，根据资源的权利属性、交易属性、交易主体属性对分享经济进行界定，可根据资源供需匹配的时间、所有权是否发生转移、交易个体是否是商业主体等特征，改变固定不变的平台—供需方关系的确定方法，进而实现分享经济的监管边界动态化，使分享经济处于可控、安全的发展范围。

## 四、完善信任机制以防范安全风险

建立由政府、协会、第三方信用服务企业、分享经济平台等多方参与的信任机制。应加强政府与平台的信用数据共享，强化对失信行为的联合惩罚力度，降低供需双方的信任成本。如英国政府致力于采用 GOV. UK Verify 认证系统，与平台分享犯罪记录检查。在第三方服务方面，应打破不同平台之间的边界，实现跨平台收集交易双方评价等记录。如 TrusCloud 公司通过跟踪用户在社交网站、点评网站及交易平台的数据记录，为分享经济平台提供第三方客户信用评级服务。

# 第十三章　布局“机翻时代”，助力“中国制造”扬帆出海

2016 年 9 月，谷歌公司发布报告《谷歌神经网络机器翻译系统：弥合人类翻译与机器翻译差距》，引发了社会的广泛关注，业界认为这是计算机翻译技术突破的里程碑。“机器翻译”正加速接近人工翻译的水平，“互联网 + 计算机翻译”模式使跨语言交流无缝衔接，必将对全球经济文化合作交流产生革命性影响。“一带一路”国际合作战略的实施，核心是推动我国制造业国际化进程，机器翻译系统对我国制造业走出去有很大的帮助。为此，我国需积极应对“机翻时代”的挑战，加速产业技术布局，抢占国际信息流动战略新支点；同时，要积极开展制造业领域信息互译体系预研，助力“中国制造”扬帆出海。

## 第一节　神经网络技术将计算机翻译系统带入实用时代

### 一、谷歌神经网络翻译系统对机器翻译发展具有里程碑的意义

谷歌报告《谷歌神经网络机器翻译系统：弥合人类翻译与机器翻译差距》[①]，其核心是基于神经网络算法和谷歌自然语言大数据库的计算机翻译新思路。传统的机器翻译先对句中单词进行翻译，然后再把翻译后的词组组合成句，而新翻译系统根据大数据比对，把整句话作为基本单元转换成目标语

① Google's Neural Machine Translation System: Bridging the Gap between Human and Machine Translation.

言的现成句式，还可以连续几句甚至整段查找合适的目标语言进行直接转换。由于这种模式翻译的句式是现实存在的，因此译文的准确性和流畅度大幅提高。新翻译系统通过海量信息搜索、大数据挖掘和神经网络算法，凭借超级计算机的强大运算能力模拟人类思维模式，并极大地提高了这种思维模式的速度和广度。虽然从目前来看该系统翻译效果还不完美，但凭借超神经网络算法的强大自学习能力，预计在不久以后，跨语言无缝转换的“机器翻译”时代就要来临。

### 二、翻译系统的革命性突破将极大地推动跨语言交流合作进程

神经网络翻译系统的革命突破，使信息在不同语言间的无缝转换成为可能。伴随互联网海量搜索、文字识别、语音识别等信息收集辅助手段，海量的书籍、文件、资料、音视频信息，以及实时新闻、消息、数据，仅需花费极少的成本、很短的时间就能被转换成多种语言的资料，甚至语音信息。这将极大地降低跨语言研究学习的成本，提升跨语言交流合作的效率，深化不同国家、地区、文化间的相互理解，加速全球一体化进程。

## 第二节 “机翻时代”将加速我国制造业国际合作进程

“一带一路”国际合作战略的实施，核心是推动我国制造业国际化进程，一方面通过产业投资开拓国际市场，一方面也通过合作交流提升我国产业发展水平，机器翻译系统对我国制造业走出去有很大的帮助。

### 一、机器翻译为我国制造业“学不来、学不好”的核心技术开辟情报获取新途径

随着供给侧结构性改革的深入，我国制造业正由原来的模仿跟随战略向创新超越战略转变。为阻止我国的快速超越，发达国家加紧了对我国核心技术的封锁，技术引进、投资并购等常规途径获取核心技术越来越难。而关键

技术的突破和产业化不是一朝一夕可以实现，如何开辟获得外国先进技术情报和研究信息的新途径，是我国产业技术研究领域急需解决的问题。在“机翻时代”，计算机无缝翻译配合互联网检索，海量国外技术研究资料，产业应用动态、新闻、论文等直接、间接的重要情报和研究成果可及时转换成中文内容，技术情报研究范围和深度将大幅扩展，这将有助于提升我国产业技术创新的效率。

## 二、机器翻译为我国制造业“引进来、走出去”提供信息交流的贴身服务

随着“一带一路”进程的推进，我国企业国际投资并购、技术交流、产能合作活动高度活跃，企业对目标国家经济、技术、市场以及社会生活情报的需求变得前所未有的深入和迫切，对产业信息准确性、时效性的要求越来越高，而语言不通成了巨大的障碍。在“机翻时代”，无缝自然的机器翻译系统可以更为快速地搜索研究国外产业和市场发展情况，降低企业“走出去”的技术难度，提升企业参与能力，有助于企业、商会、各级政府等产业部门全面对接目标市场。

## 三、机器翻译为我国制造业在国际竞争中“立标准、定规则、树品牌”架桥铺路

掌握国际话语权是争夺全球市场和产业链利润分配的关键。制造业国际话语权，将在行业标准的国际推广能力、对国际产业投资和贸易规则制定的影响力，以及企业品牌的国际知名度等方方面面体现。提升国际话语权，涉及大量文献、规则、法律条文以及各类语言文字的交流活动，然而由于语言隔阂和文化差异，我国企业参与国际标准制定、竞争规则协商的信息不畅、能力不足、积极性不高，应对国际产业仲裁、商业诉讼更是避之不及，能主动发起诉讼的更是少之又少。在“机翻时代”，语言藩篱被大幅削减，在促进我国制造业引进来、走出去的同时，更有助于我国企业主动参与国际标准、国际规则的制定，有助于企业积极应对国际争端，有助于我国企业、产品、中国制造、中国品牌的宣传推广。

# 第三节　加紧布局“机翻时代”，助力“中国制造”扬帆出海

计算机翻译是后互联网时代国际信息交流的加速器，谁控制了机器翻译系统谁就能掌握国际信息流动的主动权，这不仅对我国制造业“引进来，走出去”具有积极意义，还将对国家信息安全产生重要影响。目前，国际产业巨头已抢占先机，我国需积极应对计算机翻译时代的挑战，发展自主可控的商用计算机翻译系统，抢占国际信息流动战略新支点。

## 、加紧规划布局计算机翻译产业体系

一是加强宣传引导，提高各部门、企业对发展计算机翻译技术重要性的认识，加强对国外技术跟踪研究，提升社会对计算机翻译应用的关注度。二是设立计算机翻译科技及产业专项、建设计算机翻译产业创新中心，集中优势资源推动核心技术攻关，推动翻译标准、规则体系构建，加速示范应用和技术推广。三是针对“机翻时代”新特点重新审视传统信息保密管理体系，提高对中文信息资源的保密意识，梳理、规范可能信息外泄的网络信息源。

## 二、开展制造业领域信息互译体系预研

我国制造业要搭上“机器翻译”时代的高铁，还要加快制造业重点领域信息互译标准的建设。一是根据各类信息内容的重要性和紧迫性，尽快确定制造业重要信息领域翻译顺位排序；二是组织各行业领域技术、法律、产业专家，对重要词汇、短语、行业惯用说法、惯用描述进行分类整理，形成通用的制造业信息互译标准集；三是对各类国内外制造业相关重要新闻、信息、资料、文献来源进行分类整理，建立核心互译检索源，为“机翻时代”制造业信息互通互译打下坚实的基础。

# 第十四章　混合现实产业发展的思考与建议

混合现实（Mixed Reality，MR）通过实时采集人眼看到的“真实”世界信息，并把虚拟数字对象叠加在真实场景信息上，构建物理实体和虚拟对象共存二元世界，用户借助特殊的输入、输出设备，可以与虚拟世界、现实世界同时进行实时的交互。混合现实融合了虚拟现实（VR）和增强现实（AR）两大技术，与虚拟现实和增强现实相比，实现了虚拟环境与真实环境实时融合，真实感和交互性更强，沉浸性好，应用场景更广泛。混合现实发展至今，我国已具备一定的产业基础，一是技术不断成熟，产业化能力增强，二是产品逐步面市，应用领域不断拓展，三是产业链雏形初具。但面对混合现实产业发展的新趋势，如生态化竞争将成为产业发展的主要模式，应用创新将推动产业快速发展，且有望继计算机、智能手机后，成为新一代的计算平台，我国混合现实产业发展还存在一些问题，一是研发积累不足，关键技术存在瓶颈，二是关键环节薄弱，产业链尚不完善，三是标准建设滞后，配套协作不足。为此，建议，第一应以需求为导向，明确发展目标；第二应完善标准体系，规范行业发展；第三应突破技术壁垒，夯实产业基础；第四应探索应用模式，推进行业应用。

## 第一节　混合现实产业发展动向

### 一、产业基础

从虚拟现实技术的出现到混合现实产品面世，大致经历三个阶段。第一阶段，20 世纪 50—70 年代，虚拟技术理论和概念从无到有，处于在实验室探索技术阶段；第二阶段从 20 世纪 80 年代到 21 世纪初，计算机软硬件技术的不断进步提升了 VR 设备的可操作性和体验性，虚拟技术由实验室进入应用试验阶段，如任天堂推出 Virtual Boy VR 游戏；从 2010 年开始进入新的发展阶段，虚拟现实新产品和新应用不断推出，产业呈现蓬勃发展的局面。随着佳能发布了 Mreal MR 眼镜以及 Magic Leap 公司裸眼 MR 应用宣传视频的展示，标志虚拟现实进入混合现实发展阶段。

混合现实涉及产业众多，包括虚拟现实工具与设备、内容制作、分发平台、行业应用和相关服务等在军事、民用以及科研等方面的各种应用①。混合现实产业经过多年的技术积累、应用探索，目前已具备了一定的发展基础。

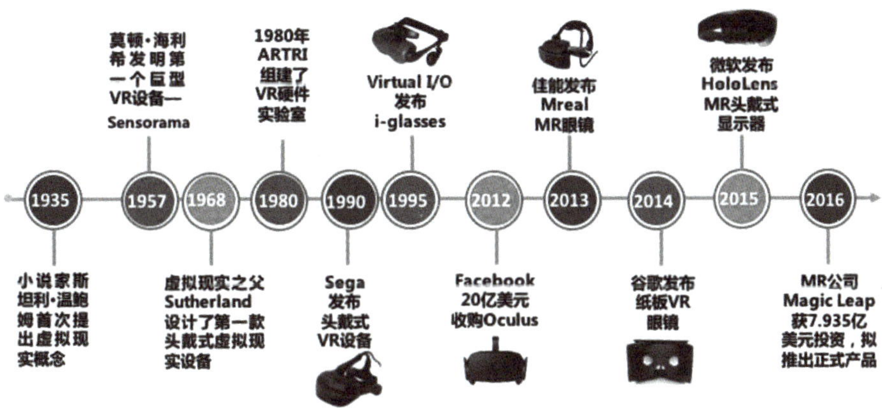


**图 14－1　混合现实发展历程**

一是技术不断成熟，产业化能力增强。混合现实技术是综合运用高速计算、三维成像、传感、智能识别、显示等技术把虚拟世界和真实世界融合，创造出一个新的三维世界。随着硬件计算能力、3D 建模、三维图形的生成显示、数据采集等技术创新不断取得突破，混合现实技术逐渐成熟，许多技术已经大规模产业化应用，如计算机为其提供了实时的硬件平台，显示设备利用了电视与摄像机的显示技术，而虚拟现实技术的软件则以 CAD 和计算机图形技术为基础①。

二是产品逐步面市，应用领域不断拓展。目前，混合现实领域第一批产

① 2016 年虚拟现实产业发展白皮书，中国电子技术标准化研究院。

品已面市，向产业化迈出了关键性一步。国外公司推出的产品包括微软的Hololens、佳能MReal以及Waveoptics公司的眼镜“幽灵”等。其中，微软全息眼镜HoloLens拥有投射新闻信息流、模拟游戏、收看视频、查看天气、辅助3D建模、协助模拟登陆火星场景等多方面的功能。国内企业还没有真正意义上的混合现实产品，但是亮风台HiAR Glasses、奥图、青橙视界、众景视界等也都推出了针对不同应用的增强现实眼镜，产品向混合现实方向稳步推进。

三是产业链初具雏形，市场前景广阔。2016年被业界认为是虚拟现实产业发展的元年，国内企业已经覆盖虚拟现实产业链上游零部件加工、下游终端、应用等领域，且呈现出快速发展的态势。IDC报告显示，中国2016年第三季度VR硬件出货量达20.4万台，环比增长367.9%，并预测，2017年中国VR市场将持续上升，全年同比增幅将达441.2%。混合现实是虚拟现实的进一步发展，虚拟现实的快速发展为混合现实发展夯实了基础。据Markets and Markets预测，2016年到2020年间，混合现实将以75.2%的复合年增长率增长，到2020年形成4.5亿美元的市场规模。

## 二、发展趋势

混合现实设备将成为新一代计算平台。从计算平台的发展来看，先后经历了大型机、个人计算机和移动设备，目前混合现实设备发展方兴未艾。与传统计算机相比，混合现实设备使用起来更加直观。混合现实将改变传统的人机交互方式，传统意义上输入、输出设备将会消失，整个世界都会变成信息交互与展现的舞台。混合现实设备又一次延伸了人的身体和感官，人可以连接任何对象，人与虚拟世界和真实世界的信息沟通更加自然、实时，生活和工作更加高效。未来，混合现实设备将朝着集成度高、重量轻、体积小方向发展，佩戴更加舒适。据专家预测，2020年以后，MR设备有望取代PC机和智能手机，成为人们办公和个人生活的主要计算设备，虚拟计算时代将会到来。

生态化竞争将成为产业发展的主要模式。混合现实的产业链长，技术点分散，应用市场广阔。目前，混合现实设备、应用等标准尚不统一，以设备为核心的生态系统之争将会愈演愈烈。企业凭借自身优势构建设备供应商、应用开发者、消费者三方共赢的“平台 + 应用”闭环生态圈，将成为混合现实产业发展大势所趋。国外科技巨头，如微软、谷歌和苹果等企业，通过自主开发或者通过投资的方式布局硬件、软件、内容、应用和服务的产业链环节，积极构建从开发、制造到消费的生态系统，抢占技术高点和标准话语权。国内企业发挥自身优势构建形式多样的发展生态，如暴风科技利用自身视频内容平台和用户资源优势切入硬件市场，借助暴风魔镜建立起自身的产业生态；京东集团发挥自己的平台优势，集成软件设备和内容制作分发平台等各个环节的优势资源，构建京东 VR/AR 产业联盟，通过广结盟、深对接，构造软件 + 硬件 + 内容 + 服务的一个多维度多层次的产业生态。

MR + 应用创新将推动产业快速发展。随着技术壁垒不断被突破，MR 产品将加快进入市场，为行业应用提供新的设备技术支撑，MR 应用会催生大量行业应用系统，反过来随着混合现实应用领域的不断拓展，行业应用将推动混合现实产业进入发展快车道。从目前的发展趋势看，MR 应用有望首先从游戏行业爆发，从任天堂 Pokemon Go 游戏短时间内风靡世界这一事件，预示了 MR 可能在游戏领域获得应用突破。在设计领域，已经有多家企业开始采用混合现实，如微软合作伙伴 Finger Food Studios 已经利用 HoloLens 进行全息设计与研发，设计的产品包括全尺寸的卡车、全尺寸的全息部件、船运集装箱等；同期，国内企业中建一局则探索混合现实技术在建筑全产业链、全生命周期的深入应用。另外，在医疗、教育、视频直播等行业，陆续有公司尝试采用混合现实，以期提高交互的真实性，获得更高的工作和学习效率。

## 第二节　混合现实产业发展中面临的问题

### 一、研发积累不足，关键技术存在瓶颈

混合现实的关键技术包括三维显示技术、三维建模技术、传感测量技术和人机交互技术等，其中在三维显示、虚拟对象与真实环境的同步叠加、定位跟踪等环节还存在技术难点。国外在相关领域的技术积累和技术创新能力

已领先于我国，如 magic leap 的光场显示可以消除虚拟世界和真实世界叠加时产生的眩晕感；Waveoptics 研发的波导全息技术使用光子晶体来控制和映射光线，精度能够达到纳米范围。相比较之下，我国在混合现实技术方面沉淀不够，在关键环节如三维显示、人机交互等方面的技术研发力量不足，技术研发以初创公司为主，产业链主要布局在硬件制造环节，关键技术攻关能力亟待提升。

## 二、关键环节薄弱，产业链尚不完善

混合现实行业覆盖了硬件、系统、平台、开发工具、应用以及消费内容等诸多环节。产业链涉及芯片、手机、电视机、可穿戴设备等硬件设备制造，操作系统、应用软件等软件开发环节以及视频网站、在线售票平台、影视娱乐公司、体育公司等内容服务平台①。目前我国混合现实产业行业企业主要集中在上游的硬件领域，在应用开发、内容提供等环节企业布局较少，在操作系统、内容制作工具等领域存在缺失，产业链布局尚不完善，混合现实产业生态还需加大培育力度。

## 三、标准建设滞后，配套协作不足

混合现实产品应用处于起步阶段，尚没有形成成熟的行业标准。目前，行业内的企业囿于自身产品领域，不同企业的产品数据接口以及底层软硬件平台标准不一致。整体态势是，国外的主要企业凭借平台或硬件优势，如微软依托 HoloLens，Intel 依托 Alloy，打造产业生态，以形成行业事实上的标准；国内混合现实发展起步晚，产业发展处于跟随状态，企业实力还不足以主导制定行业标准。与智能手机、个人电脑等较成熟的产业标准相比，混合现实的标准还需要进一步完善。同时，产业上下游发展缺乏有效规范，平台间、设备间的兼容性普遍较差，产业协同发展能力有待提高。

---

① 国内外虚拟现实产业发展研究，《软件与信息服务研究》2016 年第 3 期（总 46 期），赛迪智库。

## 第三节　发展混合现实产业的几点思考

### 一、以需求为导向，明确发展目标

把握混合现实发展的大势，围绕混合现实硬件、软件、终端、行业应用以及服务平台的发展需求，以产业创新发展为导向，分领域、分层次，明确不同阶段的发展目标。近期目标应重点突破实时动态环境建模与三维图形生成、立体显示与高精度传感器、系统开发应用等基础技术，加快培育混合现实应用市场；远期目标应在三维全息技术、体感交互、新的计算模式等前沿领域掌握发展主动权。

### 二、完善标准体系，规范行业发展

在国际上混合现实行业还没形成有效标准和规范之际，我国应抓住机遇，加快构建混合现实产业标准体系，以标准规范推动产业健康有序发展。一是在行业管理部门的牵头下，尽快组建由产学研用机构、单位组成的产业联盟和标准化委员会，开展混合现实标准的研究制定工作。二是加快培育一批混合现实领域的龙头企业，通过产品和服务的市场占有率优势，形成行业事实上的标准。三是积极开展国际交流与合作，鼓励有实力的企业和相关机构开展国际标准研究，推动把我国在增强现实领域的重大创新变为国际标准，提升我国混合现实产业在全球的地位和话语权。

### 三、突破技术壁垒，夯实产业基础

围绕混合现实的关键技术及重点环节的技术难点，整合科研机构、主要企业的科研力量，加大技术攻关力度，尽快突破技术壁垒，掌握产业创新和产品创新主动权。一方面要依托重点科研院校、企业研究院和实验室，大力支持科研创新机构开展三维全息成像、微型高分辨率显示器件、高速数据处理软硬件等关键基础技术攻关，筑牢混合现实创新基石。另一方面要加快混合现实关键基础技术的产业化，利用我国企业在智能手机、虚拟现实业已形成的产业化能力，推动企业加快对混合现实技术的集成创新、应用创新，尽快把技术转化为产品，夯实混合现实产业基础。

## 四、探索应用模式，推进行业应用

借鉴家电、智能手机等领域的发展经验，利用我国市场容量大，消费者对新产品勇于试用的优势，鼓励企业加快推出性价比高的混合实现产品，积极探索混合现实的新业态、应用的新模式。首先支持我国企业率先在虚拟现实应用已具备一定基础的视频、游戏等领域开展混合现实应用，其次是在家装、教育、医疗、军事等领域加大应用示范，促进新型应用与混合现实互动发展。

# 第十五章　智能机器人产业发展的思考与建议

智能机器人被誉为“制造业王冠顶端的一颗明珠”，可以用来反映一个国家高端制造业水平的高低。根据应用领域，智能机器人分为工业机器人和服务机器人，广泛应用于汽车、电子、化工、医药、食品等制造业领域，以及娱乐、家庭、军事、农业、建筑等其他领域。近几年，智能机器人发展热潮不断升温。从全球来看，智能机器人产业市场规模不断扩大，持续增长态势不断延续，工业机器人和服务机器人的销量均继续上扬，在全球逐渐形成欧美、日韩等国智能机器人占据产业链上游的产业布局。从我国来看，智能机器人市场潜力巨大，国内产业集群也在加速形成。但是我国智能机器人企业通常为下游合作商，竞争力不足，制约产业发展的瓶颈主要有：研发制造水平低、产业园区建设盲目上马、自主品牌市场接受度低、行业标准欠缺等。基于此，对我国智能机器人产业未来发展提出四点建议：加快自主研发，弥补核心技术短板；积极开展合作，引导地方差异化发展；加强宣传推广，鼓励新技术产品应用；加强标准制定，提升国产机器人质量。

## 第一节　国内外智能机器人产业发展现状

### 一、全球智能机器人产业市场规模不断扩大，我国机器人市场潜力巨大

#### （一）全球机器人增长态势延续

据国际机器人联合会分析显示，2015 年世界工业机器人市场销量继续上扬，同比增长 15%，累计销售 25.4 万台。IFR 预计，根据工业机器人在汽

车、电子工业、金属加工、化工、塑料、橡胶等行业的广泛应用，未来五年销量均有可观的增长。2015年世界专业服务机器人市场销量增速更快，同比增长25%，累计销售4.1万台。2015年世界个人及家用机器人市场销量较大，同比增长16%，累计销售540万台。国际机器人联合会预计，未来四年，世界专业服务机器人的生产规模将达33万台，价值231亿美元。

### （二）中国市场潜力巨大

据工信部统计，截至2016年上半年，我国共有机器人制造企业800家。国际机器人联合会和中国机器人产业联盟统计显示，2015年我国工业机器人市场规模达到6.8万台，占世界销量的25%，市场规模量位居世界第一。保有量增长至25.8万台。据国家统计局报告，2016年1—11月，我国累计生产6.4万台工业机器人，比2015年生产量增长90%。5年来，我国机器人制造企业增加了3000多家。

目前，我国服务机器人仍处在起步阶段，相关产业链还不完整。2014年我国服务机器人市场销量为21万台，其中大多数为个人及家用服务机器人，专业服务机器人仅为1089台。从应用领域看，服务机器人主要集中在家庭、医疗、无人机等领域。

## 二、日欧企业占据机器人产业链上游，我国企业位于下游

智能机器人产业链中，上游为原材料、关键零部件、功能零部件生产商，中游为本体制造和单独进行系统集成的制造商，下游为销售服务商和合作商。

### （一）关键零部件由发达国家垄断，我国尚不具备竞争实力

智能机器人产业链的上游是指制造机器人所需的各种部件，如钢材、主要零部件、传感器等。主要零部件包括减速机、控制器和伺服电机。减速机是一个中间装置，连接动力装置和执行机构。日本的纳博特斯克、日美合资的哈默纳科都是世界著名的减速机制造商，两家的市场占有率为75%。伺服电机是驱动机器人轴节的装置，能够精准控制机器人的行为。最知名的伺服电机生产商是日本的安川电机。控制器通常是由机器人厂家研发的，用以接受指令信息控制机器人的行为。

减速机在整个机器人成本中占到了33%—38%，伺服电机和驱动占

20%—25%，机器人本体占20%，控制器占10%—15%。我国的关键零部件与国外有差距。例如，我国无法生产高精度减速机，只有几家企业在低端有部分国产化；我国伺服电机价格对比国外价格优势不大，且性能不佳；目前我国控制器的发展取得一定成绩，有8—10家企业能自主研发运动控制系统，但由于控制器与本体通常由同一家供应商提供，稳定性更好，国产控制器的市场竞争优势不明显。因此，国产机器人的关键零部件仍然依赖发达国家，自主研发程度不高。

### （二）工业机器人本体日欧优势明显，服务机器人本体竞争激烈

中游加工商主要包括智能机器人的本体制造与系统集成，下面主要介绍本体制造情况。

机器人本体是机器人的支承基础和执行机构，包括机器结构和机械动力系统。世界最有名的工业机器人制造商是日本的发那科和安川电机、瑞士的ABB、德国的库卡。2014年，这四家机器人厂营业收入为55亿美元，占全球工业机器人市场份额的近一半，占中国工业机器人市场份额的近70%。

服务机器人是一种新的机器人类型，市场竞争非常激烈，目前还没有任何一家企业能够稳居市场宝座。美国《机器人商业评论》近期公布的2016年度RBR50名单（全球最具影响力50家机器人公司）中，排名最高的服务机器人企业包括美国的无人机公司3D robotics，Google公司的机器人子公司Alphabet等，中国的大疆创新科技有限公司也位列榜单。

### （三）我国大量机器人企业属于下游合作商，自主研发实力不足

下游合作商主要包括本地合作商、代理商、第三方服务等。目前我国机器人企业中，大多数都是代理商，负责代理国外的机器人产品。国内拥有机器人自主知识产权的企业非常少，国内自主研发的机器人也不多。国内机器人企业需要进一步加强自主创新能力，争取在全产业链中具有竞争力。

## 三、全球机器人空间布局网逐渐形成，我国机器人产业集群加速构建

### （一）欧美、日韩等国智能机器人产业优势明显

目前全世界发展机器人产业的国家超过了48个，工业机器人基本上已经

被日本、韩国和德国垄断。日本是世界第一的机器人生产地，占世界机器人总量的66%，也是唯一的工业机器人净出口国。2016 年，工业机器人保有量排名前十的国家及地区为中国、日本、韩国、德国、意大利、中国台湾地区、泰国、西班牙、法国和英国，其中韩国的工业机器人保有密度最大。

全世界涉足服务机器人生产的国家超过了 25 个。在日本、北美和欧洲，已经进入实验和半商业化应用的服务机器人涵盖了 7 种类型的 40 余款。美国、德国、法国、日本和韩国在服务机器人领域都处在世界前列。

### （二）我国智能机器人产业已形成四大格局

在我国将机器人产业提升至战略新兴产业之后，各地陆续出台了相关扶持政策，打造机器人产业基地，目前全国已有 40 多个以发展机器人为主的产业园区。较为集聚的地区主要有环渤海、长三角、珠三角、中西部等四个部分。

环渤海地区科研实力较强，拥有沈阳自动化所等国内领先的机器人研究机构，具有人才培养优势。位于此地区的沈阳新松、哈工大机器人、哈博实等公司，属于行业龙头企业，牵引作用明显。长三角地区具有良好的电子信息产业基础，机器人产业发展较早，国外的安川、发那科、ABB、库卡工业机器人四大家族，以及国内龙头企业埃斯顿、新时达，上海交大机器人研究所等科研机构都有所分布。珠三角地区目前集中发展控制系统。广州数控、英威腾、汇川技术等企业，以数控机床起家，逐渐延伸至机器人产业的控制器生产，目前也有整机销售。随着人口红利的消失，珠三角地区用工紧缺，“机器换人”迫在眉睫，因此市场应用空间大。中西部地区机器人产业起步较晚，近年来借助外部科技资源，培育了埃夫特等知名工业机器人生产企业。但是本地科研资源有所不足。

## 第二节　我国智能机器人产业发展面临的瓶颈

### 一、研发制造水平低，拥有自主知识产权较少

近几年，我国基本上具备了机器人制造中的本体设计、控制系统、运动

规划等相关技术，智能机器人产业发展迅猛，但与国外的先进水平相比，我国智能机器人的生产技术仍存在较大差距。我国自主生产的机器人，无论是稳定性、寿命，还是精度往往达不到预期，而这与精密减速器、伺服电机、控制器等关键零部件的研发水平不足有着极大关系。考虑到机器人的稳定性，我国机器人生产厂家都会进口关键的零部件。2015 年，我国从日本进口的精密减速器超过 75%，主要来自哈默纳科、住友公司和纳博特斯克等①。我国机器人生产所用的伺服电机和驱动主要进口自日本、欧美以及中国台湾，进口超过 80%。我国机器人关键零部件的进口依赖度过高，国内机器人制造企业通常要比外国机器人制造企业多出 4 倍的价格购买减速器，以多出 1 倍的价格购买伺服器，导致国内机器人制造企业的成本大幅提高，从而降低了国内机器人制造企业的市场竞争力。

## 二、产业园区建设盲目上马，高端产业门槛不断拉低

在国家政策的引导下，我国各地纷纷上马机器人产业园，据工信部统计，2016 年全国机器产业园高达 40 多个，机器人制造企业超过了 800 家，甚至每周都会诞生四五家机器人企业。从总体布局来看，大量产业园区缺乏专业化分工，存在重复建设现象。从产业园区布局来看，很多园区缺乏合理规划，功能分区不明确，企业“小、散、乱”现象普遍存在，有人形象地形容为“就像一个麻袋里装了一堆土豆”。这种现象的发生，是由于组织结构不合理引起的。首先是企业组织结构不合理。很多企业看到了机器人市场需求增长的前景，纷纷投资建厂，参与机器人研发制造。但是这些企业实力良莠不齐，能制造高端产品的企业寥寥无几，大多数凭借低端产品价格战来占领市场。从而拉低高端产业的门槛，引发国内机器人企业之间的不良竞争，出现高端产品低端化。二是产品结构不合理。由于关键零部件的研发周期长、投入大、见效慢，难以在短时间内获取利润，多数机器人制造企业选择整机制造销售，甚至一些具有较好的机器人关键部件研发基础的企业都转而生产机器人整机，导致关键环节缺失，难以形成机器人研制、生产、制造、销售、集成、服务

① 《前景广阔 我国机器人产业将保持快速增长态势》，工信部赛迪研究院，《中国工业报》2016 年 4 月 25 日。

等有序、细化的产业链。

## 三、自主品牌市场接受度低，国产机器人发展遇阻

越来越多的外资机器人企业开始在我国投资建厂，国产机器人企业将面临被市场边缘化的风险。一方面，我国大多数工业机器人企业规模较小，90%的企业营业收入不足1亿元，相比较而言，安川、发那科、库卡等营业收入都在百亿以上。因此，国内企业难以具备竞争优势。即使在国内，国产品牌也不被认可。2015年，四大机器人生产企业发那科、库卡、ABB、安川占我国工业机器人的市场份额分别为18%、14%、13.5%、12%，其他外资机器人企业的市场份额占据了34.5%①。另一方面，国产机器人多数集中在中低端产品，如在搬运、码垛、上下料等领域，导致用户企业对国产高端机器人信心不足。特别是汽车和电子工业等对设备精度要求较高的行业，出于稳定性、可靠性的考虑，一般不会轻易使用国产机器人。虽然一些产品技术含量高，且拥有成功应用经验，但是不易被下游应用商接受，难以实现推广应用。

## 四、行业标准欠缺，质量认证有待加强

作为新兴领域，机器人行业在我国仍处于起步阶段，缺乏行业标准和认证规范。首先，我国还未形成针对机器人行业进入的标准，导致机器人行业准入门槛过低，部分企业盲目投资建厂，没有找准市场定位，缺乏核心技术，主要依赖组装部件，形成了很多低端产能。甚至很多企业生产的非智能化机械装置，都被贴上“机器人”的标签进入市场。生产这些装置的企业以机器人企业的身份入驻产业园，甚至领取补贴。从而使得机器人生产企业良莠不齐，依靠低质、低价产品恶性竞争。其次，我国针对机器人行业的检测认证体系尚不健全，缺乏必要的技术门槛和市场引导手段。由于标准的欠缺，机器人企业在研发设计时没有可参考的物理安全、功能安全、信息安全等指标，部分企业为了抢占市场急于发布未成熟的技术，导致国产机器人产品质量令人担忧。

① 数据来源：中国机器人产业联盟。

## 第三节 促进我国智能机器人产业发展的思考与建议

### 一、加快自主研发，弥补核心技术短板

一是加大技术研发力度，完善智能机器人产业技术基础体系，加强基础公共服务平台建设，突破关键零部件技术壁垒，打破长期依赖进口的局面。二是通过组建产学研联盟，成立智能机器人创新中心等方式，突破制约我国机器人产业发展的共性关键技术。三是聚焦开发深度学习、机器视觉等新一代核心技术，加大对智能机器人在产业孵化、应用推广等领域的支持力度，根据未来产业发展形势提前布局，以争夺智能机器人产业发展的主动权。

### 二、积极开展合作，引导地方差异化发展

针对各地发展智能机器人过程中存在的同质化发展等问题，建议在顶层设计上加以引导，结合我国各地区产业特点，合理布局智能机器人重大应用示范和产业化项目，强化产业链配套和区域分工合作，突出特色化发展。加快制定智能机器人产业发展规划和路线图，明确发展重点，规划产业布局和发展步骤，促进全国智能机器人产业健康有序地发展，形成以主机企业、系统集成企业和零部件及产业服务企业协同发展的全产业链体系。

### 三、加强宣传推广，鼓励新技术产品应用

针对国产机器人市场接受度低的问题，建议加强推广应用新技术产品的力度。在服务机器人领域，我国拥有全球绝对的市场需求和用户数优势，国产服务机器人在语音语义的理解上也有着得天独厚的优势。建议通过首台（套）支持、示范应用、宣传推广等方式吸引本土用户，抢占本土市场制高点。在工业机器人领域，适应我国劳动人口锐减、用工成本高涨等趋势，建议通过举办主题展览、机器人应用比赛，组织相关技术培训，在企业中开展机器人示范应用等方式，培育工业机器人市场需求。

## 四、加强标准制定，提升国产机器人质量

我国应前瞻部署，在国家制造业发展战略中突出智能机器人的重要地位。制定实施一系列行动计划、重点工程，促进我国智能机器人产业赶超发展。为了避免恶性竞争，我国应加紧制定行业标准和关键技术标准，以及产品标准和相关应用标准，规范统一的物理、功能、信息等安全指标，培育建立质量和标准认证机构。此外，还要继续推进应用验证平台和整机及关键部件检测中心的建设。

# 第十六章　石墨烯产业发展的思考与建议

2004 年，英国科学家 A. K. Geim 和 K. S. Novoselo 首次提取单层石墨烯，作为新世纪的高科技产物，石墨烯可以广泛应用于晶体管、锂离子电池、超级电容器、触摸屏等领域。2007 年以来，美国、日本、欧盟等世界各国针对石墨烯的投入层出不穷，创新成果加速显现。我国也陆续加大对石墨烯的重视程度，一批支持文件不断印发，一揽子成果持续出炉，一系列产业园区先后落成。目前，我国在石墨烯产业化方面已经走在了世界前列，但是，我国依然面临着石墨烯与石墨概念混淆、低端产品盛行、产业布局杂乱等问题，亟需加强石墨烯产业顶层设计，推动石墨烯产业应用发展，做好石墨烯产业概念普及。

## 第一节　国内外石墨烯产业发展现状

### 一、国外通过重大工程牵引，着重石墨烯尖端应用

一是各国政府高度重视。自从石墨烯被首次合成以来，各国政府对于石墨烯的研发投入层出不穷，力图早日在这种颠覆性材料方面取得突破。2007 年，关于石墨烯硅材料、器件的技术得到了日本学术振兴机构的资助；2008 年，美国启动碳电子射频应用项目，投资 2200 万美元支持石墨烯晶体管的研究；2011 年，英国将石墨烯列为重点发展的四项新技术之一，投入 5000 万英镑进行支持，并于 2015 年投资 6000 万英镑建设国家石墨烯研究所；2012 年，韩国原知识经济部预计六年内将向石墨烯提供 2.5 亿美元的资助；2013 年，欧盟推出石墨烯“未来新兴技术旗舰项目”，计划在十年内投资 10 亿欧元，

致力于将石墨烯从实验室推向社会。

二是部分企业谋篇布局。在各国政府对石墨烯重视程度不断加大的同时，各国企业也纷纷对其谋篇布局。韩国三星注重石墨烯专利积累，目前是全球拥有石墨烯专利数量最多的公司，在石墨烯 CVD 制备、触摸屏等方面有很强的实力；美国 IBM 重视石墨烯在晶体管、传感器等方面的应用，研发成功了世界上首个石墨烯射频接收器，可使手机、平板电脑等设备速度更快、能耗更低；芬兰诺基亚重点研究石墨烯在柔性显示方面的应用，取得了一些专利；日本东芝重视石墨烯在触摸屏方面的应用，其专利涉及石墨烯透明导电薄膜等方面；另外，日本索尼、韩国浦项公司等都在石墨烯的研发方面有所建树。

三是标志性成果不断涌现。2010 年，A. K. Geim 和 K. S. Novoselo 以其在石墨烯研究方面的卓越贡献荣获诺贝尔物理学奖，引发了全世界研究石墨烯的热潮。此后，一系列标志性成果不断涌现。2011 年，三星发布石墨烯场效应晶体管（FET），2012 年，IBM 成功利用单层石墨烯制成透明电极的 OLED 元件；2013 年，名古屋大学开发出有望在电子元件和医疗领域得到应用的“弯曲纳米石墨烯”；2014 年，美国科学家首次制造了石墨烯红外线图像传感器；2015 年，我国成都创威新材料开展石墨烯 – 橡胶复合材料产业化；2016 年，韩国和瑞士科研人员联合开发了新型石墨烯光电探测器。

## 二、国内通过政策支持，强调石墨烯快速落地

一是政策支持不断加码。作为一种有可能起到颠覆性作用的先进材料，石墨烯受到了我国各级政府的关注。近年来，国务院、发改委、工信部等密集出台相关支持文件，高度重视石墨烯产业发展。另外，黑龙江、无锡、宁波等省市对于石墨烯的政策支持也不断加码，积极推动石墨烯的产业化进程。

**表 16 –1　我国出台的石墨烯相关产业政策**

| 时间 | 部门 | 文件支持 |
| --- | --- | --- |
| 2015 年 | 国务院 | 《中国制造 2025》提出“做好石墨烯等战略前沿材料提前布局和研制”。 |
| 2015 年 | 工信部、发改委、科技部 | 《关于加快石墨烯产业创新发展的若干意见》提出将石墨烯打造为先导产业，并在 2020 年形成完善的石墨烯产业体系，实现石墨烯标准化、系列化和低成本化。 |

续表

| 时间 | 部门 | 文件支持 |
| --- | --- | --- |
| 2016 年 | 工信部、发改委、科技部、财政部 | 《关于加快新材料产业创新发展的指导意见》提出积极开发前沿材料，包括石墨烯等基础研究与技术积累。 |
| 2016 年 | 全国人民代表大会和中国人民政治协商会议 | 《中华人民共和国国民经济和社会发展第十三个五年规划纲要》提出大力发展石墨烯、超材料等纳米功能材料。 |
| 2013 年 | 无锡 | 《无锡石墨烯产业发展规划纲要》 |
| 2014 年 | 宁波 | 《宁波市石墨烯技术创新和产业发展中长期规划》 |
| 2016 年 | 黑龙江 | 《黑龙江省石墨烯产业三年专项行动计划（2016—2018 年）》 |

资料来源：赛迪智库整理，2016 年 12 月。

二是技术成果层出不穷。我国石墨烯技术起步较晚，但发展势头迅猛。从石墨烯专利数量来看，目前，我国石墨烯专利数量已经超过一万件，占据全球的一半左右，位居世界第一。国内涌现出中科院、浙江大学、清华大学等一批科研实力较强的科研机构。在技术成果方面，我国近年来在石墨烯的规模化制备技术、锂离子电池、复合材料应用等方面取得了很多突破。

**表 16－2　我国石墨烯研究机构及成果**

| 时间 | 机构 | 成果 |
| --- | --- | --- |
| 2015 年 | 中科院大连化物所 | 成功将 $FeN_4$ 结构限域在纳米石墨烯骨架中。 |
| 2015 年 | 清华大学材料学院 | 在石墨烯应变传感器、石墨烯膜材料等方面取得进展。 |
| 2015 年 | 中国科学院上海硅酸盐研究所、宾夕法尼亚大学和北京大学 | 发现了一种三维石墨烯管的“超级材料”，具有强力学、低密度、高导电等特性。 |
| 2015 年 | 上海交通大学物理与天文系 | 在二维类石墨烯晶体锡烯实验制备方面取得重要突破。 |
| 2016 年 | 中科院山西煤炭化学研究所和山西三维集团股份有限公司 | 开发石墨烯低成本可控生产技术，“石墨烯储能－高性能超级电容器技术”获重大进展。 |
| 2016 年 | 宁波材料所 | 石墨烯基重防腐涂料进入大规模示范应用阶段。 |

资料来源：赛迪智库整理，2016 年 12 月。

三是各类产业园区持续发酵。2011 年 10 月，江苏常州成立了国内首个基于石墨烯材料及应用的产业化基地——江南石墨烯研究院。此后，宁波、重庆、无锡、青岛等地建设了一系列的石墨烯产业园区。通过石墨烯专业园区搭建了完善的公共服务平台，为产学研用协同发展提供了空间。目前，江南石墨烯研究院已经孵化出常州第六元素、二维碳素等企业，青岛石墨烯产业园区培育了赛瑞达、海纳尔等企业，其他石墨烯产业园区也培育了各自的代表性企业。

四是企业不断推出石墨烯重磅应用。在制备方面，宁波墨西科技推出年产500吨的石墨烯生产线，厦门凯纳具备十吨以上的石墨烯生产能力；在添加剂方面，青岛赛瑞达实现了新型石墨烯海洋防腐涂料的使用；在膜材料方面，二维碳素发布了石墨烯发热膜，重庆墨希推出了石墨烯柔性手机；在锂离子电池方面，东旭光电研发了世界首款石墨烯基锂离子移动电源－烯王。

## 第二节　我国石墨烯产业发展存在的问题

### 一、部分概念和认识亟待厘清

一是混淆石墨烯和石墨的概念。虽然石墨烯最早是从石墨中发现的，但是作为制备石墨烯薄膜的主要方法－CVD法，是以甲烷和乙炔等含碳气体为原料，对于石墨的需求并不大。有一些地方政府混淆石墨烯与石墨的概念，认为只要有石墨矿就可以发展石墨烯，导致部分地区盲目上马了石墨烯项目。

二是把石墨烯的微观性能扩大为宏观性能。石墨烯虽然有极强的导电性、导热性以及强度高等，但它只是单原子厚度石墨烯的性能。仅就散热性能来说，由于石墨烯易团聚，很难进行大型器件的散热，更适合于极微小器件。而部分企业把石墨烯的微观性能扩大为宏观性能，对消费者造成了一定的误导。

三是过高估计石墨烯在半导体材料方面的应用。目前对于石墨烯在半导体方面的应用还处在理论假设和概念宣传的阶段。石墨烯导电性强，性质更接近于导体，虽然氧化石墨烯能够表现出类似于半导体的性质，但是它的性能差强人意，石墨烯在半导体材料方面的应用仍然任重而道远。

## 二、政策资金的统筹力度有待加强

一是产业布局乱。近些年，受市场炒作、投资冲动等因素，各地上马了很多石墨烯项目，全国有20多个省市进行了布局，涉足企业近500家。目前不仅石墨烯产业发展受到国际打压，还面临国内的激烈竞争，挖人才、抄技术、压价格十分激烈，一哄而起看上去热火朝天，但结局很可能“几败俱伤”。

二是投入资金杂。国家对石墨烯的投入很多，比如国家自然科学基金、石墨烯产业基金等。但是支持渠道分散，项目数偏多，持续性不足，渠道之间未形成协同效应，还有些研究方向搞几年就停了，总体效果不太明显。

三是研发力量散。我国对于石墨烯的研发力量十分充裕，全国各地有很多高校、科研院所、企业投身石墨烯研究，但是力量分散，相互之间协调性不足，甚至出现了恶性竞争等现象，导致很多科研成果不能顺利地转化为实际生产力。

## 三、产品质量和技术水平需要提升

一是低端产品盛行。目前，我国石墨烯应用主要集中在石墨烯粉体方面，将石墨烯作为添加剂用于涂料、复合材料、导电添加剂等规模大但对石墨烯品质要求不高的领域，产品附加值较低。真正附加值较高的石墨烯尖端应用领域，如半导体芯片、光电探测器等，国内企业鲜有涉足。

二是尚未突破低成本制备技术。在国家政策支持以及学术界、产业界的共同努力下，近年来，石墨烯的成本降低了很多。但是对于实际应用来说，石墨烯的价格仍较高。目前，6—10层的石墨烯售价约50—150元/克，对于少层石墨烯来说，价格更为昂贵。另外，石墨烯的生产过程伴随着大量废酸的排出，化学试剂处理会导致其成本增加。

三是专利分布不合理。我国石墨烯产业专利数量很多，但是质量较差。目前，石墨烯方面国内专利分布较多，国际专利布局较少；专利单位高校多，企业少；实用新型专利多，原创基础专利少。虽然我国专利数量很多，但是真正具有颠覆性意义的“杀手锏”产品很少。

## 第三节　促进我国石墨烯产业发展的思考与建议

### 一、加强石墨烯产业顶层设计

一是研究制定石墨烯国家级产业发展规划。近年来，国务院、发改委、工信部等部门出台了一系列文件支持、引导石墨烯产业发展。下一步，应充分发挥国家新材料产业发展领导小组的作用，切实加强相关规划政策统筹，研究制定国家层级的石墨烯发展战略，明确石墨烯产业发展的阶段、目标、任务、重点工程、资金来源等，确定合理的组织架构，推动人才、科研、技术、工艺和应用协同发展，促进上下游环节并行发展，保障各区域因地制宜的协调发展。

二是推动石墨烯标准化制定。目前，各地对于石墨烯的真伪鉴定、层数界定、产品规格等标准不一，使得石墨烯产品的质量难以区分，阻碍了石墨烯产业的正常发展。通过集合政府部门、优秀石墨烯企业、科研院所、检测机构等的力量，制定石墨烯国家标准，在石墨烯材料、表征测试、环保安全、产品质量等方面提出规范，能够对石墨烯以及石墨烯制品进行质量检验、价值判断，以标准化引领产业化，从而引导石墨烯产业健康有序地发展。

### 二、推动石墨烯产业应用发展

一是整合资源加强产学研用协同攻关。石墨烯产业技术门槛较高，从研发到实际应用需要跨越“死亡谷”，单纯依靠企业或者科研院所难以实现产业化。通过建设产用合作平台，推动生产单位、学校、科研机构和用户等相互配合，集中各自优势资源，形成研究、开发、生产、应用、售后服务一体化的高效系统，搞好首批次应用，能够发挥各方优势，提高产业链从科研成果到产业化的整体效率，降低转化成本。

二是加强知识产权保护。石墨烯产业化应用的快速发展离不开知识产权的有效保护。目前，应当加强石墨烯专利分析，研究其知识产权保护机制，同时，应该鼓励我国企业、科研机构、高校加大石墨烯专利在海外的布局，谋求石墨烯国际化协同发展。另外，应当瞄准石墨烯制备、半导体器件应用等关键领域，引导和支持石墨烯产业应用发展。

## 三、做好石墨烯产业概念普及

一是加强对媒体报道的控制。目前，我国科研界、产业界、资本界和媒体界对于石墨烯的认识有偏差，对于石墨烯的了解存在一定的误区，很多企业打着石墨烯产品的旗号大肆宣传，部分媒体收到企业的利益输送，过分夸大石墨烯产品的效用，使得部分消费者受到欺骗，在社会上造成不良影响。应当加强石墨烯媒体报道的科学性、真实性，合理引导石墨烯产业发展。

二是做好石墨烯概念普及。我国很多民众对于石墨烯与石墨、石墨烯电池等概念不甚清楚，容易受到部分媒体、企业的蛊惑，造成经济损失。应当在社会上普及石墨烯概念，增强民众鉴别能力，从需求端倒逼石墨烯产业快速发展。

# 第十七章　动力电池产业发展的思考与建议

车载动力电池是新能源汽车的核心零部件之一，直接关系到新能源汽车的续航里程、安全性、充电稳定性等，日本、韩国、美国、德国等工业发达国家，对其市场动态和技术攻关十分重视，制定了不同等级的产业规划，详细分析了动力电池产业的技术升级进程。近两年，我国动力电池产销持续攀升，但“产能过剩、原材料进口依赖严重、核心技术“空心化”等棘手问题也十分突出。对此，我们建议，加强对动力电池产业上下游环节的引导和投入，进一步完善新能源汽车相关鼓励政策，因地制宜推动新能源汽车产业发展。

## 第一节　国内外动力电池产业发展现状

### 一、动力电池定义及分类

2015 年 3 月，工信部发布《汽车动力蓄电池行业规范条件》，这是我国第一部专门的、针对动力电池的管理规范，其中将动力电池定义为：在汽车上配置使用的、能够储存电能并可再充电的、为驱动汽车行驶提供能量的装置，包括锂离子动力蓄电池、金属氢化物镍动力蓄电池和超级电容器等，不包括铅酸类蓄电池。

按照外部形状的不同，动力电池大致分为圆柱形和方形两种。圆柱形电池主要以 18650 为主，制造成本较低，产品标准化及产业化已经实现，为进一步提高电池容量和减少电池串并联数量，圆柱形电池有增大外形尺寸的发展趋势；方形电池目前多以铝壳材质为主，其单体电池容量较大，但由于标准化程度较低，电池的制造成本较高。

表 17－1 动力电池分类

| 图例 | 形状/型号 | 优缺点 | 代表厂商和车型 |
|---|---|---|---|
| 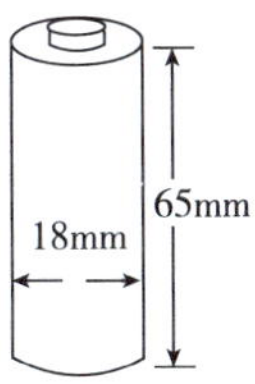 | 圆筒形<br>（小电池）<br>18650 型号 | 优点：<br>• 可使用笔记本电脑用电池生产设施<br>• 工艺成熟度高、生产效率高<br>• 对产品一致性和成品率的控制难度不大<br><br>缺点：<br>• 搭载的电池数量众多<br>• 电芯各部分反应不一致<br>• 电芯散热不好<br>• 电池管理系统复杂 | • （车企）特斯拉、奔驰、宝马等<br>• （电池）松下－三洋、江森自控、A123 等<br>• （车型）特斯拉：由 6831 个电池单元组成的电池组，可存储 56kWh，总重量 450kg，电池组结构 69 只电池并联构成一个 Brick →9 个 Brick 串联构成一个 Sheet →11 个 Sheet 串联构成电池组 |
| 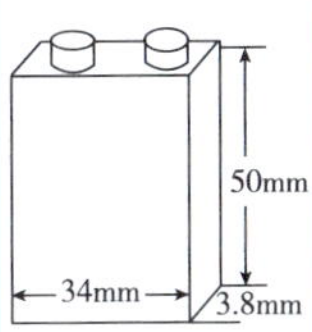 | 方形<br>（大电池）<br>383450 型号 | 优点：<br>• 电芯散热快、反应一致<br>• 采用电池单体数量少<br>• 电池管理系统简单<br><br>缺点：<br>• 对成品率要求极为严格<br>• 要求重新配备生产设施 | • （车企）通用、日产、三菱、福特等<br>• （电池）AESC、LG 化学、三星 SDI 等<br>• （车型）日产 Leaf EV：由 192 个电池单元组成的电池组，可存储 24kWh，总重量 280kg，电池组结构 4 只电池 2 并 2 串构成一个模块→48 个模块串联构成一个电池组 |

资料来源：赛迪智库整理，2017 年 2 月。

## 二、动力电池产业链及市场规模

动力电池产业链主要由上游原材料及电池材料加工生产、中游电池单体封装/组装以及电池管理系统开发、下游电池应用及回收环节构成。在众多动力电池产品中，以锂离子蓄电池为主流产品，全球主要的 78 家正极材料生产商中，锂电相关的企业达到 74 家。据台湾 IEK 报告显示，2011 至 2015 年间，锂电行业保持了 24% 的复合增长，2015 年锂电出货量达到 81GWh，尽管仍然以 IT 产品占据主要份额，但动力电池领域所占比重急速上升。我国同样以“锂电”作为主流产品。据 2016 年中国有色金属工业协会锂业分会上企业发布的数据所示，2015 年我国动力电池出货量约为 16GWh，排名前五位的比亚迪、宁德新时代、国轩高科、天津力神、万向 A123 的出货量占比总量的 5 成，纯电动乘用车 58% 采用镍钴锰，纯电控客车约 84% 采用磷酸铁锂，纯电动专用车 59% 采用镍钴锰。从动力电池生产企业看，中日韩三国占据主要市场。截至 2016 年 6 月，松下以 3088MWh 总产量高居榜首，BYD 以 1540MWh 位列第二，AESC 以 930MWh 位列第三，北京普莱德（460MWh）、万向（304MWh）、中航锂电（164MWh）分别位列第五、第七、第十。

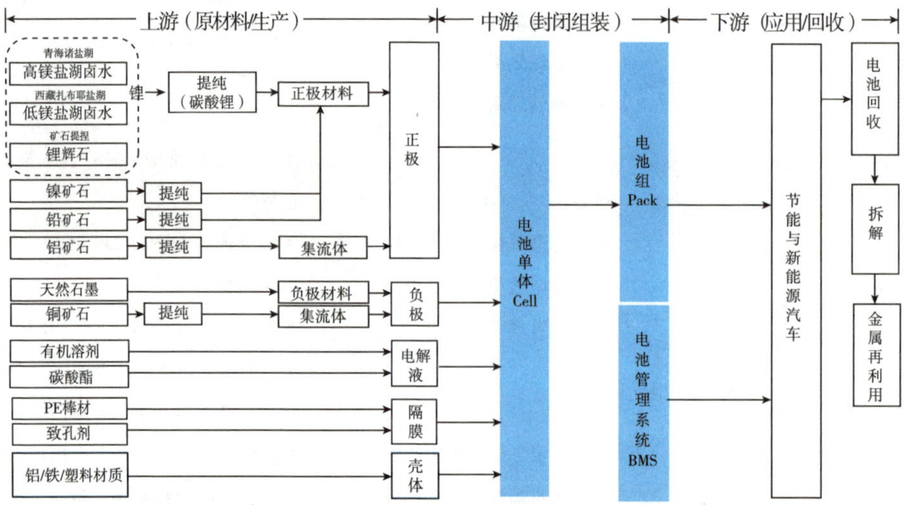


**图 17－1　动力电池产业链**

资料来源：赛迪智库整理，2017 年 2 月。

## 三、主要国家动力电池发展重点

尽管现阶段中日韩在动力电池研发和生产领域占据主要市场，但未来，由于新能源汽车在工业发展中占据重要位置，美欧也全力布局其创新发展的重点。德国政府已明确表示，要侧重开发锂硫电池等下一代二次锂电池技术，提出到2020年锂硫电池能量密度要达到500Wh/kg。美国政府表示，不再重点扶持现有锂离子电池技术，而是争取在下一代锂离子电池技术方面实现产业化突破，重点开发锂硫电池、锂空气电池等下一代二次锂电池技术并在产业化方面取得领先。日本着重研发氢燃料电池，不仅发布了其产业规划，更有成功产品面世。2016年3月，本田公司宣布“Clarity Fuel Cell”氢燃料电池车以租售形式上市，该车燃料电池堆最大输出功率103kW，输出功率密度为3.1kW/L（目前全球最高），电池堆的电压控制单元，利用FC升压转换器，可将输出电压升压到500V，控制单元的晶体管、二极管等，全部采用碳化硅（SiC）功率器件，其体积显著小于硅基（Si）器件，且功率损耗明显降低，实现了电池堆的小型化、大功率。燃料电池动力总成尺寸与V6发动机相同，可将其内置于发动机罩内，以腾出车厢内空间。

## 第二节　我国动力电池产业发展存在的问题

原材料严重依赖进口。动力电池所用材料品种繁多，原材料主要使用在正极、负极、隔膜、电解液四大部分。从成本看，正极所占比重最大，约占30%，其次是隔膜，约占25%，电解液和负极材料次之，分别占17%和10%。正极材料是决定电池安全、稳定的关键材料，尽管我国在正极材料市场份额上占据较大比重，但应用领域主要是IT产品，真正用于动力电池的材料仍需要进口，且需求在千万吨，而进口的原材料以钴酸锂为例，最贵时高达100万元/吨。此外，隔膜作为技术含量高的材料也被大量进口，日本和美国利用专利保护造成寡头垄断，国内企业年出货量不足10%。

产业“空心化”严重。从现有的技术、成本、市场推广等角度来看，我国新能源汽车技术基础还很薄弱，国内很多车企是在传统车型的基础上，添加电池、调校悬架和转向，制造出所谓的“新能源汽车”，认为只要电池质量好、续航里程长就可以，但实际上需要电池、电机、电控等零部件、电子元器件之间兼容有序。电动技术的应用范畴十分广泛，国外已经在布局氢燃料电池、固态电池和快速充电网络，我国在这些领域并没有与世界同步，如对70MPa储氢瓶、氢循环系统、稀土永磁电机、高集成度电流传感器等基础零部件的研发均相对缓慢。同时，国内市场对新能源汽车的认知度和接受力、配套基础设施建设等也远不及国外。因此，我国发展新能源汽车，还需从技术基础领域抓起。

产品较为单一。随着我国新能源汽车的大规模推广，液态锂离子动力电池产业已呈爆发式增长。在液态锂离子动力电池技术研发和应用推广领域，我国已基本形成与日本、韩国三足鼎立的格局。但目前广泛应用的液态锂离子电池有其固有的缺点，仅仅局限于液态锂离子电池的研发和生产是远远不够的。各研究机构、企业，应实时关注国际前沿动态，做好对氢燃料电池、固态锂离子电池、锂硫电池、锂空气电池、快速充电等技术储备，才可以逐步缩短与先进国家对尖端技术研发的距离，才不会在技术大变革时期无法应对。

## 第三节　促进我国动力电池产业发展的思考与建议

### 一、加强对动力电池产业上下游环节的引导和投入

目前，我国锂离子动力电池的生产已经出现产能过剩现象，企业主要集中在产业链中游的电池单体生产和电池包组装环节，上游如碳酸锂、石墨等材料加工环节涉及的企业相对较少，且盐湖提锂、矿石提锂、碳酸锂生产等方面，还存在较大技术难关，生产成本较高，海外购入量较大；此外，动力电池下游的回收和循环再利用环节是我国该产业发展的短板。针对以上两点，建议政府加强对上游材料生产和下游废旧电池回收再利用的政策引导，鼓励国内企业更加注重对盐湖等锂蕴含丰富的资源开采和技术攻关，减少关键材料对外依赖度；严格要求动力电池企业负责废旧电池的回收处理，尽快建立起区域性废旧电池回收再利用系统。

### 二、进一步完善新能源汽车相关鼓励政策

汽车产业发展有很强的延续性。发展新能源汽车必须从补齐技术短板入

手，强化对电机、电控、电池等关键零部件的技术攻关。目前，我国对新能源汽车整车有相应的补贴政策，但并不完全科学有效，缺少对耗电量的控制，零部件之间的最优组合没有达成。因此，建议现有补贴政策可调整为在规定最短续航里程的基础上，以耗电量多少作为补贴标准，这样对车辆整体性能提升、节约电量消耗等均可起到促进作用，同时，还应对燃料电池、固态电池、快速充电等高端技术的技术研发制定明确的鼓励政策。

## 三、因地制宜推动新能源汽车产业发展

我国各省对于新能源汽车技术的研发与应用程度极不均衡，可鼓励各地因地制宜，采取适合自身发展特点的新能源汽车发展路径。如上海的上汽公司对氢燃料电池汽车的研发由来已久，已经推出了荣威 950 Fuel Cell 插电式燃料电池汽车，搭载有动力蓄电池和氢燃料电池双动力源系统，上海也已有两个加氢站，作为燃料电池技术高度集中地区，可将新能源汽车发展重点向氢燃料电池方向倾斜；北京、天津、浙江、广东因有力神、万向、一汽集团、广汽集团、北汽集团、BYD 等全国知名的车载动力锂离子电池龙头厂商和龙头汽车厂商，可围绕发展纯电动汽车进行研发和生产；对于黑龙江、西藏等区位、科研条件均无优势的省份，不需要强性发展新能源汽车产业。

# 第十八章　碳纤维产业发展的思考与建议

随着市场需求的日益增长及政策支持，我国碳纤维技术和产业化水平不断提高。我国高性能碳纤维及其复合材料在关键技术、装备及应用等方面取得了突破性进展，建立起较为完整的碳纤维制备技术研发、工程实践和产业化建设体系，技术发展速度明显加快，产品质量不断提高。但也存在产业链不完善、与世界先进水平存在差距、人才短缺等问题。下一步应营造良好的研发环境，保护企业与科研人员的积极性。重点要加强 PAN 原丝生产技术的研究，努力提高聚丙烯腈原丝生产的产率、纯度与质量，降低企业生产成本。要进一步开拓国内碳纤维产品的应用市场，重点加强在高端消费领域的应用研究，满足无人机、民用航空、汽车等领域的需求，鼓励碳纤维企业的生产销售行为及市场应用开发，减小企业的资金压力，提高生产积极性。

## 第一节　国内外碳纤维产业发展现状

### 一、聚丙烯腈基碳纤维材料成为产业发展主流

聚丙烯腈（PAN）基是当今世界碳纤维发展的主流，占碳纤维市场的90%以上。用树脂将碳纤维固化（复合）后可以作为碳纤维增强塑料（Carbon Fiber Reinforced Plastic，CFRP）进行使用。航空客机使用的 CFRP 中，树脂占到了体积分数的约 40%，使用弹性（刚性）较高、热收缩/硬化收缩较小。目前主流的碳纤维制造工艺是使用丙烯腈为主要原料，加入其他单体材料、溶剂和引发剂进行聚合反应，得到 PAN 原丝；接下来对原丝进行预氧化、碳化和表面处理，生成可用于制造碳纤维复合材料和部件的 PAN 碳纤维。

随着碳纤维的不断发展，碳纤维在工业领域和航空航天领域的应用范围不断扩大，占比也呈上升趋势。预计到 2020 年，碳纤维的需求总量将达到 15.73 万吨，年均复合增长率达到 13.62%；到 2024 年，全世界总体需求有望达到 21.92 万吨，尽管增速有所放缓，但复合增长率仍达到 11.38%。其中增速最快的工业领域，未来十年复合增长率将达到 14.52%，而最近 5 年的复合增长率更是高达 17.55%。工业领域碳纤维消费占总消费的比例将从 2015 年的 63.55% 逐步提升至 81.63%。航空航天领域的需求在未来 5 年进入快速发展期，而体育休闲领域在世界范围内应用相对成熟，需求量每年稳定增加。

## 二、美、日等发达工业国家垄断碳纤维核心技术

当前，世界碳纤维发展存在较为严重的两极分化情况。一方面在 T300 等低端领域，由于技术门槛已经不高，引资正在出现竞争加剧的情况。但在高端领域，目前依然被东丽、三菱人造丝等公司所掌控。从产业链技术看，包括 PAN 原丝生产中的聚合、喷丝、牵引以及碳化等步骤，依然只有少数公司能够掌握，这些行业的利润份额占整个行业的一半以上。在小丝束碳纤维市场上，日本企业所占有的市场份额占全球产能的 49%；在大丝束碳纤维市场上，日本企业所拥有市场份额占全球产能的 52%，美国企业所拥有的市场份额占全球产能的 24%，日美两国合计拥有全球 76% 的大丝束碳纤维生产能力，处于明显的主导地位。目前全球碳纤维制造的主导者是日本和他们设立在欧美的工厂，其次是依靠欧美航空航天市场健康发展的美国 HEXCEL 和 CYTEC 公司，以及依靠强大工业创新体系的德国 SGL 公司。不过，随着中国在碳纤维领域投入的不断增大，中国碳纤维产量占世界份额也不断提高。

## 三、我国碳纤维产业发展势头强劲

我国从 20 世纪 60 年代开始研发聚丙烯腈基碳纤维，最早从事碳纤维研发的机构主要为中科院山西煤化所、长春应用化学研究所、化学研究所（北京）。五十多年来，我国碳纤维产业从无到有，从小到大，但发展速度相比发达国家仍然进展缓慢。近十五年来，在国家的大力扶持下，国内碳纤维产业取得了重大突破，碳纤维及应用领域的技术水平和产业化程度出现了加速发

展的势头，进入前所未有的发展新阶段，在国内初步形成了以江苏、山东和吉林等地为主的碳纤维产业聚集地。根据数据统计，2010—2014 年期间，我国碳纤维产能从 6445 吨增至 15000 吨，增长了 2 倍，年均增长 23.5%，目前我国生产的碳纤维全部为小丝束，其中 12K 占比超过 90%，1K、3K、6K 各有产量。

近年来，我国碳纤维市场需求不断提升。根据数据统计，2015 年国内碳纤维市场需求约为 11000 吨，随着我国国民经济的发展以及国防工业战略地位的进一步提升，未来几年我国碳纤维需求量将进入一个快速增长的时期，预计到 2020 年，国内碳纤维的需求将达 25000 吨，年均增长速率约 15.5%。目前国内碳纤维体育休闲产品领域的应用占总产量绝大多数，而在民用航空、交通工具、新能源装备、工程建设等方面的应用虽然已经开始起步，但应用水平偏低，复合材料的设计水平不足，配套的材料缺乏，相关的应用标准体系不健全，导致应用领域窄。此外，树脂、上浆剂等配套材料品种少、性能不足，复合材料用辅助原料还不能完全实现自主供给，部分品种还依赖进口等，不仅制约了碳纤维复合材料在高端制品上的应用，同时还严重影响着国产碳纤维的市场应用。

未来随着我国基础工业的进一步发展，碳纤维在工业领域的应用比例将得到提高，预计 2020 年，国内碳纤维在航空航天、体育休闲和工业应用三大领域的用量比例为 6%、44% 和 50%，需求结构向国外靠拢。

## 第一节　我国碳纤维产业发展存在的问题

### 一、我国碳纤维产业链尚不完整

我国企业目前无法掌控原丝生产，主要在合成材料和终端产品环节进行发展。从市场应用看，目前世界碳纤维主要应用在工业等领域，如汽车制造、压力锅炉等等，而在中国，更多地被用在体育器材生产等消费环节。这从侧面说明了国内碳纤维产品质量的不过关，无法应用于高端下游产品。目前，我国碳纤维产业发展正处在一个转折点上，文体产品需求市场接近饱和，如何生产满足军工、建筑、风电、汽车等领域的合格材料是行业发展的关键。

### 二、国内企业在技术方面与世界先进水平差距较大

我国多数碳纤维生产企业在装备技术、生产工艺方面与世界先进水平仍有较大差距。冷战期间，碳纤维的生产与销售受到西方国家的垄断限制，至今仍对我国进口相关技术与产品设立层层阻隔，这严重阻碍了我国碳纤维产业的发展。我国企业只能使用一些非禁运通用型碳纤维生产设备，价格昂贵，技术落后，无法在生产线自动化程度与生产技术方面和国外同行竞争。

### 三、碳纤维产业人才短缺问题成为掣肘

我国碳纤维产业的人才状况，难以满足高端产品的研发设计需求。碳纤维的生产技术不断在革新，而我国仍然缺少相关方面的技术人才，在技术开发、流程设计、材料研发等方面缺乏掌握核心技术的研发与生产人员，既没有稳定的开发设计团队，也缺少技术与数据积累，导致产品在质量、成本与生产设备与技术方面远远落后于美日等发达工业国家。

## 第三节　促进我国碳纤维产业发展的思考与建议

### 一、营造良好的研发环境

碳纤维产业涉及机械设计、自动化、高分子材料在内的许多领域，科研环节的进入门槛很高，研发力量相对薄弱的企业无法在市场上立足，而具备一定实力的企业或科研院所也需要在前期投入大量资金用作研发生产，风险比较高。为了鼓励和扶持企业与科研院所进行研发，必须维护营造良好的研发环境，保护企业与科研人员的积极性。要协调产业内资源的合理分配，避免低水平重复建设，节约研发成本。要加强知识产权保护，保障企业与科研人员的利益分配，促进产学研融合发展。

## 二、加大技术攻关力度

目前，国内碳纤维产业发展的整体水平还比较低，虽然个别产品在产量与质量方面已经接近国际先进水平，但还远远无法满足国内巨大的市场需求。要加强 PAN 原丝生产技术的研究，努力提高聚丙烯腈原丝生产的产率、纯度与质量，降低企业生产成本。要加强表面加工技术的研究，合理设计工艺流程，着重研发关键设备，力争做到提产、提质、增效。

## 三、扩大碳纤维产品的应用领域

目前，国内民用碳纤维产品的主要市场仍停留在体育休闲领域，对所需产品的质量要求较低，利润率也不高，市场也日趋饱和，不利于产业向高端发展。要进一步开拓国内碳纤维产品的应用市场，加强在高端消费领域的应用研究，满足无人机、民用航空、汽车等领域的需求，从而增加产品的销售利润，鼓励企业增加高端产品的研发投入，提高我国碳纤维产业的发展水平。

# 第十九章　增材制造产业发展的思考与建议

当前，以增材制造为代表的先进制造技术取得了突破性进展，将引发新一轮全球性的科技和产业竞争。国内外资本市场纷纷加快向增材制造产业转移，推动了我国增材制造技术的快速发展。从国家层面看，我国高度重视增材制造产业，制定多项政策推动行业发展。从未来趋势看，桌面级3D打印市场进入销售红海，呈现爆发式增长；工业级3D打印虽略显疲软，但仍是增长主力军。从技术层面看，我国增材制造技术在材料层面不断取得新的突破。但与此同时，我国增材制造产业在发展中仍存在诸多瓶颈。增材制造企业面临内部挑战和外部环境变化的双重压力，整体处于亏损或微利状态；受材料、技术及成本等限制，尚未形成完整产业体系，并面临材料短缺、成本过高、推广应用不成熟、缺乏知识产权保护和专业级应用技术欠缺等一系列问题，导致关键核心技术基础薄弱，产业化进程不明显。对此，我国应在增材制造标准体系建设、产学研合作、模式创新等方面积极探索，在技术、保障、应用三个方面加强标准化体系建设，积极建立以企业为主体、产学研用相结合的协同创新机制，坚持“服务”和“设备”两种模式协同推进，积极探索基于“云平台”的3D打印新模式，进一步提升增材制造工艺技术水平。

## 第一节　增材制造产业发展现状

### 一、桌面级3D打印市场进入销售红海，呈现爆发式增长

近年来，桌面级3D打印机以其占用空间小、成本低、打印速度快、结构简单等优势，市场认可度逐渐上升，受到了众多3D打印厂商的青睐，目前已

经形成了以材料、软件、装备、服务等为核心业务的较成熟的产业生态。据CONTEXT公司发布的一份调查报告显示，2016年，全球3D打印设备销售量的96%来自于桌面级3D打印机，其市场份额上涨了27%。全球桌面级3D打印正逐渐向家庭化、娱乐化、个性化定制发展，涉及教育模具、首饰设计、时尚家具等个性化定制领域。桌面级3D打印的用户群体主要有“创客”、艺术品设计从业者或爱好者等，主要面向家庭、学校以及部分办公场所。在全球市场排名中，截至2016年前三季度，排名前五的3D打印供应商分别为：XYZprinting（市场份额22%）、Ultimaker（市场份额9%）、M3D（市场份额7%）、FlashForge（市场份额6%）、Monoprice（市场份额6%）。从前三季度看，中国台湾的XYZprinting成为全球领先者，而3D Systems、Stratasys逐渐退出了消费级3D打印机市场，Monoprice等桌面级3D打印厂商逐渐填补了市场空白。

## 二、工业级3D打印略显疲软，但仍是收入增长主力军

虽然桌面级3D打印设备的出货量远高于工业级3D打印设备，但从销售收入来看，工业级3D打印设备却远高于桌面级3D打印设备的销售收入。据调查显示，工业级3D打印的销售收入占整个3D打印市场的78%，是全球3D打印设备销售收入的主要组成部分[①]。虽然工业级3D打印在过去几年整体呈现疲软状态，但在金属3D打印领域获得了快速发展。作为3D打印“皇冠上的明珠”，金属3D打印是最前沿、前景最好、门槛也最高的技术之一。根据CONTEXT公司的报告显示，2015年，金属3D打印设备在全球的销量同比增长了35%；2016年上半年，金属3D打印设备在全球的销量同比增长了17%。2016年9月，通用电气（GE）斥资14亿美元收购了两家世界排名前五的金属3D打印公司（瑞典的Arcam公司和德国SLM Solutions集团），加快3D打印在航空发动机零部件方面的布局。另外，医疗器械、核电、造船等领域金属3D打印应用端市场也正在逐渐打开。2016年前三季度，工业级3D打印排名前五的企业分别是Stratasys（市场份额35%）、EOS（市场份额19%）、3D

① 肖医：《2016年3D打印回顾：盈利艰难工业级或可破局》，2016年12月13日，见http：//oa. yesky. com/3dprinter/419/107162419. shtml。

systems（市场份额 10%）、SLM Solutions（市场份额 6%）、Concept Laser（市场份额 5%）[①]。

## 三、技术层面存在诸多瓶颈，但材料层面不断取得突破

近年来，我国 3D 打印整体处于新兴技术产业化的初级阶段，在技术层面仍存在诸多发展瓶颈。在 3D 打印领域，存在着一个打印速度与打印精度不可兼得的悖论，高精度的 3D 打印会使设备的打印速度降低。为突破这一技术瓶颈，3D System、惠普、Stratasys 等工业级 3D 打印领军企业积极探索创新，不断研究 3D 打印流水线作业平台，力争实现 3D 零部件打印的快速、集约化发展。例如，惠普研制出了一款新型工业级 3D 打印机——Multi - Jet Fusion（多射流熔融 3D 打印机）。该款 3D 打印设备的打印速度将比市场上其他 3D 打印设备的速度快 10 倍以上，且具有同样精度和强度。在材料层面，3D 打印设备在导电性材料、生物墨水材料、可促进骨再生的 3D 打印植入物材料等领域的研发都取得了积极进展。

## 四、国家层面高度重视，政策利好 3D 打印行业发展

世界各国都非常重视 3D 打印行业在本国的发展，如美国将 3D 打印技术产业发展列为国家战略。我国也十分重视 3D 打印产业发展。2012 年，亚洲制造业协会联合清华、北航、华中科大等高校成立了中国 3D 打印技术产业联盟，以促进我国 3D 打印技术的市场化与产业化进程。2013 年，科技部将 3D 打印技术纳入了国家 863 计划。同年，中国 3D 打印技术产业联盟计划在未来选择 10 个工业城市，建设 3D 打印技术产业创新中心（首批），以促进 3D 打印技术产业化。该计划总投资 2000 万元，地方政府按照 1∶1 配套扶持。2015 年，工信部联合财政部、发改委共同制定发布了《国家增材制造（3D 打印）产业发展推进计划（2015—2016）》，首次明确将 3D 打印列入国家战略，并对国家增材制造（3D 打印）产业的发展做出了整体计划，以提升在航空航天

① 《2016 年桌面 3D 打印机上涨 27% 工业级停滞不前》，2017 年 1 月 5 日，见 http://office.pconline.com.cn/873/8733885.html。

等领域的制造水平，提高增材制造在国际市场上的市场占有率，在我国初步形成较完善的增材制造产业体系。2016 年 10 月，中国增材制造产业联盟成立，以协同推动增材制造材料、工艺装备、关键部件等产业链条的研发及产业化，推进增材制造在重点行业的创新应用。

## 第二节　增材制造产业发展存在的问题

### 一、未来发展面临内部挑战和外部环境变化的双重压力

IBM 商业价值研究院发布的一份报告显示，我国 3D 打印企业面临着内部挑战和外部环境变化的双重压力。从企业内部看，3D 打印企业面临着生产制造和成型用的耗材成本过高、生产组织方式落后、研发投入不足以及技术推广应用困难的压力。从外部环境看，在制造业服务化与跨界融合趋势日益明显的背景下，3D 打印行业在市场推广和技术应用等方面仍存在较大发展空间。

### 二、企业整体处于亏损或微利状态

从全球范围看，受到产业化、原材料、技术以及成本等因素的影响，国内外 3D 打印企业在市场化方面较为滞后，产业化发展受到限制，整体处于亏损或微利状态，处于产业发展导入末期、发展初期。数据显示，2016 年全球 3D 打印市场尚未突破 100 亿美元大关[①]，占比还不到制造业产值的千分之一，距离主流生产方式仍有一定差距。从国内看，3D 打印新三板及地方板块挂牌公司总资产规模都比较小；3D 打印企业总资产规模偏小，仅有先临三维超过 5 亿元人民币，其他企业规模均不高于 1 亿元人民币。

---

① 张涛：《3D 打印 2017 年将迎爆发期》，2017 年 1 月 6 日，见 http：//news. xinhuanet. com/itown/2017 -01/06/c_ 135960147. htm。

### 三、受材料、技术及成本等限制尚未形成完整产业体系

目前，我国增材制造产业还面临材料短缺、成本过高、推广应用不成熟、缺乏知识产权保护和专业级应用技术欠缺等一系列问题，导致关键核心技术基础薄弱，产业化进程不明显。在材料方面，我国增材制造技术所需的耗材严重短缺，增材制造打印材料仅仅有 ABS（丙烯腈－丁二烯－苯乙烯）、光敏树脂、石膏粉（硫酸钙水合物）、PC（聚碳酸酯）、尼龙、塑料、无机粉料、陶瓷等 10 多种，而且 3D 打印原材料的生产厂商少，导致大多数材料价格昂贵。部分 3D 打印材料依赖国外进口，也导致打印材料成本和售价过高。我国增材制造技术目前缺乏激光器、软件、材料等核心技术，3D 打印关键材料的“缺失”已成为影响我国增材制造产业发展的重要制约因素，寻找优秀的 3D 打印新材料企业和优质的 3D 打印材料成为增材制造产业关注的焦点。

## 第三节　促进我国增材制造产业发展的思考与建议

### 一、完善增材制造标准化体系

随着增材制造在关键技术、核心器件及材料等领域都取得突破性进展，增材制造技术的应用领域不断得到拓展，逐渐涵盖了航空航天、医疗、能源、化工、建筑等领域。为加快推进增材制造技术的应用推广，美国自 2002 年开始发布增材制造领域的相关技术标准，在增材制造技术原材料、技术工艺、检验检测等方面都做出了明确的标准规定。我国于 2016 年 4 月才开始在国家层面展开增材制造技术标准化工作。未来，我国应在增材制造技术、保障、应用三个方面加强标准化体系建设。在技术方面，研究制订增材制造工艺、装备、材料、数据接口、产品质量控制与性能评价等行业及国家标准；在保障角度，在航空航天、汽车、家电、生物医疗等领域对增材制造开展质量技术评价和第三方检测认证，在检测、认证、基础数据格式等方面建立标准；在应用方面，根据增材制造在不同领域的应用特点，对增材制造的技术标准

进行划分，制定基于增材制造的产品设计标准和规范，促进增材制造技术的推广应用。

## 二、加快推进产学研协同创新

依托科研院所等研究机构，鼓励增材制造龙头企业合作开展增材制造相关技术与专用材料的研发创新，力争在航空航天、生物医疗、建筑建材、汽车零部件等方面突破一批核心技术。积极开发探索满足增材制造发展的各类金属与非金属材料，完善增材制造产业链条，进一步降低增材制造技术与材料的研发成本。积极搭建增材制造工艺技术研发平台，建立以企业为主体，产学研用相结合的协同创新机制，加快提升一批有重大应用需求、广泛应用前景的增材制造工艺技术水平。

## 三、坚持“服务”和“设备”两种模式协同推进

作为工业 4.0 时代最具有发展前景的先进制造技术之一，增材制造以“整体制造、一次成型”为主要特征，与传统制造的“全球采购、分工协作”特征相比，增材制造技术从各种应用的原型生产逐渐演变为可使用部分部件和产品生产，免去了切割和钻孔，减少了物流环节，节约了时间和成本。未来，提供专业的增材制造服务模式与传统 3D 打印设备购买两种模式将在一段时间内长期并存。因此，增材制造应坚持走“服务”和“设备”两种模式共同推进的道路。增材制造技术产业链的不断延伸和技术的不断成熟，将推动增材制造技术的应用越来越广泛，通过 3D 打印创造的新型工业模式将为未来制造业发展带来巨大的商业空间。在工业模式方面，3D 打印应探索建立以“智能云网 + 个人智造 + 家庭智造 + 网络社区智造”为代表的新型工业模式。

## 四、积极探索基于“云平台”的 3D 打印新模式

随着云计算、移动互联网等新一代信息技术的快速发展，全球进入高度信息化时代，“云”作为信息化的重要载体，越来越多的产品被装有传感器等电子部件，网络平台的作用将进一步凸显。未来，增材制造技术的发展应以

3D 打印设备为切入点，通过基于“云”的 3D 打印网络平台，提高客户对增材制造内容和现实体验的黏性，以挖掘更深层次的商业价值。具有商业影响力的平台不断涌现。如借鉴 Shapeways 公司通过基于互联网的 3D 打印平台，实现打印设备与互联网、物联网、智能物流互联互通的模式，有效对接供应商与用户之间的信息沟通，满足客户个性化的定制需求，同时降低打印设备的闲置率，提高设备使用效率。

# 展 望 篇

# 第二十章　2017年中国战略性新兴产业发展形势展望

2017年我国战略性新兴产业将继续保持快速发展，对地方经济的贡献也会进一步提升，某些领域可能出现杀手锏级的应用；在大众创业万众创新的大背景下，新兴产业领域将会涌现出一批科技型中小企业；同时，考虑到新技术新产品的市场效果与预期存在一定差距，建议各地要立足自身优势理性发展，重点打造新兴产业发展的良好环境。各细分行业呈现具有各自特色的发展趋势：节能环保领域，国家政策及资本投入助推产业快速发展，PPP模式促进企业向全产业链延伸；新一代信息技术领域，集成电路创新能力不断增强，物联网、大数据、虚拟现实、人工智能等行业将快速发展；生物产业领域，创新药和仿制药迈入新阶段，基因编辑将取得重大突破，生物燃气大产业时代即将来临；高端装备领域，智能制造装备继续保持快速发展，顺向研发将成主流研发趋势，装备"走出去"风险增加；新能源产业领域，将逐步进入规模化发展阶段，行业洗牌速度加快，大规模应用指日可待；新材料产业领域，标准化和产品推广应用将是未来工作重点，大规模产业化、低成本化、绿色低碳和智能化成重要发展趋势；节能与新能源汽车领域，小型低价电动汽车或成行业爆发点，充电基础设施竞争更趋激烈，动力电池行业或将出现较大分化。

## 第一节　2017年战略性新兴产业总体形势判断

### 一、总体快速发展，将继续成为推动各地转方式调结构的新动能

2016年上半年，全国战略性新兴产业增加值同比增长11%，高于全部规

模以上工业5个百分点；其中，二季度增长11.8%，比一季度加快1.8个百分点[①]。新产业和新模式已经成为各地方经济发展的重要依托。例如，2016年重庆连续三个季度保持GDP增速全国第一，战略新兴产业的贡献了四分之一以上[②]。2017年上述趋势将更加明显，主要基于如下判断：2017年的经济形势持续不乐观，将倒逼全球战新产业继续抢位发展。国际货币基金组织此前预测2016年全球经济增速为3.1%，比之前预测下调0.1个百分点[③]，而对2017年全球经济的预测也做出了相应的下调，说明全球经济低位徘徊还将持续，在此情形下，全球发展战新产业的力度预计还将加大，科研成果产出预计还会持续增多，中国各地发展新兴产业的诉求还将进一步加强，必然倒逼战新产业快速发展，其在地方经济发展中的贡献预计会进一步提升。

## 二、随着“双创”工作持续推进，新兴产业领域将会涌现出一批科技型中小企业

2016年，各地落实大众创业万众创新热情高涨，据不完全统计，仅2016年上半年，央企新建双创平台100多个，全国新登记企业同比增长28.6%，平均每天1.4万户，专利申请增加37.8%，技术合同成交金额增长11.6%，“双创”各项政策在提高我国创新能力、供给水平方面发挥了重要作用[④]。2016年是“十三五”规划的开头之年，各地还在编制制造业“十三五”规划，从规划内容看，目前各地“十三五”规划纷纷将创新创业作为未来的兴区之本，创新大赛在全国多地都有举办，社会反响强烈，新三板等适合中小科技型企业创业融资的金融平台影响力越来越大。因此预计2017年伴随着双创工作的推进，还会涌现出更多的创新科技型中小企业。

---

① 发改委：《上半年新产业势头强劲新经济孕育兴起》，2016年8月11日，http://www.chinanews.com/cj/2016/08-11/7969043.shtml。

② 王红茹：《28省份前三季度GDP增速排名出炉》，《中国经济周刊》2016年第43期。

③ 新华社伦敦：《国际货币基金组织下调全球经济增长预期》，2016年1月19日，http://news.xinhuanet.com/world/2016-01/20/c_1117828216.htm。

④ 国家发改委：《上半年双创“六增长”超400亿元引导基金将投入运作》，2016年8月26日，http://finance.huanqiu.com/roll/2016-08/9362297.html。

## 三、一些领域成为投资热点，但未来发展依然会是波浪前行的方式

根据 Gartner2016 年发布的新兴产业成熟曲线来看，当前新兴产业吸引投资的领域非常多，大致包括智能微尘、4D 打印、通用机器智能、神经形态硬件、数据经纪人、量子运算、智能工作空间、立体显示技术、对话用户界面、虚拟个人助理、商业无人机、物联网平台、微数据中心、智能机器人、互联家庭、机器学习、任职专家顾问、软件定义安全、自动驾驶汽车、碳纳米管电池、增强现实、虚拟现实等。上述这些新兴产业很多还都处在触发期和期望膨胀期①，会吸引大量的资金投入到这个行业。但是就如成熟曲线所揭示的那样，很多新技术往往会在波浪起伏中前行，到一定的阶段后，由于现实与期望差距拉大，会带来一定的新兴产业发展泡沫，目前美国等发达国家已经出现这种情况，市场不断期待，不断包装故事，存在很多击鼓传花的现象。但不可否认，确实会有很多新兴产业会成功跨越幻灭期和复苏期，进入成熟期，2017 年增强现实和虚拟现实等新兴产业一定会给市场投资带来惊喜。

## 四、产业间交叉融合加速，新模式和新业态将会催生就业市场新变化

2016 年大数据、云计算、智能化、移动互联网、无人机等行业在国内蓬勃发展，大批投资资金和人才加入到这一行业中，2017 年与其相关的人才需求预计还将持续增长。事实上 2016 年欧盟国家已经出台了人才 4.0 规划，用以配合工业 4.0 的发展需求，这些欧盟国家认为，未来随着新业态、新模式的不断增多，人们的就业结构和就业方式也会发生相应的转变，例如在未来对大数据分析、智能化生产方面的专业技能要求越来越高，必然带来这方面的人才服务需求；未来人们之间的合作方式将更加有弹性，跨界融合发展要求各领域的人才可以迅速组成团队，进行合作分工，项目完成后团队解散，成员继续加入新的团队。类似这种快速转换的职业模式对

---

① 孟海华、全利平：《〈Gartner2016 年度新兴技术成熟度曲线〉全解读》，2016 年 2 月 9 日，http://mt.sohu.com/20160817/n464744769.shtml。

未来人才培养也有新的要求。配合中国制造2025实施，也需要类似的人才培育计划。2017年，在电子商务领域、新能源产业领域、教育培训领域、O2O领域、医疗保健行业、互联网行业、网络安全行业、物流快递行业等一定会产生更多的人才需求，在大数据、云计算、机器人等领域，也将会产生更多的人才储备需求，满足上述人才需求的培训和再就业行业，也会因此而蓬勃发展。

## 五、产业发展仍需政策护航，打造新兴产业发展环境将成为各地政策发力的重点

传统产业发展手段多为土地、劳动力、投资、项目驱动，这种产业发展对于产业跟随阶段的中国比较有效，受全球经济长期持续低迷影响，国内制造业产能过剩、投资下滑明显，需要创新驱动新兴产业发展。但之前在这一方面所积累的政策手段比较有限，近两年来，深圳、上海等地正在加快探索新的产业政策手段，促进新兴产业发展，2017年，在新兴产业发展环境培育方面还将继续成为各地政策发力的重要方向。政策手段主要包括3个方面，一是产业投资基金支持新兴产业发展。自2015年设立400亿规模的国家新兴产业创业投资引导基金后，各地纷纷响应，产业创业投资引导基金遍地开花①，2017年预计国家层面的产业投资引导基金会出台。二是创新创业投资环境打造方面。2016年工信部发布创新中心建设工程指南②，2017年，以创新中心为主体，促进创新研发投入、产需对接等方面的创新政策手段还会进一步增加，各地将加快创新环境打造方面政策的探索，特别是深圳、重庆、上海、北京等地，新的创新政策值得期待。三是在推广应用方面，一批不同行业的综合推广应用平台市场需求会越来越大，一些应用平台预计能够应运而生。

① 顾彦：《戒掉政策依赖 引导新兴产业创新发展》，《中国战略新兴产业》2016年9月15日。

② 工业和信息化部：《关于完善制造业创新体系，推进制造业创新中心建设的指导意见》，2016年8月19日。

# 第二节　节能环保产业

## 一、制造业绿色化发展为节能环保产业催生巨大市场空间

制造业绿色发展是调整产业结构、培育制造业新优势、实现制造业稳定可持续发展的必然途径。我国制造业绿色发展水平与发达国家还有差距，制造业作为我国主要碳排放源，其二氧化硫、氮氧化物、烟粉尘的排放量分别占全国污染物排放总量的88%、67%和86%左右[①]，同时也是主要污染物减排的重点和难点领域，制造业绿色转型依然存在巨大空间。通过运用绿色的理念、资本、技术和制度来实现制造业高效率、高水平的发展，不仅能够大大缓解资源能源和产能过剩压力，有效改善供给侧结构，显著提升工业经济增长活力。在推进传统制造业绿色改造、清洁生产、节能降耗等专项技术改造，以及开展资源高效循环利用、资源再生利用、循环生产、再制造等领域，为节能环保技术与装备带来巨大市场空间。

## 二、国家政策及资本投入助推节能环保产业快速发展

近年来，国家推动生态文明建设力度不断加强，一系列重大政策的发布和对资本的引导将助推节能环保产业快速发展。2016年，多项环保领域的国家政策出台，为节能环保产业发展创造了良好的政策环境。2016年5月20日，中共中央、国务院发布《国家创新驱动发展战略纲要》，将生态环保作为9个重点领域的技术发展方向之一。2016年5月31日，《土壤污染防治行动计划》出台，简称“土十条”，作为我国未来一个时期土壤污染防治工作的纲领性文件。2016年9月14日，工信部发布的《绿色制造工程实施指南（2016—2020年）》中提出，到2020年，要突破节能关键技术装备，节能产

① 国家工业和信息化部：《绿色制造工程实施指南（2016—2020年）》，2016年9月14日，见http://www.miit.gov.cn/newweb/n1146285/n1146352/n3054355/n3057542/n3057545/c5253469/content.html。

业产值要到1.7万亿元。要提升重大环保技术装备，力争突破50项环保技术装备，环保产值达到2万亿元。开发资源综合利用使用技术装备，突破100项重大资源综合利用技术装备。2016年9月29日，《关于培育环境治理和生态保护市场主体的意见》由发改委和环保部联合印发，其提出了到2020年环保产业的发展目标，包括行业规模迈上新台阶，产值超过2.8万亿元，年均增长保持在15%以上；企业发展取得新突破，培育形成50家以上产值过百亿元的企业，打造一批国际化的环保公司①。这些政策为我国节能环保产业的发展描绘出一幅壮阔的蓝图，为广大节能环保企业的发展坚定了信心。

### 三、PPP模式推进企业向全产业链延伸

目前，PPP公私合营模式在环保领域积极推进，相关领域PPP项目大规模入库并落地，为节能环保产业的快速发展引入大量增量市场，在去年这些项目大幅落地后，2017年，可期待相关企业业绩快速释放，促使行业规模和公司业绩呈现爆发式增长。这些项目中，流域水环境治理和生态建设、河段生态综合整治、污水处理厂及配套管网等大型投资项目占到了全部投资额的八成以上，是未来节能环保企业开拓业务的重点领域。这些综合类环保项目，促使各企业整合节能环保产业上下游资源，打通从设备采购、设计施工到运营维护的全产业链各环节，加快从设备制造商向总承包商和综合服务提供商的转变。未来，节能环保服务领域的增长将进一步加快，其对节能环保产业的贡献也将超过节能环保设备制造领域，对节能环保产业的发展的引领作用将日益凸显。

## 第三节　新一代信息技术产业

### 一、内部环境显著转好，外部风险有所提升

在经济新常态中，经济下行的压力仍将持续，以往主要靠出口拉动的经

① 国家发展改革委、环境保护部：《关于培育环境治理和生态保护市场主体的意见》，2016年9月29日，见http：//www.sdpc.gov.cn/zcfb/zcfbtz/201609/t20160929_820598.html。

济结构不可持续，因此我国经济的深化改革仍将持续。具体到新一代信息技术产业，首先供给侧结构性改革将会重构工业的组织结构、产业结构、商品结构、政策结构，重塑新一代信息技术产业，将重点从数量的增长转移至全产业链组织生产和共性技术协同创新上来，如减免税负增加科研人员自由度等，势必对整个产业的生态产生有益影响；"中国制造2025"的不断推进将对我国新一代信息技术产业带来整体水平的提升和重点领域的跨越；工业和信息化部的工业强基工程等一系列举措，则剑指制约我国新一代信息技术产业发展的卡脖子问题，解决关键基础材料、基础工艺、基础元器件等的空白。可以预计，随着国内市场回暖和不断被挖掘出来的新需求，我国新一代信息技术产业的需求侧情况还将好转，而随着国家下大力气对供给侧进行系统性改革，我国的新一代信息技术产业的生产技术和产能，将会有显著的提升。总体而言，我国内部经济环境将转好。

与此同时，国外环境则会持续波动，甚至有大幅恶化的可能性，政治不确定性相对更高，传统西方发达国家社会相对混乱。随着特朗普当选美国总统，美国对我国的敌意有增无减，贸易战爆发的可能性大增，关税保护、贸易壁垒、技术封锁、政治干预等有损自由贸易的行为可能大增，2017年2月4日，美国即以扩大制裁伊朗为理由制裁了我国宁波一家普通的民营商贸公司，因此，美国对我国新一代信息技术产业进行制裁、技术封锁、各类调查、征收高关税、原料和成品禁运都是大概率事件，对美出口和从美国进口可能存在较大风险。欧洲情况也不乐观，欧洲经济恢复比较缓慢，各国之间差距加大裂痕加深，国内矛盾激烈、失业率升高、难民问题严重，因此短时间内欧洲市场的需求不会有大规模的提升，保持平稳已经属于比较乐观的估计。日本、韩国则潜在政治风险，对于我国企业来说，日韩企业大多属于竞争关系，因此关联相对美欧较小。印度、印尼、越南等新兴国家由于国际金融、政治的混乱和世界长时间的持续经济低迷普遍被"打回原形"。总而言之，下一步我国新一代信息技术产业传统市场的出口情况不容乐观。

## 二、集成电路产业进一步提升，创新能力增强

2017年，我国集成电路产业在国家集成电路产业投资基金的支持下，很

有可能加速发展。一方面产能持续扩大，大企业如中芯、华力等将在大基金和地方政府的支持下继续布点，由于我国在集成电路领域缺口较大、市场也不断增大，因此经过产业规划的大型企业的布点应该不会造成宏观的产能过剩，尤其是在美国对我芯片出口可能出现变化的背景下。另一方面自主可控技术不断增强，随着集成电路科研部署的落地和针对瓶颈的协同创新的开启，一些长期制约我国集成电路产业发展的技术门槛和设计门槛可能被克服。最后，新集成电路体系持续推进，以新载体、新技术、新理论、新理念为依托的新集成电路系统研究还将继续，如量子芯片等颠覆性技术可能不断获得新成果。

### 三、物联网、大数据、虚拟现实、人工智能等行业快速增长

2017 年，物联网、大数据、虚拟现实和人工智能的初级商用有可能借互联网经济东风，凭借互联网巨头 BAT 的强大实力走入寻常百姓家。同时，工业用物联网、大数据系统组成的智能工厂、智能企业、智能产业链有可能获得一定进展；工业检修用、设计用 VR 设备可能在高技术企业和装备制造业中率先铺开；较高级的人工智能研发可能取得一些成果。从商业角度看，物联网等概念将有更大的品牌价值，可能迎来新一轮的快速增长；从生产力角度，早日投入实际应用意味着更早的进行改进完善，也意味着生产力革命的先人一步。

## 第四节　生物产业

### 一、政策红利期呈现，推动我国创新药和仿制药迈入新阶段

对已经批准上市的仿制药进行一致性评价，目的是提升我国的仿制药质量和制药行业的整体发展水平，优胜劣汰，同时使仿制药在质量和疗效上与原研药一致，在临床上可替代原研药。2016 年，CFDA 重点开展仿制药质量和疗效一致性审核工作，审查结果令人震惊，待批生产的 1622 个药物临床试

验项目的80%新药临床数据涉假，此次一致性评价将预示着高质量仿制药新时代即将到来。CFDA 数据预计，2018 年前需要通过仿制药一致性评价的有 289 个品种、17740 个批准文号或注册证号，涉及 1817 家国内生产企业、42 家进口药品企业。如此密集的批号将会倒逼我国药品生产企业加大研发投入。

在创新药方面，CFDA 发布《总局关于解决药品注册申请积压实行优先审评审批的意见》指出，在解决注册申请积压的同时，对防止艾滋病等疾病的创新药、列入国家科技重大专项的药品、转移到境内生产的创新药和儿童用药、采用先进技术治疗优势明显的创新药等实行优先审评，同时加快临床急需新药进口的审批。在 CFDA 药品审评全面提速的基础上，优先审评又为创新药、儿童药、临床急需药、国内首仿药等高质量品种提供了快速通道，国内创新药龙头以及一线仿制药企业将在未来得到政策的大力支持。

## 二、基因编辑将会取得重大突破，助力精准医疗快速发展

精准医疗主要是指应用现代遗传技术、分子影像、生物信息等技术，结合患者生活环境和临床数据，实现精准的疾病分类和诊断，制定具有个性化的疾病预防和诊疗方案。主要由风险的精确预测，疾病精确诊断，疾病精确分类，药物精确应用，疗效精确评估，疗后精确预测等几大部分组成。自 2015 年奥巴马首次在国情咨文里提出“精准医学”以来，各国纷纷开始布局精准医疗。目前，我国基因组学和蛋白组学方法的研究走在世界前列，分子影像、靶点、大数据等技术基础雄厚，正在向技术研发、临床转化、与产业培育的交叉融合与协同创新方向发展。

基因编辑技术作为精准医疗中重要技术之一，在 2016 年取得了长足进步。CRISPR/Cas9 技术研究取得新进展，韩春雨团队发现 NgAgo 能对 DNA 进行高效地切割编辑，尽管技术受到广泛质疑，但却带动了对基因编辑技术的研究。作为生物技术研究领域的革命性工具，未来，“CRISPR – Cas9 专利”将会逐步明朗，NgAgo 基因编辑技术研究将会得到不断深入，相应技术的完善将会推动精准医疗的发展。

## 三、生物燃气大产业时代即将来临，推动生物能源快速发展

沼气是有机物经微生物厌氧消化而产生的可燃性气体，拥有良好的抗暴

性和较高燃值。近年来，我国对环保日益重视，不断减少化石能源的使用，并鼓励利用新技术、新能源减轻温室效应和促进生态良性循环，生物质能得到前所未有的发展。科技部从国家战略高度，部署推进了我国生物燃气产业的发展。《世界能源》杂志提出展望，预计到2030年，中国天然气需求量将从现在不到2000亿立方米达到4000亿立方米。除国内生产和进口外，天然气缺口仍将达到2000亿立方米。

未来一段时期，以厌氧消化为核心技术的三级网络系统的加速构建和物联网的应用，将推动我国生物燃气产业向前发展。其中，互联网＋三级网络加速生物燃气产业的发展。通过构建生物燃气产业互联网平台，在全生命周期内实现农业废弃物收储运、资源化生产、产品销售的跟踪管控。再则，生物燃气发展促进农业产业升级。以生物燃气产业发展带动区域养殖、种植、肥料、燃气等行业的优化与升级，最终构建以“农业废弃物收储运—资源化处理—产品销售与利用”三级网络为核心的良性产业生态圈。

## 第五节　高端装备制造产业

### 一、智能制造装备继续保持快速发展的良好势头

在信息化浪潮的推动下，制造业将会逐渐实现柔性化、数字化以及控制系统的高度集成化。因此，将会在人工智能技术、智能控制组件等领域催生大量的市场空间。未来，智能制造装备将作为信息化与工业化高度融合的代表，拥有极大的发展空间。作为出口型制造大国，我国若要改变以往低端、廉价的形象，需要进一步在智能制造装备领域“补短板”。为支持智能制造装备的发展，工信部发布了《智能制造发展规划（2016—2020年）》，并组织实施智能制造试点示范专项行动。此外，随着中德合作的进一步加深，国家将构建开放、共享、协作的智能制造产业生态，推动生产装备智能化升级，逐步形成新型制造体系。

## 二、细分行业增速分化更加明显

我国不同细分行业发展速度不尽相同，轨道交通装备优势明显，海工装备发展进入快车道，智能制造装备仍有极大的上升空间。随着“一带一路”建设成效的逐步显现，轨道交通迈入黄金发展期。2016 年被媒体称为高铁“走出去”爆发元年，中国高铁的版图已经扩展到了亚、欧、非、美等五大洲数十个国家，具备与老牌铁路强国进行竞争的底气。近几年，凭借我国在基础建设、劳动力成本等方面的明显优势，海工装备领域初具国际竞争力。目前国际海洋工程装备制造业已经开始呈现“欧美—日韩—中国”的转移势态。2015 年，我国承接海工装备订单 59 亿美元，占全球市场份额的 42%①，竞争地位显著提升。我国虽然在工业机器人、高档数控机床等智能制造装备领域取得了一定成果，但是总体而言，产业创新能力与国外差距仍较大，核心零部件对外依存度高。由于智能制造装备高度依赖于工程制造技术基础与发展经验的积累，所以行业主要被美国、日本、德国等发达国家垄断。我国还需要继续加强产学研协同创新，稳扎稳打，逐步争取在智能制造装备领域的国际地位。

## 三、顺向研发将成为高端制造业主流研发趋势

过去，我国倾向于通过引进国外技术，再进行消化吸收的方式来发展装备制造业。现在发现，这样的研发方式存在一些弊端：由于高端装备制造业领域具有技术集成性，核心技术很难通过拆散后研究获得，逆向研发模式不但不适用，还会制约我国自主创新的积累。随着《工业强基工程实施指南(2016—2020 年)》等政策的发布，核心基础零部件（元器件）、先进基础工艺、关键基础材料和产业技术基础的重要性逐渐得到关注，顺向研发将成为今后我国高端装备制造业的主流研发态势。制造企业针对基础关键技术的自主研发将受到鼓励，国家将通过资金补助奖励、试验验证平台建设、基础共性和行业应用标准制订验证等方式对企业进行扶持。中央财政也将持续支持

① 数据来源：中智科博产业研究院。

推进“工业强基”，推进首台（套）重大技术装备保险补偿试点等工作的实施。

### 四、国际潜在威胁加剧，高端装备制造业“走出去”风险增加

随着“一带一路”倡议的实施，我国高端装备制造业逐渐深入参与国际市场运营活动。但是近些年国际形势风起云涌，2016 年，国际金融危机与中东北非裂变的“后遗症”与“选举年”因素叠加，世界及地区秩序主导权的博弈更趋激烈，贸易保护主义和反全球化浪潮再次抬头，对我国装备制造企业海外投资受到的国际潜在威胁也在不断加剧。在这些因素的影响下，高端装备制造业“走出去”将面临一场硬仗。高端装备价值高，若投标海外市场，则投入庞大、成本提高，影响波及范围广。高端装备制造业“走出去”考验的不但是企业实力，更是国家的风险处置能力、国际形象和潜在国际实力。因此，高端装备企业参与国际竞争的时候需要重视风险防范和控制，充分评估潜在风险威胁，并提前做好应对措施。

## 第六节　新能源产业

### 一、政策逐步完善，推进新能源行业合理发展

一直以来，我国都面临巨大的能源需求压力，未来这一趋势也很难彻底转变。为此，发展新能源、缓解能源压力是我国的一个长期的艰巨的课题。为此，我国很早就开展新能源的产业布局，陆续出台了大量政策措施扶持新能源行业的发展。随着行业逐步成长，我国的新能源政策也从普适性的推动行业增长，逐步向引导企业做精做优方向转变。例如，我国光伏行业已经逐步进入补贴下调时代，未来补贴将全部取消。又如，能源局发布的《能源发展“十三五”规划》中，明确提出，“十三五”时期，要将非化石能源的消费比重提高到 15% 以上，煤炭消费比重降低到 58% 以下，同时也提出，要“提高能源系统效率和发展质量”。国家发改委、财政部、国家能源局发布

《关于试行可再生能源绿色电力证书核发及自愿认购交易制度的通知》提出，自 2018 年起，适时启动可再生能源电力配额考核和绿色电力证书强制约束交易，将推动降低直接补贴强度。可以预见，“十三五”期间，国家将继续出台相关政策，推动新能源相关行业合理发展、逐步壮大，这无疑将对光伏等新能源产业和企业形成倒逼压力，推动企业加快产品和技术升级，尽早适应市场竞争。

## 二、行业竞争进一步加剧，行业洗牌速度加快

从发展阶段来看，新能源行业发展正从成长期向成熟期转变，市场增长逐步稳定，行业盈利能力有所下降，总体投资增速放缓，核心技术已经大量积累，新产品和新应用持续放缓，行业竞争格局初步形成，各领域已经出现了一批竞争力较强的龙头企业，产业集中度逐步提高，新企业进入行业难度和门槛加大。目前，就国内情况来看，新能源行业中生产端产能过剩问题仍未解决，尤其是光伏、风电等产业，由于前期地方强烈的投资冲动，大批项目盲目上马，已经出现了较为严重的弃风、弃光现象。未来，随着行业进一步成熟，龙头企业在技术创新、产品成本控制、品牌竞争方面能力更强，对产业链的掌控力更高，加深对中小企业利润空间的压缩。可以预见，未来，创新能力弱、转型速度慢、缺少特色产品和模式的中小企业，将面临被洗牌、被淘汰的风险，新能源产业集中度将进一步提升。

## 三、降低成本将成为新能源行业未来的重点发展方向

目前，全球石油供给过剩的局面并没有彻底改变，对新能源行业的应用和发展仍然有较大冲击。近年来，随着市场投资规模的逐步扩张、技术的不断进步、应用的逐步推广，光伏、风电等领域新能源产品的应用成本大幅度降低。据报道，在 2016 年国内“领跑者”项目招标中，出现了低于当前的民用电价，国外部分地区的光伏发电成本达到燃煤发电成本的一半左右。不过，总体上其与传统能源的成本仍然存在较大差距，仍是限制新能源产品推广的重要制约因素之一。可以预见，加大对成本的控制，提高产品效率将是新能源行业的发展重点。《能源“十三五”规划》中明确提出，未来要提高能源

系统效率和发展质量。国家能源局也提出，未来5至10年内，风电成本要继续下降四分之一。因此，对于新能源相关企业，要进一步加大研发力度，改善成本结构，推进相关组件成本持续降低，提高技术效率，早日实现大规模应用。

## 第七节 新材料产业

### 一、材料标准化将成为下步工作重点

在材料的标准化方面，长期以来我国材料型号成千上万，非常不利于行业的可持续发展，为下游产业整合带来各种麻烦，例如航空材料领域，我国是在跟踪和引进的基础上发展而来，从而形成了各国航空材料在我国并存的混乱局面。因此预计2017年在一些投资热点的材料领域，由龙头企业发起、行业联盟发起或者国家引导下的标准制定工作会有所推进。

### 二、材料的大规模产业化和低成本化工作将加快攻关和实践

长期以来限制我国材料产业发展的重要因素是产业化成本控制不力。一些关键新材料如何降低成本才是这些行业发展的关键，受此影响预计低成本技术会持续跟进，同时采用复合材料技术生产物美价廉的材料将成为航空、船舶、汽车等领域的重要产业实践。

### 三、绿色低碳生产技术和智能化生产技术将更加普遍

2016年11月4日，在人类应对气候变化的努力中具有历史性意义的《巴黎协定》正式生效。因此在合金材料生产、高性能高分子材料生产中，对温室气体排放的控制将加强，国内基础原材料产能控制等，将进一步倒逼绿色低碳技术的应用。与此同时，预计行业的信息化水平和智能化生产水平在2017年会有一个长足的进步，一些智能化示范工程预计会在新材料行业内开展。

### 四、新材料推广应用成为行业发展重要方面

长期以来，困扰我国新材料产业发展的一个重要瓶颈是从研发到应用最后一公里难以打通，其中有垄断因素，也有应用风险因素，基于此，预计2017 年在新材料推广应用方面可能会有一些新的政策实施，比如可能会在全国建立一些新材料推广应用中心，在重大装备首台套保险的基础上，可能会在新材料领域推广这一政策。

### 五、在布局方面可能会有一些持续的调整

例如在有色金属工业“十三五”规划当中，提出要优化冶炼企业布局，提升综合竞争力。“十二五”期间，将会解决资源、能源、生态环境压力的基础上，进一步平衡成本因素，优化资源配置，铜、铝、铅、锌、锑等产业将会面临新的行业洗牌和优化布局，总体来看，从分散到集中，从全国到沿海，从中国到世界会成为这种布局调整的重要形式。

## 第八节　节能与新能源汽车产业

### 一、整车产销规模将进入平稳增长过程

2016 年末，财政部、科技部、工业和信息化部、发展改革委等四部委发布通知，调整新能源汽车补贴标准，除燃料电池汽车外的各类新能源车型，2019 至 2020 年中央和地方补贴标准退坡 20%，补贴资金采取经核查后拨付的方式。受到财政补贴退坡政策的影响，新能源汽车的产销增长速度将逐步放缓，难以保持 2015 年的爆发式增长，或将维持在或略低于 2016 年的增长水平。

### 二、小型低价电动汽车或成行业爆发点

目前，我国新能源汽车起步价格近半数在 10 万元到 20 万元的区间范围，

价格在20万元至30万元区间的紧随其后，低于10万元的车型也占近20%的比例。随着新能源汽车补贴的逐年退坡，并与新能源汽车的技术突破、运行环境等条件相匹配，未来起步价低于20万的电动汽车将会得到消费者更广泛的接受。

## 三、围绕充电基础设施的竞争将更激烈

《电动汽车充电基础设施发展指南（2015—2020年）》提出了未来五年充电桩的规划布局。国家电网表示，2017年将建设2.9万个充电桩，到2020年达到建成12万个充电桩的目标。从市场需求看，按照慢充桩与快充桩5∶1的数量配比，预计到2020年，我国充电基础设施的潜在市场空间有望达2000亿元。2017年及以后时期，新能源汽车充电基础设施的建设将继续保持快速增加的态势，围绕充电基础设施领域的竞争将更趋激烈。

## 四、动力电池行业或将出现较大分化

我国新能源汽车产业的政策趋势是逐步从政府扶持走向推动市场化，未来动力电池下游需求将逐步减少政府采购和示范运营的数量。近年来，新能源汽车动力电池的产能投放增速大于行业需求增速，将有可能会发生阶段性产能过剩的情况。2017年可能会是动力电池供求的分水岭，整个行业可能会出现分化。同行业的竞争仍将激烈，但部分行业龙头企业的地位正在逐步巩固。从技术上看，LiFSI、硅碳负极、钛酸锂动力电池，以及石墨烯导电材料等新材料新技术有望取得突破并实现规模化应用，一大批缺乏技术创新能力的中小动力电池生产企业将失去竞争优势。

## 五、产业资本的投资力度或继续加大

近年来，越来越多的产业资本和其他社会资本投资新能源汽车领域，特别是去年的跨界造车，成为新能源汽车发展过程中的一个重要事件。随着产业发展政策的进一步完善，产业发展环境的逐步优化，技术发展趋势的进一步明朗，以及产业秩序的治理整顿，新能源汽车产业的前景正在逐步向好。今后，传统汽车企业向新能源汽车转型发展的态势将更为显著，各类社会资本也更将新能源汽车作为投资重点。

# 后　记

为全面系统地研究和梳理我国新兴产业发展的基本情况和发展趋势，在工业和信息化部规划司的指导下，赛迪智库规划研究所编撰完成《2016—2017年中国战略性新兴产业发展蓝皮书》一书。

本书由卢山担任主编，乔标担任副主编。具体编写分工如下：第一章（王海龙、杨熙）、第二章（陆平、黎文娟、马力扬）、第三章（陈亚琦）、第四章（陈笑大、王雅楠）、第五章（侯彦全）、第六章（张昕嬉）、第七章（杨幸）、第八章（曹茜芮、孙虎、马力扬、黎文娟、陆平）、第九章（李杨、谢振忠）、第十章（乔标、康萌越）、第十一章（孙虎、康萌越）、第十二章（马力扬、陆平、岳维松）、第十三章（王雅楠、赵芸芸）、第十四章（岳维松）、第十五章（张昕嬉）、第十六章（康萌越）、第十七章（李杨）、第十八章（马力扬）、第十九章（冯运卿）、第二十章（邵立国、念沛豪、陈笑天、侯彦全、张昕嬉、杨幸、孙虎、谢振忠）、后记（张洪国）。

此外，本书在编写过程中，得到了工业和信息化部有关司局、地方工信部门各位领导以及行业协会和企业专家的精心指导和大力支持，在此深表感谢！

希望本书的出版，能够为相关领域的政府主管部门、科研机构以及企业创新决策提供科学参考。我们将继续围绕新兴产业发展的前瞻性、战略性、现实性问题开展深入研究，积极建言献策，助推我国战略新兴产业蓬勃发展。

赛迪智库

面向政府 服务决策

# 思想，还是思想
# 才使我们与众不同

《赛迪专报》
《赛迪译丛》
《赛迪智库·软科学》
《赛迪智库·国际观察》
《赛迪智库·前瞻》
《赛迪智库·视点》
《赛迪智库·动向》
《赛迪智库·案例》
《赛迪智库·数据》
《智说新论》
《书说新语》
《两化融合研究》
《互联网研究》
《网络空间研究》
《电子信息产业研究》
《软件与信息服务研究》
《工业和信息化研究》
《工业经济研究》
《工业科技研究》
《世界工业研究》
《原材料工业研究》
《财经研究》
《装备工业研究》
《消费品工业研究》
《工业节能与环保研究》
《安全产业研究》
《产业政策研究》
《中小企业研究》
《无线电管理研究》
《集成电路研究》
《政策法规研究》
《军民结合研究》

编 辑 部：赛迪工业和信息化研究院
通讯地址：北京市海淀区万寿路27号院8号楼12层
邮政编码：100846
联 系 人：刘 颖 董 凯
联系电话：010-68200552 13701304215
010-68207922 18701325686
传 真：0086-10-68209616
网 址：www.ccidwise.com
电子邮件：liuying@ccidthinktank.com

编 辑 部：赛迪工业和信息化研究院
通讯地址：北京市海淀区万寿路27号院8号楼12层
邮政编码：100846
联 系 人：刘 颖　董 凯
联系电话：010-68200552 13701304215
010-68207922 18701325686
传　　真：0086-10-68209616
网　　址：www.ccidwise.com
电子邮件：liuying@ccidthinktank.com